BOAVENTURA DE SOUSA SANTOS

O FIM DA EUROPA COMO A CONHECEMOS

KOTTER
EDITORIAL

Coordenação editorial: Sálvio Nienkötter
Editor-executivo: João Lucas Dusi
Editor-assistente: Claudecir de Oliveira Rocha
Capa: Jussara Salazar
Design editorial: Carlos Garcia Fernandes
Produção: Cristiane Nienkötter
Preparação de originais e revisão: O Autor

Dados Internacionais de Catalogação na Publicação (CIP)
Angelica Ilacqua CRB-8/7057

S233f

Santos, Boaventura de Sousa
O fim da Europa como a conhecemos / Boaventura de Sousa Santos. – 1. ed. – Curitiba : Kotter editorial, 2024.
272 p.

ISBN 978-65-5361-385-0

1. Geopolítica - Europa 2. História 3. Sociologia I. Título

CDD 320.12

24-5314

Kotter Editorial Ltda.
Rua das Cerejeiras, 194
CEP: 82700-510 - Curitiba - PR
Tel. + 55(41) 3585-5161
www.kotter.com.br | contato@kotter.com.br

Feito o depósito legal
1ª Edição
2024

BOAVENTURA DE SOUSA SANTOS

O FIM DA EUROPA COMO A CONHECEMOS

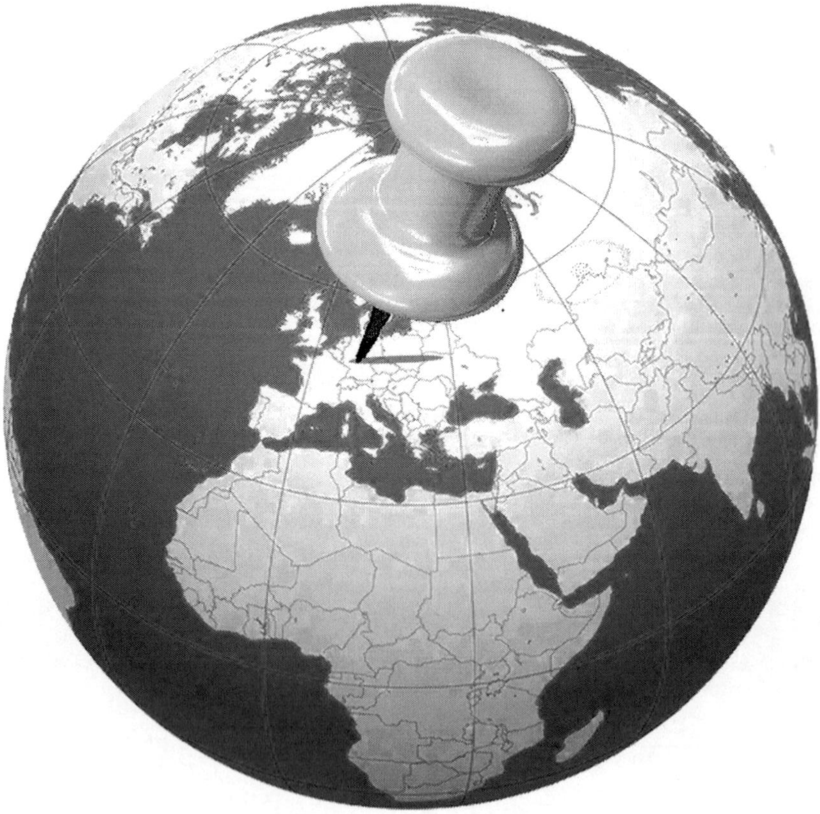

Sumário

2023

2024

Prefácio

Este livro não é sobre a história antiga da Europa, quando era um canto obscuro, periférico e primitivo do grande continente chamado Eurásia. Essa foi a história da Europa até ao século XIV. Nessa altura, tudo o que se conhecia da filosofia grega vinha de Bagdade, de Alexandria e de Al-Andalus. Tudo mudou com o início da expansão colonial europeia a partir do século XV. O argumento principal deste livro é que a Europa que o mundo conhece atualmente e que os europeus julgam conhecer melhor é o produto de duas guerras mundiais na primeira metade do século XX e que, com a chegada da Terceira Guerra Mundial, esta Europa chegará ao fim. Mesmo que possamos imaginar uma paz perpétua, como fez Kant, as guerras são sempre pensadas como tendo um princípio e um fim. Mas nenhum deles é visível aos olhos dos contemporâneos. O Kaiser alemão Wilhelm II pensava que a Primeira Guerra Mundial duraria apenas alguns meses. Em 1931, ninguém imaginava que haveria outra guerra, mas após o fim da Guerra Civil Espanhola (1936-1939), a Segunda Guerra Mundial já parecia inevitável.

Este é um livro sobre o fim simbólico da Europa, escrito durante o processo do seu fim: 2022, 2023, 2024. Começou a ser escrito em 2022, quando me apercebi de que a guerra entre a Rússia e a Ucrânia era o início da Terceira Guerra Mundial. Sempre tive consciência de que considerar algo como "global" significa algo que acontece no Norte global (basicamente a Europa e as antigas colónias onde o domínio supremacista branco foi absoluto: Estados Unidos, Canadá, Austrália e Nova Zelândia). O Sul global tem estado frequentemente em guerra desde 1945. Numa altura em que a guerra Rússia-Ucrânia estava prestes a intensificar-se, uma nova e mais destrutiva fase da guerra israelo-palestiniana estava a começar, e cresciam as indicações de que o Mar da China seria um futuro teatro de guerra. Na minha opinião, a Terceira Guerra Mundial pode começar a qualquer momento, se é que ainda não começou.

Este livro é um diário de bordo, um livro de crónicas cujo contexto deriva da data em que foram escritas. Neste contexto, é importante sublinhar a dificuldade de escrever e publicar contra a maré, contra a guerra de propaganda que foi montada imediatamente após o início da guerra ucraniana, não só para a justificar, mas também para a alimentar, prolongar e expandir. O que significa a guerra ucraniana e o que ela significa para o futuro da Europa e do mundo foi escrito em condições que se tornaram cada vez mais difíceis à medida que uma guerra de propaganda se tornou esmagadora se consolidou nos meios de comunicação social europeus. Tornou-se quase impossível encontrar vozes dissonantes entre políticos ou comentadores. Manter um pensamento autónomo nestas condições e dá-lo a conhecer ao público tornou-se arriscado. Para além dos insultos habituais nas redes sociais, comecei a ser insultado pelos próprios redactores dos jornais onde tinha publicado os meus textos. Os meus apelos à paz e ao fim da guerra não encontraram um eco favorável, mesmo entre os políticos e comentadores de esquerda. A esquerda europeia, que se tinha mobilizado em 2003 contra a guerra no Iraque, parece agora resignada ante a possibilidade da guerra. O apelo à paz passou a ser visto com desconfiança por todo o espetro político. A parcialidade indecorosa das reportagens e a ignorância vergonhosa dos analistas tornaram-se a bitola da verdade autorizada, enquanto as raras vozes críticas foram imediatamente consideradas suspeitas e ao serviço dos interesses do inimigo. Os textos são aqui reproduzidos na sua versão original. A cronologia torna-se assim mais clara. Embora eu diga muitas vezes que os sociólogos são bons a prever o passado, mas não o futuro, o facto é que muitas das minhas previsões se confirmaram nos tempos que se seguiram.

Para quem leu sobre a luta solitária contra a guerra nas primeiras décadas do século XX, de Romain Rolland, em França, e Karl Kraus, na Áustria, ou para quem leu *Manufacturing Consent*, de Noam Chomsky, não pode ficar surpreendido nem com a guerra de propaganda nem com os riscos corridos ao tentar resistir-lhe. Agradeço também à minha assistente, Lassalete Simões, que preparou o manuscrito para publicação. Um agradecimento muito especial a Salvio Nienkotter e à Editora Kotter, pelo interesse que demonstrou na publicação deste livro. Esta atitude fez-me acreditar que mesmo nos momentos mais solitários e ostracizados ainda existem pessoas atentas e solidárias. Para o pensamento crítico, independente, anti-capitalista, anti-colonialista, anti-patriarcal e, em suma, anti-imperialista, esta atenção e solidariedade são sinais de esperança que nos encorajam a continuar a luta. Como diria um querido amigo, o grande cineasta brasileiro Silvio Tendler, "sou muito jovem para ter medo e muito velho para ser cobarde".

Quintela, Outubro de 2024

2022

A Europa e a guerra da Ucrânia

Os exigentes desafios que o mundo enfrenta neste momento - da crise climática à pandemia, do agravamento da Guerra Fria ao perigo de uma confrontação nuclear, do aumento das violações dos direitos humanos ao crescimento exponencial do número de refugiados e de pessoas com fome - exigem mais do que nunca uma intervenção ativa do ONU, cujo mandato inclui a manutenção da paz e da segurança coletivas e a defesa e promoção dos direitos humanos. Entre muitas áreas de intervenção em que a ONU pode intervir, uma das mais importantes é a da paz e segurança, e respeita concretamente ao agravamento da Guerra Fria. Iniciada por Donald Trump e prosseguida com entusiasmo por Joe Biden, está em curso uma nova Guerra Fria que tem aparentemente dois alvos, a China e a Rússia, e duas frentes, Taiwan e Ucrânia. À partida, parece insensato que uma potência em declínio, como são os EUA, se envolva numa confrontação em duas frentes simultaneamente. Para mais, ao contrário do que se passou com a Guerra Fria anterior, visando a União Soviética, a China é uma potência de grande poder económico e um importante credor da dívida pública dos EUA. Está a ponto de ultrapassar os EUA como a maior economia mundial e, segundo a National Science Foundation dos EUA, teve pela primeira vez em 2018 uma produção científica superior à dos EUA. Acresce que a lógica aconselharia os EUA a ter a Rússia como aliada e não como inimiga, não só para a separar da China, como para acautelar as necessidades energéticas e geoestratégicas da sua aliada histórica, a Europa. A mesma lógica aconselharia a UE a ter presente as relações históricas e económicas da Europa central com a Rússia (até à *Ostpolitik* de Willy Brandt).

É particularmente preocupante que os *neocons* (os políticos e estrategas ultraconservadores que desde o ataque às Torres Gémeas em 2001 dominam a política externa dos EUA) acirrem simultaneamente as hostilidades com a Rússia e apelem para que os EUA se preparem para uma guerra com a China no final da década, uma guerra quente de tipo novo (a guerra com os meios da inteligência artificial). O poder mediático internacional dos *neocons* é impressionante. Tal como aconteceu em 2003 com os preparativos da invasão do Iraque, assistimos a um unanimismo alarmante dos comentadores de política externa no mundo ocidental. De repente, a China, que até agora era um parceiro comercial importante e fiável, passa a ser uma ditadura que viola massivamente os direitos humanos e uma potência malévola que quer controlar o mundo, desígnios que têm de ser neutralizados a todo o custo. Por sua vez, a Rússia, até agora um parceiro estratégico (caso do acordo nuclear com o Irão), é agora um país governado por um presidente autoritário e agressivo, Vladimir Putin, que quer invadir a democrática Ucrânia. Para a defender, os EUA ajudarão militarmente e, para isso, a Ucrânia deve juntar-se à Nato. Esta narrativa, apesar de ser falsa, é reproduzida sem contraditório no *The Washington Post* e no *The New York Times*, é depois ampliada pela Reuters e a Associated Press e secundada pelos *briefings* das embaixadas dos EUA. Os comentadores ocidentais apenas a regurgitam acriticamente. Perante isto, é urgente que se faça ouvir e sentir a intervenção da ONU para travar a deriva de uma terceira guerra mundial.

A ONU tem informação abundante que lhe permite contrariar esta narrativa e intervir ativamente para neutralizar o seu potencial destrutivo. A Ucrânia é um país etnolinguisticamente dividido entre um Ocidente predominantemente ucraniano e um Oriente predominantemente russo. Ao longo da década de 2000, as eleições e os inquéritos de opinião revelaram a oposição entre um Ocidente pró-União Europeia e pró-NATO, por um lado, e um Oriente pró-Rússia, por outro. Em termos de recursos energéticos, a Ucrânia depende em 72% do gás natural da Rússia, tal como acontece com outros países europeus (a Alemanha depende em 39%), o que dá uma ideia do poder de negociação da Rússia neste domínio. Desde o fim da União Soviética, os EUA têm vindo a tentar retirar a Ucrânia da órbita da Rússia e integrá-la na do mundo ocidental e, de facto, transformá-la num bastião pró-norte-americano na fronteira da Rússia. Esta estratégia tem tido pilares: integrar a Ucrânia militarmente na NATO (aprovada na Cimeira de Bucareste de 2008, tal como a Geórgia, outro país com fronteira com a Rússia) e economicamente na União Europeia. A revolução laranja, ou melhor, o golpe de 22 de fevereiro de 2014, fortemente apoiado pelos EUA, foi o pretexto para acelerar a estratégia ocidental. Teve a sua causa imediata na recusa do presidente Yanukóvytch em assinar um acordo de integração económica com a UE que deixava de fora a Rússia. Seguiram-se protestos, muita agitação social e uma repressão governamental brutal que se saldaram em mais de 60 mortes (sabe-se hoje que havia grupos fascistas fortemente armados entre os manifestantes). Em 22 de fevereiro, o presidente foi obrigado a sair do país. A "promoção da democracia" conduzida pelos EUA tinha dado resultado: a "revolução laranja" iniciava a sua política antirrussa. A Rússia tinha avisado que a integração na NATO e a integração exclusiva na UE constituía uma "ameaça direta" à Rússia. Nos meses seguintes, a Rússia ocupou a Crimeia onde já tinha uma importante base militar.

Em 2014 e 2015 celebraram-se os protocolos de Minsk com a intermediação de Rússia, França e Alemanha. Reconhecia-se a especificidade etnolinguística da região do rio Don (Donbas) (maioritariamente de língua russa) e previa-se o estabelecimento, a cargo da Ucrânia e segundo a lei ucraniana, de um sistema de autogoverno para a região (que abrange áreas dos distritos de Donetsk e Luhansk). Estes protocolos nunca foram cumpridos pela Ucrânia. A tensão voltou agora a aumentar com a suposta intenção da Rússia de invadir a Ucrânia. E é mesmo provável que o faça (certamente limitada à Ucrânia oriental etnicamente russa) se a NATO, os EUA e a UE continuarem a sua política de hostilização. Perante tudo isto, é de perguntar se quem tem vindo a criar perturbação nesta região do mundo é a Rússia ou os EUA. Todos nos recordamos da crise dos mísseis de 1962, quando a União Soviética se propôs instalar mísseis em Cuba. A reação norte-americana foi terminante; tratava-se de uma ameaça direta à soberania dos EUA e em nenhum caso se aceitariam tais armas na sua fronteira. Chegou a soar o alarme de uma guerra nuclear. Foi esta reação muito diferente da reação atual da Rússia perante a perspetiva de a Ucrânia vir a integrar a NATO? Em 2017 foi tornado público o relato da reunião entre o secretário de Estado norte-americano James Baker e Mikhail Gorbachev realizada em 9 de fevereiro de 1990. Nessa reunião foi acordado que se a Rússia facilitasse a reunificação da Alemanha, a NATO "não se expandiria um centímetro para leste"[1]. Apesar disso e de extinto o pacto de Varsóvia, nove anos depois Polónia, Hungria e República Checa juntavam-se à NATO. E nenhum comentador se lembra de que em 2000, quando chegou ao poder, Vladimir Putin manifestou publicamente o desejo de a Rússia vir a integrar a NATO e também a UE para a Rússia "não ficar isolada na Europa". Ambos os pedidos foram recusados.

Em face disto, a ONU sabe que a Rússia não é a única potência agressiva no conflito atual, e que bastaria que os acordos de Minsk fossem cumpridos pela Ucrânia para a hostilidade cessar. Porque é que a Ucrânia não pode permanecer um país neutro como a Finlândia, a Áustria ou a Suécia? Se houver guerra nesta região, o teatro de guerra será a Europa, e não os EUA. A mesma Europa que há pouco mais de setenta anos se ergueu de um inferno de duas guerras mundiais que se saldaram em cerca de 100 milhões de mortes. Se a ONU quer ser a voz da paz e da segurança

[1] Ver: http://nsarchive.gwu.edu

que consta do seu mandato, tem de assumir uma posição muito mais ativa e mais independente da dos países envolvidos. Tem de averiguar *in situ* o que se passa nos territórios onde as grandes potências se digladiam e se preparam para guerras de hegemonia em que provavelmente serão os aliados menores a sofrer as consequências e a pagar com vidas (Taiwan ou Ucrânia) - as chamadas *proxy wars* - mesmo se a política agressiva do *regime change* visa a Rússia e a China, eventualmente com resultados semelhantes aos que teve no Iraque, na Líbia ou no Afeganistão. O mundo precisa de ouvir vozes autorizadas que não repitam o *script* imposto pelos rivais. A mais autorizada de todas é a da ONU.

Como chegámos aqui?

A soberania da Ucrânia não pode ser posta em causa. A invasão da Ucrânia é ilegal e deve ser condenada. A mobilização de civis decretada pelo presidente da Ucrânia pode ser considerada um acto desesperado, mas faz prever uma futura guerra de guerrilha. Putin deveria ter presente a experiência dos EUA no Vietnam: o exército regular de um invasor, por mais poderoso que seja, acabará por ser derrotado, se o povo em armas se mobilizar contra ele. Tudo isto faz prever incalculáveis perdas de vida humana inocente. Ainda mal refeita da pandemia, a Europa prepara-se para um novo desafio de proporções desconhecidas. A perplexidade perante tudo isto não poderia ser maior.

A pergunta é esta: como e porquê chegámos aqui? Há trinta anos a Rússia (então União Soviética) saía derrotada da Guerra Fria, desmembrava-se, abria as suas portas ao investimento ocidental, desmantelava o Pacto de Varsóvia, o correspondente soviético da NATO, os países do Leste Europeu emergiam da subordinação soviética e prometiam democracias liberais numa vasta área da Europa. O que se passou desde então para que o Ocidente esteja hoje de novo a defrontar a Rússia? Dada a diferença de poder entre a Rússia e as potências ocidentais em 1990, a resposta mais imediata será que tal se deve à total inépcia dos líderes ocidentais para capitalizaram os dividendos do colapso da União Soviética. Sem dúvida que a inépcia é patente e caracteriza bem o comportamento da União Europeia ao longo destes anos. Foi incapaz de construir uma base sólida para a segurança europeia que obviamente teria de ser construída com a Rússia, e não contra a Rússia, quanto mais não seja para honrar a memória de cerca de vinte e quatro milhões de mortes, o preço que a Rússia pagou para se libertar e liberar a Europa do jugo nazi.

Mas esta resposta é insuficiente se tivermos em mente a política externa dos EUA nos últimos trinta anos. Com o fim da Guerra Fria, os EUA sentiram-se donos do mundo, um mundo finalmente unipolar. As potências nucleares que os podiam ameaçar estavam neutralizadas ou eram amigas. As ideias de correlação de forças e de equilíbrio de poderes desapareceram do seu vocabulário. Esta acalmia fazia inclusivamente prever o fim da NATO por falta de objectivo. Mas havia a Jugoslávia, o país que, depois do fim da ocupação nazi em 1945, o General Tito tinha transformado numa federação de regiões (Croácia, Eslovénia, Bósnia-Herzegovina, Montenegro, Sérvia Kosovo, Macedónia), um regime que se pretendia independente tanto da União Soviética como do Ocidente. Os EUA, com o entusiástico apoio da Alemanha, acharam que era tempo de a Jugoslávia colapsar. Os graves conflitos internos e as crises financeiras dos anos 1980 foram aproveitadas para fomentar a divisão e o ódio. Uma região, onde antes florescera o convívio interétnico e inter-religioso, transformou-se num campo de ódios. A nova guerra dos Balcãs, no início da década de 1990, transformava-se assim na primeira guerra em solo europeu depois de 1945. Violência inaudita foi cometida por todos os contendores, mas para o Ocidente, os vilões eram apenas os sérvios, todos os outros povos eram nacionalistas heroicos. Os países ocidentais (à cabeça, a Alemanha) apressaram-se a reconhecer a independência das novas repúblicas em nome dos direitos humanos e da protecção das minorias. Em 1991, o Kosovo exigia em *referendum* a sua independência da Sérvia e oito anos depois a NATO bombardeava Belgrado para fazer cumprir a vontade dos kosovares.

Qual é a diferença entre o Kosovo e Donbass, onde as repúblicas etnicamente russas realizaram referênduns em que se manifestaram a favor da independência? Nenhuma, excepto que o Kosovo foi apoiado pela NATO e as repúblicas do Donbass são apoiadas pela Rússia. Os acordos de Minsk de 2014 e 2015 previam a grande autonomia destas regiões. A Ucrânia recusou-se a cumpri-los. Foram, pois, rasgados muito antes de Putin fazer o mesmo. Qual a diferença entre a ameaça à sua segurança sentida pela Rússia perante o avanço da NATO e a "crise dos mísseis" de 1962, quando os soviéticos tentaram instalar mísseis em Cuba e os EUA, ameaçados na sua segurança, prometeram defender-se com todos os meios, inclusivamente a guerra nuclear?

A resposta à pergunta sobre como e por que chegámos aqui reside fundamentalmente num erro estratégico dos EUA e da NATO, o de não terem visto que nunca estiveram num mundo unipolar por eles dominado. No momento em que terminava a primeira guerra fria, crescia a China, com o apoio entusiasta das empresas norte-americanas em busca de salários baixos. Assim germinava o novo rival dos EUA, e com isso a nova Guerra Fria em que estamos a entrar, aliás potencialmente mais séria que a anterior. Apostados em não reconhecer o seu declínio, desde a saída caótica do Afeganistão ao medíocre desempenho na pandemia, os EUA insistem em fugas para a frente, e nessa estratégia pretendem arrastar a Europa. Esta pagará uma alta factura pelo que se está a passar. A mais alta de todas recairá sobre a Alemanha, o motor da economia europeia e a única verdadeiramente concorrente dos EUA. É fácil concluir quem beneficiará da crise que aí vem, e não me refiro apenas a quem irá fornecer o petróleo e o gás. Por sua vez, a tentativa de isolar a Rússia, sobretudo depois de 2014, visa acima de tudo a China. Será outro erro estratégico pensar que assim se enfraquece a China. A China acaba de declarar que não há comparação possível entre a Ucrânia e Taiwan porque, para ela, Taiwan é território chinês. A implicação é clara: para a China, a Ucrânia não é território russo. Mas daí a pensar que se está a criar uma divisão entre a China e a Rússia será pura auto-ilusão.

Não tenho dúvida que para a Europa é melhor um mundo multipolar governado por regras de co-existência pacífica entre as grandes potências do que um mundo exclusivamente dominado por um só país porque se isso alguma vez vier a suceder, será à custa de muito sofrimento humano. A invasão da Ucrânia é inaceitável. O que não se pode dizer é que não foi provocada. A Rússia, como grande potência que é, não se devia deixar provocar. Será que a invasão da Ucrânia é mais uma demonstração de fraqueza do que de força? Os próximos tempos o dirão.

É ainda possível pensar com complexidade?

Como não bastasse a crise global causada pela pandemia, o mundo acaba de entrar numa nova e grave fase de deriva bélica, que o pode mergulhar numa crise ainda maior. A causa próxima deste agravamento é a invasão da Ucrânia. O autor da invasão é a Rússia, mas o seu autor remoto são os EUA, ao terem ignorado durante três décadas as preocupações russas quanto à sua segurança. Vive-se um momento de tensão extraordinária que se expressa na incidência mediática da crise da Ucrânia, sobretudo no eixo Atlântico Norte, o qual inclui também a Austrália, o Japão e o Brasil. Noutras regiões do mundo, a crise da Ucrânia, ou é relativizada por dizer respeito a agressões armadas (invasões, bombardeamentos, mortes de civis inocentes) de que elas têm sido repetidamente vítimas, ou por estarem neste momento a confrontar-se com outros problemas que lhes parecem mais graves ou, pelo menos, mais próximos (fome, falta de água e de vacinas, violência jihadista). E quando a crise da Ucrânia assume alguma dramaticidade é por temas que não são visíveis ou não têm significado quando vistos da perspectiva da opinião pública do eixo do Atlântico Norte. Por exemplo, no dia 28 de Fevereiro a União Africana emitiu um veemente comunicado contra o comportamento "chocantemente racista" das autoridades das fronteiras entre a Ucrânia e a Polónia, ao discriminarem contra cidadãos africanos a viver na Ucrânia e a tentar fugir da guerra, submetendo-os a um tratamento desigual em razão da sua cor[2].

Por sua vez, no eixo Atlântico Norte, a polarização de opiniões é tal que deixou de ser possível introduzir complexidade na discussão, uma posição muito semelhante à que se viveu no imediato pós-11-de-Setembro. Qualquer posição que contextualize ou problematize é considerada traição. Putin também tem seguidores igualmente primários. Alguns sectores da esquerda (por exemplo, no Brasil e em Portugal) recusaram-se a condenar a invasão da Ucrânia. Talvez por pensarem que Putin é um legítimo herdeiro da União Soviética? Não se terão dado conta de que Putin é um líder conservador próximo da extrema-direita europeia, crítico de Lenine e com contactos privilegiados com Marine Le Pen e Donald Trump? Aliás, o apoio do Partido Comunista Russo a Putin é comedido e alguns dos seus líderes não têm hesitado em distanciar-se dele. Em entrevista à BBC, em 28 de Fevereiro, o Vice-presidente do Comitê de Política Regional da Duma do Estado do Partido Comunista Russo, Mikhail Matveev declarou: "No meu entendimento, o potencial de reconhecer as repúblicas [Donetsk e Lugansk] e de lhes dar um novo estatuto mais protegido, como foi o caso da Abecásia e da Ossétia do Sul, não foi aproveitado. Aparentemente, o partido da guerra decidiu que não havia sequer necessidade de tentar construir uma nova relação entre a liderança da Ucrânia e essas repúblicas noutras realidades, sendo certo que o exército russo estacionado lá funciona como um escudo e garante que não haverá ataques às cidades de Donbass. Eles [governo de Putin] nem tentaram. Na minha opinião, esta lógica agressiva está agora a levar a uma crescente

2 Ver: www.theeastafrican.co.ke/tea/news/east-africa/african-union-ukraine--war-3732862?view=htmlamp

exasperação. Quanto mais pessoas forem mortas de ambos os lados, mais difícil se torna parar a batalha... Este é um grave erro da liderança russa que não usou todas as possibilidades para uma solução pacífica do problema. Decidiram cortar imediatamente todas as perguntas acumuladas com um só golpe"[3].

Nestas condições, é possível pensar? É possível olhar para esta crise como o agora de uma história longa, que além das causas próximas inclua as remotas e amplie tanto o número dos agressores como o das vítimas? Terá tal exercício alguma utilidade enquanto há vidas inocentes a morrer? Porque não agir em vez de pensar? Porque não orientar as energias da indignação para manifestações massivas em todo o mundo contra a invasão criminosa da Ucrânia? O que nos separa de 2003, quando 15 milhões de cidadãos de todo o mundo vieram para a rua manifestar-se contra a invasão igualmente criminosa do Iraque, da qual haveria de resultar mais de um milhão de mortos[4]? Se tais manifestações não tiveram então qualquer eficácia, porque seria diferente agora? Desistimos de lutar contra a guerra, venha ela donde venha, ou há guerras justas e guerras injustas? E, nesse caso, com que critério e por quem definido? Uma coisa é certa, uma invasão ilegal não justifica outra invasão ilegal. As múltiplas invasões e bombardeamentos ilegais dos EUA quase desde o seu nascimento não podem ser usados para justificar a invasão e os bombardeamentos que estão a ocorrer na Ucrânia. Não nos podemos esquecer do horror da bomba atómica em Hiroxima e Nagasaki lançada quando a guerra já estava ganha e apenas para punir o adversário já vencido e afirmar poder global à custa de tanto sangue inocente.

Pensar o passado num momento de crise é pensar a antecipação do presente. Podia esta crise ter sido evitada? Se os EUA estivessem verdadeiramente empenhados em salvar o mundo para a democracia, teriam intervindo no golpe de Maidan (2014) contra um presidente democraticamente eleito, Viktor Yanukovych, que passou a ser contestado nos dias seguintes a ter recusado uma aproximação com a União Europeia, a qual implicava cortar as

---

[3] Ver: https://www.bbc.com/russian/news-60557475

[4] Ver: http://www.commondreams.org/archive/2007/09/14/3839

relações preferenciais com a Rússia? Por que é que os conhecidos grupos neo-Nazis, como o Batalhão Azov, foram integrados na Guarda Nacional da Ucrânia e transformados pelos *media* ocidentais em heróis nacionalistas? Por que razão o *think tank* informal da NATO, o *Atlantic Council,* apesar de ter reconhecido em 2018 que a Ucrânia tinha um problema de extrema-direita, publicava um artigo em 24 de Fevereiro de 2020 intitulado "Why Azov should not be designated a foreign terrorist organization"[5]? Se a segurança internacional foi considerada indivisível depois da Segunda Guerra Mundial, por que razão os EUA se recusaram a reconhecer e a discutir nos últimos trinta anos as preocupações russas? Se desde 2015 a região de Donbass tem estado em guerra, de que resultaram entre 10.000 e 14.000 mortos, onde estava a ONU para fazer parar as hostilidades? Por que é que a ONU não foi mais activa em fazer cumprir os acordos de Minsk?

Talvez pensar o passado não interesse neste momento de urgência. Talvez interesse mais pensar o futuro. A Ucrânia devastada arrasta consigo uma crise económica sem precedentes na Europa. E os cidadãos russos? Certamente são tanto contra a guerra como os cidadãos de outros países. Um grupo de cientistas e de jornalistas de ciência russos acaba de emitir um comunicado extremamente crítico da invasão da Ucrânia, em que se diz a certa altura: "Não há nenhuma justificação razoável para esta guerra. As tentativas de utilizar a situação em Donbass como pretexto para o lançamento de uma operação militar não são credíveis. É evidente que a Ucrânia não representa uma ameaça para a segurança do nosso país. Uma guerra contra ela é injusta e francamente inútil. A Ucrânia tem sido e continuará a ser um país próximo de nós. Muitos de nós temos familiares, amigos e colegas na Ucrânia. Os nossos pais, avós e bisavós lutaram juntos contra o nazismo. O desencadear da guerra pelas ambições geopolíticas da liderança da Federação Russa, impulsionada por fantasias histórico-filosóficas duvidosas, é uma traição cínica à sua memória"[6].

[5] Ver: https://www.atlanticcouncil.org/blogs/ukrainealert/why-azov-should-not-be-designated-a-foreign-terrorist-organization/

[6] Ver: https://trv-science.ru/2022/02/we-are-against-war/

Neste momento, é quase cruel pensar em quem serão os ganhadores desta crise. Alguns parecem óbvios. Tal como aconteceu no fim da Segunda Guerra Mundial, a crise económica na Europa significa um boom para a economia norte-americana. Entre os mais beneficiados está certamente a indústria militar de vários países e, sobretudo, a dos EUA, tendo ao seu dispor um novo campo de intensa militarização que lhe foi oferecido pela trágica decisão de Putin. E, pela mesma razão, os *neocons* norte-americanos, que dominam a política externa dos EUA desde o 11 de Setembro, parecem estar a ter uma vitória depois de tantos fracassos. No momento em que escrevo, as conversações entre a Rússia e a Ucrânia dificilmente terão êxito. A posição dura do presidente Zelensky, assente em tamanha desproporção de força, assenta talvez num impulso patriótico. Mas também não me espantaria se fossem os *neocons* quem está a aconselhá-lo a não se render, agravando assim o sofrimento humano dos ucranianos. Sabem que o tempo corre contra a Rússia e que esta é a oportunidade do xeque mate final contra ela. Ironia das ironias, se Donald Trump tivesse ganho as eleições, os norte-americanos talvez estivessem pior, mas paradoxalmente o mundo talvez estivesse mais seguro. Por alguma razão, Trump era o candidato de Putin, tenha este intervindo ou não nas eleições norte-americanas.Quanto ao futuro, duas notas parecem impor-se. A primeira é sobre as consequências da provável humilhação russa. Os EUA não se deram por satisfeitos com o fim da União Soviética nem com o facto de verem Mikhail Gorbachev a fazer o anúncio publicitário da *Pizza Hut* na televisão russa em 1998. Nas últimas três décadas têm vindo a humilhar a Rússia, sobretudo nos anos mais recentes, quando se tornou claro que a Rússia seria o aliado preferencial da China, que, entretanto, emergia como o grande rival dos EUA. Sem dúvida, a China não sai fortalecida desta crise porque, sendo um império ascendente, tem sobretudo interesse na liberalização do comércio. Certamente que os líderes chineses leram o *Mare Liberum* de Hugo Grotius, publicado em 1609. Mas a humilhação da Rússia pode ter consequências imprevisíveis, sobretudo para a Europa. Em 1919, a Alemanha assinava o Tratado de Versalhes com que terminava a Primeira Guerra Mundial. Um jovem economista inglês, John Maynard Keynes, abandonava a conferência de paz em protesto contra as condições excessivamente punitivas impostas pelos aliados à Alemanha. Keynes previa que as exageradas reparações e outras duras condições impostas à Alemanha levariam ao colapso da Alemanha, o que teria consequências económicas e políticas sérias na Europa e no mundo (*The Economic Consequences of the Peace*, publicado em 1919). Revelou-se profético. Infelizmente, o mundo não parece dispor hoje de um Keynes.

A segunda nota refere-se ao governo mundial. Depois da crise da Ucrânia, o mundo estará mais polarizado do que nunca entre os EUA e a China. Os EUA continuarão o seu declínio histórico e aumentarão a sua agressividade para garantir zonas de influência. Acabam de consumar a conquista da Europa, uma oferta de Putin. No futuro, as regiões do mundo que, por qualquer razão, não se quiserem alinhar inteiramente, vão ter mais dificuldades para o conseguir. A infame ingerência do *regime change*, que foi até agora um exclusivo dos EUA, acaba de ser tentada de modo desastroso por Putin. Até quando a China confiará na persuasão das suas propostas para se dispensar do recurso do *regime change*? Uma das razões que levaram os EUA a fazer colapsar a Jugoslávia foi o facto de ela ser a presença, ainda que ténue, do Movimento dos Não-Alinhados na Europa, um movimento nascido em 1961, por iniciativa sobretudo de jovens países saídos do colonialismo europeu (Índia, Indonésia, Egipto, Gana) que se propunham seguir um caminho de desenvolvimento próprio, equidistante do capitalismo ocidental e do socialismo soviético. Nas próximas décadas, vai impor-se um movimento com o mesmo espírito, sendo que desta vez será entre o capitalismo das multinacionais e o capitalismo do Estado chinês.

Para além disso, vai impor-se a emergência de sujeitos políticos globais que sejam porta-voz dos interesses das sociedades civis e das comunidades muitas vezes esquecidas, abandonadas ou desinformadas por governos cada vez mais reféns de interesses económicos e financeiros globais e imperiais. A ONU é uma organização de Estados, e a tentativa de Kofi Annan para a tornar mais aberta à sociedade civil fracassou. Depois das crises do

Iraque e da Ucrânia, a ONU seguirá no caminho do descrédito. E este aprofundar-se-á tanto mais quanto maior for a sua subserviência aos interesses geoestratégicos dos EUA. Se vivemos permanentemente em guerra, apesar de as pessoas comuns do mundo (exceptuando as ligadas à indústria militar ou aos exércitos de mercenários) quererem viver em paz, não será tempo de termos uma voz organizada e global que se faça ouvir?

Para uma auto-crítica da Europa

Porque não soube tratar das causas de crise da Ucrânia, a Europa está condenada a tratar das suas consequências. A poeira da tragédia está longe de ter poisado, mas mesmo assim somos forçados a concluir que os líderes europeus não estavam nem estão à altura da situação que vivemos. Ficarão na história como as lideranças mais medíocres que a Europa teve desde o fim da Segunda Guerra Mundial. Esmeram-se agora na ajuda humanitária, e o mérito do esforço não pode ser questionado. Mas fazem-no para salvar a face ante o escândalo maior deste tempo. Governam povos que nos últimos setenta anos mais se organizaram e manifestaram contra a guerra em qualquer parte do mundo onde ocorresse. E não foram capazes de os defender da guerra que, pelo menos desde 2014, germinava dentro de casa. As democracias europeias acabam de provar que governam sem o povo. São muitas as razões que nos conduzem a esta conclusão.

Esta guerra estava a ser preparada há muito tempo tanto pela Rússia como pelos EUA. No caso da Rússia, é notória a acumulação de imensas reservas de ouro nos últimos anos e a prioridade dada à parceria estratégica com a China, nomeadamente no plano financeiro, com vista à fusão bancária e à criação de uma nova moeda internacional, e no plano de trocas comerciais onde são enormes as possibilidades de expansão com a Iniciativa do Cinturão e Rota por toda a Eurásia. Nas relações com os parceiros europeus, a Rússia revelou-se um parceiro credível, ao mesmo tempo que foi tornando claras as suas preocupações de segurança.

Preocupações legítimas, se por um momento pensarmos que no mundo das superpotências não há bons nem maus, há interesses estratégicos que devem ser acomodados. Foi assim na crise dos mísseis de 1962 com a linha vermelha posta pelos EUA a não querer mísseis de médio alcance instalados a 70 km da sua fronteira. Não se pense que foi apenas a União Soviética a ceder. Os EUA também desistiram dos mísseis médio alcance que tinham na Turquia. Cedência recíproca, acomodação, acordo duradouro. Porque não foi possível o mesmo no caso da Ucrânia? Vejamos a preparação do lado dos EUA.

Confrontados com o declínio do domínio global que têm tido desde 1945, os EUA buscam consolidar zonas de influência a todo o custo, que garantam facilidades comerciais para as suas empresas e o acesso às matérias primas. O que escrevo a seguir pode ler-se em documentos oficiais e de *think tanks* pelo que se dispensam teorias da conspiração. A política do *regime change* não visa criar democracias, apenas governos fiéis aos interesses dos EUA. Não foram estados democráticos que emergiram das sangrentas intervenções no Vietname, Afeganistão, Iraque, Síria, Líbia. Não foi para promover democracia que incentivaram golpes que depuseram presidentes democraticamente eleitos nas Honduras (2009), no Paraguai (2012), no Brasil (2016), na Bolívia (2019), para não falar do golpe de 2014 na Ucrânia. Desde há algum tempo, o rival principal é a China. No caso da Europa, a estratégia dos EUA tem dois pilares: provocar a Rússia e neutralizar a Europa (sobretudo a Alemanha). A Rand Corporation, conhecida organização de estudos estratégicos, publicou em 2019 um relatório elaborado a pedido do Pentágono, intitulado "Extending Russia". Nele se analisa como provocar países de modo a que a provocação possa ser explorada pelos EUA. No que respeita à Rússia, lê-se: "Analisamos uma série de medidas não violentas capazes de explorar as reais vulnerabilidades e ansiedades da Rússia como meio de pressionar o exército e a economia da Rússia e o estatuto político do regime no país e no estrangeiro. Os passos que analisamos não teriam a defesa ou a dissuasão como objectivo principal, embora pudessem contribuir para ambas. Pelo contrário, tais passos são pensados como elementos de uma campanha concebida para desestabilizar o adversário, forçando a Rússia a competir em campos ou regiões onde os Estados Unidos têm vantagem competitiva, levando a Rússia a expandir-se militar ou economicamente, ou levando o regime a perder prestígio e influência nacional e/ou internacionalmente"[7]. É preciso saber mais para perceber o que se está a passar na Ucrânia? A Rússia provocada a expandir-se para depois ser criticada por fazê-lo. A expansão da NATO para leste, contra o que tinha sido acordado com Gorbachev em 1990, foi a peça-chave inicial da provocação. A violação dos acordos Minsk foi outra peça. Note-se que a Rússia começou por não apoiar a reivindicação da independência de Donetsk e Lugansk depois do golpe de 2014. Preferiu uma forte autonomia dentro da Ucrânia, como está estabelecido nos acordos de Minsk. Estes acordos foram rasgados pela Ucrânia com o apoio dos EUA, não pela Rússia.

Quanto à Europa, o princípio é consolidar a condição de parceiro menor que não se aventure a perturbar a política das zonas de influência. A Europa tem de ser um parceiro fiável, mas não pode esperar reciprocidade. É por isso que a UE, para surpresa ignorante dos seus líderes, foi excluída do AUKUS, o tratado de segurança para a região do Índico e do Pacífico entre EUA, Austrália e Inglaterra. A estratégia do parceiro menor exige que se aprofunde a dependência europeia, não só no plano militar (já garantido pela NATO) mas também no plano económico, nomeadamente no plano energético. A política externa (e a democracia) dos EUA é dominada por três oligarquias (não há apenas oligarcas na Rússia e na Ucrânia): o complexo militar-industrial; o complexo do gás, petróleo e mineração; e o complexo bancário-imobiliário. Estes complexos têm lucros fabulosos graças às chamadas rendas de monopólio, situações privilegiadas de mercado que lhes permitam inflacionar os preços. Os objectivos destes complexos são manter o mundo em guerra e criar maior dependência dos fornecimentos de armas norte-americanos. A

[7] Ver: www.rand.org/content/dam/rand/pubs/research_reports/RR3000/RR3063/RAND_RR3063.pdf

dependência energética da Europa em relação à Rússia era algo inaceitável. Do ponto de vista da Europa, não se tratava de dependência, tratava-se de racionalidade económica e de diversidade de parceiros. Com a invasão da Ucrânia e as sanções, tudo se consumou como previsto, e a imediata valorização das cotações das acções dos três complexos tinham o champagne à sua espera[8]. Uma Europa medíocre, ignorante e sem visão estratégica cai desamparada nas mãos destes complexos, que agora lhe vão falar dos preços a cobrar. A Europa empobrece e desestabiliza-se por não ter tido líderes à altura do momento. Ainda por cima, apressa-se a armar Nazis. Nem se recorda de que, em Dezembro de 2021, a Assembleia Geral da ONU aprovou, por proposta russa, uma resolução contra a "glorificação do Nazismo, neo-Nazismo e outras práticas que promovem racismo, xenofobia e intolerância". Dois países votaram contra, EUA e Ucrânia![9]

As negociações de paz em curso são um equívoco. Não faz sentido serem entre a Rússia e a Ucrânia. Deviam ser entre a Rússia e EUA/OTAN/União Europeia. A crise dos mísseis de 1962 foi resolvida entre a URSS e os EUA. Alguém se lembrou de chamar Fidel Castro para as negociações? É cruel ilusão pensar que haverá paz duradoura na Europa sem cedências do lado ocidental. A Ucrânia, cuja independência todos queremos, não deve entrar para a NATO. A NATO foi até agora necessária à Finlândia, à Suécia, à Suiça ou à Áustria para se sentirem seguras e se desenvolverem? De facto, a NATO devia ter sido desmantelada logo que acabou o Pacto de Varsóvia. Só assim a UE poderia ter criado uma política e uma força militar de defesa que respondesse aos seus interesses, e não aos interesses dos EUA. Que ameaça havia para a segurança da Europa que justificasse as intervenções da NATO na Sérvia, em 1999, no Afeganistão, em 2001, no Iraque, em 2004, na Líbia, em 2011? Depois de tudo isto, será possível continuar a considerar a NATO uma organização defensiva?

[8] Ver: "Wall Street stocks rise as government debt comes under pressure" https://www.ft.com/content/8fa4f034-6466-4c92-a5e7-e0ffe80df74f

[9] Ver: https://www.sydneycriminallawyers.com.au/blog/us-votes-against-un-adopted-anti-nazi-resolution-while-australia-abstains/.

Para uma sociologia das ausências: da Ucrânia a Gabriel Boric

A Europa vive um período de pânico moral que não só torna impossível pensar com alguma complexidade e densidade analítica a tragédia por que está a passar a Ucrânia como cria um novo período de caça às bruxas muito semelhante ao que se viveu nos EUA na década de 1950 e que ficou conhecido por Macarthismo. Não atingiu ainda os níveis de censura e de repressão política com base em acusações de traição e de subversão por supostas simpatias com o comunismo que caracterizou aquele período, mas é de suspeitar que lá poderemos chegar. Os sinais são perturbadores. A besta fera agora não é o comunismo, é Putin e a russofilia, e é russófilo quem não for suficientemente enfático na defesa dos "valores ocidentais".

A histeria instalada pelo bombardeamento mediático é tal que não é possível contra-argumentar, contextualizar, apresentar informação que contradiga a narrativa instalada. De alguma forma, a lógica unanimista e auto-multiplicadora das *fake news* que correm nas redes sociais generalizou-se à comunicação mediática hegemónica. Não é que as notícias sejam necessariamente falsas; é apenas impossível introduzir notícias ou análises contrastantes ou apenas contextualizadoras. Tão pouco é possível dar notícia de outros assuntos relevantes que nos ajudem a ver que, por mais importante e trágico que seja o que se passa na Ucrânia, não é o único acontecimento importante e trágico ou digno de notícia que se passa no mundo. Só dizer isto em tempo de pânico moral é ser candidato à acusação de relativismo. Alguns exemplos da minha experiência pessoal podem ajudar a ilustrar a situação.

Sobre a complexidade e polarização

A primeira grande ausência produzida pela extrema polarização é a complexidade das análises. Sobre a crise na Ucrânia escrevi até agora os seguintes textos que podem ser consultados por estarem online: "A ONU na encruzilhada"; "Como chegámos aqui"; "É possível pensar com complexidade?"; "Para uma autocrítica da Europa"[10]. Em todos os textos procurei contextualizar o que se está a passar e dar informações menos acessíveis, mas muito relevantes para entender os acontecimentos. No seu conjunto, as minhas análises visaram evitar o simplismo dos bons e dos maus e dar instrumentos para avaliações mais cuidadas e menos propícias a justificar aventuras belicistas onde as populações civis inocentes são sempre as grandes vítimas. O último texto, publicado em 10 de Março no jornal *Público* de Portugal, um dos principais jornais de referência do país, mereceu um ataque injusto, injurioso, violento e descontrolado do director do jornal.

[10] Ver: https://iree.org.br/a-onu-na-encruzilhada/; https://alice.ces.uc.pt/?lang=1&id=37679; https://alicenews.ces.uc.pt/index.php?lang=1&id=37712; https://alice.ces.uc.pt/?lang=1&id=37824

Estes momentos de histeria colectiva e de extrema polarização, que tornam impossível a complexidade ou o pensamento contra-corrente, são cada vez mais frequentes. Na minha longa vida passei já por três momentos desses, em que paguei um preço por insistir em pensar com complexidade e independência. O primeiro foi logo depois da Revolução de 25 de Abril de 1974 que devolveu a democracia aos portugueses e abriu caminho para a independência das colónias portuguesas em África e na Oceânia. Na altura, houve uma viragem brusca e radical à esquerda, e quem não estivesse connosco estava contra nós. Nessa altura, ser de esquerda era ser do Partido Comunista ou de algum dos partidos de extrema esquerda (leninista, estalinista, maoista, trotskista, etc.). Penso que fui na altura o único director de uma Faculdade de Economia em Portugal que não era filiado no PCP ou num partido de extrema esquerda. Simpatizava com o MES (Movimento de Esquerda Socialista), inspirado em Rosa Luxemburgo. Fui publicamente acusado de ser um agente da CIA (talvez porque tinha acabado de terminar o meu doutoramento na Universidade de Yale...). Valeram-me os estudantes ao eleger-me (não sabiam se eu era da CIA, mas pelo menos sabiam que eu fora o único professor a ensinar-lhes Karl Marx antes da revolução de Abril).

O segundo momento foi no 11 de Setembro de 2001. Estava nos EUA – onde, nos últimos 35 anos, vivi quase metade de cada ano, afiliado à Universidade de Wisconsin-Madison – e participava num debate na Universidade de Columbia (Nova Iorque) sobre direitos humanos. Porque na minha intervenção, e apesar de ter condenado veemente o ataque às Torres Gémeas, ousei falar da necessidade de respeitar os direitos humanos em todas as circunstâncias e não desistir de continuar o diálogo intercultural com o mundo Islâmico que, na sua esmagadora maioria, era amante da paz, fui invectivado violentamente pelos meus colegas de Harvard que quase me consideraram filo-terrorista. Nos anos seguintes, estes colegas viriam a justificar a tortura e outras coisas piores contra a Constituição dos EUA.

O terceiro momento, há poucos dias, foi o já referido ataque pessoal do director do jornal *Público* em reacção a um artigo meu.

Estamos num novo tempo de extrema polarização. Não a vi na invasão e destruição do Iraque nem noutras (muitas) situações. Para mantermos a capacidade de pensar mesmo nos momentos de perigo, como nos ensinou Walter Benjamin, não é nunca saudável que se atinja este nível de polarização. Tal como não é aceitável passar em silêncio a violência das atrocidades quando elas ocorrem mais longe de nós e não mobilizam a nossa comunicação social. A vida humana para mim tem um valor incondicional. É terrível o sofrimento dos ucranianos que queriam tão pouco a guerra quanto qualquer de nós. Mas dói-me igualmente as mortes injustas que ocorreram nos mesmos dias noutras guerras em outras regiões do mundo. Nenhuma morte injusta pode relativizar ou justificar qualquer outra morte injusta. Segundo uma conhecida organização que regista as mortes em guerra em todo o mundo, eis a estatística do período inicial da invasão da Ucrânia (20 de Fevereiro-4 de Março): 114 (Ucrânia), 23 (Iraque), 511 (Iémen), 187 (Síria), 192 (Mali), 527 (Nigéria), 155 (República Democrática do Congo), 180 (Somália), 112 (Burkina Faso). E se incluirmos os conflitos internos, alguns dos quais são parificáveis à guerra civil, teremos de acrescentar: 258 (México), 242 (Brasil), 81 (Colômbia), 124 (Myanmar), 38 (Afeganistão)[11]. O facto de nenhuma das outras tragédias ter merecido qualquer atenção dos meios de comunicação não tem para mim outro significado ou interesse senão o de me permitir conhecer os mecanismos sociológicos da formação do pânico moral e da indignação pública.

Os silêncios como sociologia das ausências

As situações de extrema polarização e concentração unidimensional mediática criam dois tipos de silêncios: o primeiro é relacionado com aspectos dos fenómenos hiper-narrados ou com eles relacionados que, por não corresponderem ao script imposto, são activamente desnoticiados; o segundo tipo de silêncio diz respeito

[11] ACLED. Acessível em https://acleddata.com/dashboard/#/dashboard

a outros acontecimentos não relacionados com o laser mediático e que só por essa razão são considerados indignos de notícia.

O silêncio do racismo e do colonialismo

Quanto ao primeiro tipo de silêncio, escolho o modo como, em momentos de emergência e de polarização, os preconceitos e as práticas racistas e colonialistas são activados com uma virulência agravada causando muito sofrimento injusto que não chega aos ecrãs ou às páginas dos noticiários. Como referi atrás, quando a crise da Ucrânia assumiu alguma dramaticidade nas notícias dos países fora do Atlântico Norte, estas foram quase completamente silenciadas nos *media* do eixo do Atlântico Norte. No dia 28 de Fevereiro, a União Africana emitiu um veemente comunicado contra o comportamento "chocantemente racista" das autoridades das fronteiras entre a Ucrânia e a Polónia, ao discriminarem contra cidadãos africanos a viver na Ucrânia e a tentar fugir da guerra, submetendo-os a um tratamento desigual em razão da sua cor[12].

Basicamente, tratava-se de os pôr no fim de todas as filas, quer no acesso aos transportes, quer na passagem da fronteira e no acolhimento. Entretanto, dez dias depois, a respeitada rede *Jewish Voice for Peace* anunciava que Israel estava a instalar os refugiados ucranianos que decidira acolher nos territórios dos Palestinianos que ilegalmente ocupa no Vale do Jordão. Ou seja, solidariedade internacional à custa da opressão colonial dos verdadeiros donos da terra.

O silêncio da inovação democrática

O segundo tipo de silêncio diz respeito a acontecimentos não relacionados com a orgia mediática e que apontam para a diversidade

[12] Ver: www.theeastafrican.co.ke/tea/news/east-africa/african-union-ukraine-war-3732862?view=htmlamp

do mundo. Na Europa, a inauguração de Gabriel Boric como novo presidente do Chile passou quase totalmente despercebida. E, no entanto, é a todos os títulos um acontecimento importante. Trata-se da eleição democrática do mais jovem presidente da América Latina (36 anos), vindo dos movimentos sociais (antigo líder estudantil) que lutaram nos últimos anos pela democratização profunda do Chile, uma luta onde as mulheres e os povos originários, nomeadamente Mapuche, tiveram um papel preponderante. É o país de Salvador Allende, morto durante o golpe militar de 1973 que abriu caminho para uma das mais sangrentas ditaduras do século passado. Num acto de grande simbolismo, o Presidente Boric, enquanto se dirigia ao Palácio de La Moneda, sede da Presidência chilena, quebrou o protocolo, saiu do tapete vermelho e saudou a estátua de Allende que fica em frente ao local. É igualmente significativo que uma das sua ministras seja neta de Allende e, para mais, Ministra da Defesa. O primeiro discurso de Boric como presidente chileno é um documento histórico. Num país fracturado pela desigualdade económica, pela discriminação étnico-racial e pelo conflito social, Boric fez um vibrante apelo à união com justiça social. Num país minado pelo etnocentrismo, salientou a diversidade dos povos que integram o Estado Chileno, nomeadamente os povos originários com o direito a que se respeite a sua identidade cultural e territorial. Num país com uma violenta tradição de Estado repressivo, Boric convocou ao fortalecimento de um Estado social, protector das classes sociais mais vulnerabilizadas pelo neoliberalismo predador que atravessou o país nas últimas décadas. Num país que tem em curso uma Convenção Constitucional da qual pode sair uma das Constituições mais progressistas do mundo, Boric prometeu todo o apoio ao processo constituinte em curso e ao plebiscito que se seguirá para aprovação da nova Constituição. Nada isto mereceu atenção dos *media*. Mas foi aqui que se semeou uma nova esperança democrática para o Chile, para a América Latina e para o mundo.

Europa: cem anos de solidão

Cem anos depois da Primeira Guerra Mundial os líderes europeus caminham sonâmbulos para uma nova guerra total. Tal como em 1914, pensam que a guerra da Ucrânia será limitada e de curta duração. Em 1914, dizia-se nos ministérios que a guerra duraria três semanas. Foram quatro anos e mais de 20 milhões de mortos. Tal como em 1918, domina hoje a posição de que é necessário punir exemplarmente a potência agressora de modo a deixá-la prostrada e humilhada por muito tempo. Em 1918, a potência vencida foi a Alemanha (e também o Império Otomano). Houve vozes discordantes (John Maynard Keynes e outros) para quem a humilhação total da Alemanha seria desastrosa para a reconstrução da Europa e para a paz duradoura no continente e no mundo. Não foram ouvidas, e 21 anos depois a Europa estava de novo em guerra. Seguiram-se cinco anos de destruição e mais de 70 milhões de mortos. A história não se repete e aparentemente nada ensina. Mas serve para ilustrar e mostrar semelhanças e diferenças. Vejamos umas e outras à luz de duas ilustrações.

Em 1914, havia cem anos que a Europa vivia em relativa paz, com muitas guerras, mas circunscritas e de pouca duração.

O segredo dessa paz fora a Conferência de Viena (1814-1815). Nessa conferência tratou-se de pôr fim ao ciclo de transformação, turbulência e guerra que começara com a Revolução Francesa e se agravara com as guerras napoleónicas. O pacto com que terminou a conferência foi assinado nove dias antes da derrota final de Napoleão em Waterloo. Nessa conferência, dominaram as forças conservadoras e o período que se seguiu foi denominado Restauração (da velha ordem europeia). A reunião de Viena tem, no entanto, uma outra característica que nos faz recordá-la agora. Foi presidida por um grande estadista austríaco, Klemens von Metternich, que teve com principal preocupação incorporar todas as potências europeias, tanto as vencedoras como as vencidas, de modo a garantir uma paz duradoura. Claro que a potência perdedora (a França) teria de sofrer as consequências (perdas territoriais), mas o pacto foi firmado por ela e por todas as outras potências (Áustria, Inglaterra, Rússia e Prússia) e com condições impostas a todos de modo a garantir uma paz duradoura na Europa. E assim se cumpriu.

São muitas as diferenças em relação ao nosso tempo. A principal é que, desta vez, o teatro de guerra é a Europa, mas as partes em conflito são uma potência europeia (a Rússia) e uma potência não europeia (os EUA). A guerra tem todas as características de uma *proxy war,* uma guerra em que os contendores se aproveitam de outro país (a Ucrânia), o país do sacrifício, para realizar objectivos geoestratégicos que em muito transcendem os desse país e mesmo os da região em que se integra (a Europa).

Verdadeiramente, a Rússia só está em guerra com a Ucrânia porque está em guerra com a NATO, uma organização cujo supremo comandante aliado para a Europa é "tradicionalmente um comandante norte-americano"[13]. Uma organização que, sobretudo depois do fim da primeira Guerra Fria, tem servido os interesses geoestratégicos dos EUA. A Rússia sacrifica de modo ilegal e brutal os princípios da autodeterminação dos povos, de que já foi um importante arauto em contextos geopolíticos anteriores, para fazer valer as suas preocupações de segurança

[13] Ver: https://www.nato.int/cps/en/natohq/topics_50110.htm

depois de as não ver reconhecidas por vias pacíficas e por um indisfarçável saudosismo imperial.

Por sua vez, os EUA estão apostados desde o final da primeira Guerra Fria em aprofundar a derrota da Rússia, uma derrota que foi talvez mais auto-infligida do que provocada pela superioridade do adversário. Por um breve período, a disputa diplomática em Washington foi entre a "parceria para a paz" e "a expansão da NATO para garantir a segurança dos países emergentes do bloco soviético". Com o Presidente Clinton foi esta última política que prevaleceu.

Por razões diferentes, também para os EUA, a Ucrânia é o país do sacrifício. A guerra da Ucrânia está sujeita ao objectivo de infligir uma derrota incondicional à Rússia que, de preferência, tem de durar até provocar o *regime change* em Moscovo. A duração da guerra está sujeita a esse objectivo. Se o primeiro-ministro britânico se autoriza a afirmar que as sanções contra a Rússia continuarão qualquer que seja agora a posição da Rússia, qual é o incentivo desta para pôr fim à guerra? Afinal, basta que Putin seja afastado (tal como aconteceu a Napoleão em 1815) ou é a Rússia que tem de ser afastada para travar a expansão da China? Também houve *regime change* na humilhada Alemanha em 1918, mas o seu decurso terminaria em Hitler e numa guerra ainda mais devastadora.

A grandeza política do presidente Zelensky tanto poderia ser construída como o corajoso patriota que defende o seu país do invasor até à última gota de sangue, como a do corajoso patriota que, perante o perigo de tanta morte inocente e dada a assimetria de força militar, consegue, com o apoio dos seus aliados, uma negociação forte e uma paz digna. O facto de prevalecer hoje a primeira construção não decorre das inclinações pessoais do presidente Zelensky.

A segunda ilustração para ver semelhanças e diferenças com o passado recente diz respeito à posição geopolítica da Europa. Durante as duas guerras mundiais do século XX, a Europa era o autoproclamado centro do mundo. Por essa razão é que as guerras foram mundiais. Cerca de 4 milhões das tropas "europeias" eram de facto africanas e asiáticas e muitos milhares de mortes de não europeus foram o preço do sacrifício por serem habitantes de colónias de países distantes envolvidos em guerra que não lhes diziam respeito. Hoje, a Europa é um canto do mundo, e a guerra da Ucrânia torná-lo-á ainda mais pequeno. Durante séculos foi o extremo da Eurásia, essa grande massa de terra entre a China e a Península Ibérica, por onde circularam saberes, produtos, inovações científicas, culturas. Muito do que mais tarde foi atribuído ao excepcionalismo europeu (desde a revolução científica do século XVI até à revolução industrial de 1800) não se entende nem ocorreria sem essa circulação multissecular.

A guerra da Ucrânia, sobretudo se se prolongar, corre o risco, não só de amputar a Europa de uma das suas potências históricas (a Rússia), como de a isolar do resto do mundo e, muito especialmente, da China. O mundo é imensamente maior do que aquilo que se vê com óculos europeus. Vistos com estes óculos, os europeus nunca se sentiram tão fortes, tão unidos ao seu parceiro maior, tão confiantemente do lado certo da história, com o mundo da "ordem liberal" dominando o planeta e tão suficientemente forte para daqui a algum tempo se aventurar a conquistar ou, pelo menos, neutralizar a China, depois de ter arrasado o seu principal parceiro, a Rússia.

Vistos com óculos não europeus, a Europa e os EUA estão orgulhosamente quase sós, talvez capazes de ganhar uma batalha, mas certamente a caminho da derrota na guerra da história. Mais de metade da população do mundo vive em países que decidiram não aplicar sanções à Rússia. Muitos dos que votaram (e bem) na ONU contra a invasão ilegal da Ucrânia fizeram-no com justificações da sua experiência histórica, a qual não era a de serem invadidos pela Rússia, mas antes pelos EUA, pela Inglaterra, pela França, por Israel.

As suas decisões não foram resultado da ignorância, mas da precaução. Como podem eles confiar em países que, depois de terem criado um sistema de transferências financeiras (SWIFT) com o objectivo de defender as transações económicas de interferências políticas, expulsam um país por razões políticas? Em países que se arrogam poder confiscar as reservas financeiras e de ouro de países soberanos como o Afeganistão, a Venezuela e agora a Rússia? Em países que proclamam a liberdade de expressão como um sacrossanto valor universal, mas recorrem à censura logo que se sentem desmascarados por ela? Em países supostamente amantes da democracia que não hesitam em provocar golpes sempre que os eleitos não convêm aos seus interesses? Em países para quem, segundo as conveniências do momento, o "ditador" Nicolas Maduro pode, de repente, virar parceiro comercial? O mundo perdeu a inocência, se é que alguma vez a teve.

Democracias e autocracias

Na linguagem internacionalista dos EUA o mundo divide-se em dois: democracias (nós) e autocracias (eles). Ainda há poucos anos a divisão era entre democracias e ditaduras. É difícil conhecer as razões da mudança, mas é legítimo especular sobre elas. A minha especulação é que autocracia é um termo muito mais vago que, por isso, pode ser usado para considerar autocrata um governo democrático tido por hostil, mesmo que a hostilidade não derive das características do regime. Por exemplo, na Cimeira da democracia realizada em Dezembro de 2021, por iniciativa do presidente Biden, não foram convidados países como a Argentina e a Bolívia que tinham passado recentemente por vibrantes processos democráticos, mas são menos receptivos aos interesses económicos e geoestratégicos dos EUA. Em contrapartida, foram convidados três países com democracias reconhecidamente problemáticas (o termo é *flawed democracies*), com corrupção endémica e com abusos dos direitos humanos, mas com interesse estratégico para os EUA: as Filipinas, por contrariar a influência da China, o Paquistão, pela sua relevância na luta contra o terrorismo, e a Ucrânia, pela sua resistência à incursão da Rússia. A guerra da Ucrânia veio dar um novo ímpeto à distinção e uma nova leitura. Agora, a Ucrânia representa a luta da democracia contra a autocracia da Rússia (que, a nível interno, deve estar a par da Ucrânia em termos de corrupção e de abusos de direitos humanos). E a luta contra a Rússia tem por objectivo enfraquecer outra grande autocracia, a China, até há pouco um "parceiro económico fundamental". O conceito de democracia perde, assim, boa parte do seu conteúdo político e transforma-se numa arma de arremesso para promover mudanças de governo que favoreçam os interesses globais dos EUA. Se assim for, corremos o risco de cada vez mais lutas poderem ser travadas em nome da democracia com o objectivo real de a destruir onde ela de facto existe. Vejamos os riscos que as democracias europeias estão a correr.

Depois de Segunda Guerra Mundial, a Europa Ocidental, recuperando, com o apoio dos EUA, uma tradição que vinha do início do século, tornou-se a região do mundo onde a democracia liberal, representativa, mais se aprofundou e consolidou. Com excepção da Europa do Sul (Portugal, Espanha, Grécia) até meados da década de 1970, consolidou-se um modelo que ficou conhecido por social-democracia e que consistiu na expansão paralela dos direitos cívicos e políticos e dos direitos económicos, sociais e culturais, com base nos quais se criaram amplas classes médias e uma forma de estado, o Estado social de direito. A partir da década de 1980, este modelo começou a entrar em crise, desta vez igualmente impulsionado por ventos que vinham dos EUA (o neoliberalismo e o Consenso de Washington) e que atacavam, por insustentáveis, os direitos económicos e sociais. Este ataque continuou até hoje e, combinado com as migrações em grande parte de países desestabilizados por guerras conduzidas pelos EUA, está na origem do crescimento das forças de extrema-direita que agora põem em causa a democracia no seu todo.

Uma chave do êxito da social-democracia residiu no facto de a Europa ser o continente com orçamentos militares mais baixos em termos relativos. O primeiro risco das democracias europeias reside no seguinte: todos os países estão agora apostados em aumentar os orçamentos militares e o que for gasto em armas será retirado do que seria gasto em políticas sociais, com a agravante do aumento exponencial da energia. Por outro lado, se chegar ao nível de despesas militares previsto (2% do PIB), a Alemanha será daqui a alguns anos o terceiro ou quarto maior poder militar do mundo. A Alemanha, que já é o país da Europa mais forte economicamente, será então também o país militarmente mais forte. Um preocupante horizonte.

O segundo risco advém do fortalecimento das forças políticas e militares de extrema direita da Ucrânia, algumas delas neo-Nazis. Em 2020, 40% das forças militares do país (um total de 102.000 membros, segundo a Reuters) eram milícias paramilitares de extrema-direita, armadas, financiadas e treinadas pelos EUA, Inglaterra, Canada, França e Suíça, com integrantes de dezanove nacionalidades. Desde que a guerra começou, mais elementos se lhes juntaram, alguns vindo do Médio-Oriente, e mais armas receberam de todos os países da NATO. A Europa está assim em risco de ter no seu seio um nazi-jihadismo nutrido, e nada nos garante que o seu raio de acção se limite à Ucrânia. Em 1998, o antigo conselheiro de segurança do Presidente Carter, Zbigniew Brezezinski, afirmava em entrevista ao *Nouvel Observateur*: "em 1979, aumentámos a probabilidade de a URSS invadir o Afeganistão... e criar a oportunidade de lhes dar o seu Vietnam". Não me surpreenderia se este *playbook* da CIA não estivesse agora a ser aplicado na Ucrânia. As consequências para a democracia serão fatais.

Da contra-corrente à avalanche

Pensamos com o nosso saber e na nossa língua, mas também com o nosso corpo, a partir das nossas raízes, com as nossas emoções, no lugar e no tempo onde nos situamos. Também pensamos com a nossa ignorância desde que tenhamos consciência dela, com as nossas dúvidas desde que as não convertamos em cinismo, com as nossas ansiedades desde que não nos deixemos paralisar por elas. Pensar é, pois, difícil sempre que não se trate de repetir o que outros pensam ou que já está pensado. Há momentos na sociedade em que pensar se torna particularmente difícil. São os momentos de excessiva alegria triunfalista ou de excessiva angústia perante uma tragédia iminente, ou ainda de excessiva confusão perante acontecimentos com uma evidência tão ofuscante que produz cegueira. Nesses momentos, pensar reflectidamente não é apenas pensar contra a corrente. É pensar contra a avalanche com o risco iminente de se ser arrastado por ela. Nos últimos dois anos, passámos por dois momentos deste tipo e é natural que a sociedade se sinta exausta e perplexa e quase a ponto de desistir de pensar. Os dois momentos são de natureza muito diferente, mas são igualmente avassaladores, pelo menos para quem vive na Europa. O primeiro momento foi protagonizado pela pandemia e traduziu-se num excesso de angústia ante uma tragédia iminente, a ameaça da morte própria ou de entes queridos, uma tragédia que surgiu na sociedade de surpresa e nos podia atingir pessoalmente a qualquer momento. O segundo momento é a guerra da Ucrânia em curso, um momento de tragédia para os que sofrem injustamente as consequências da guerra e de perplexidade ante o modo como um acontecimento certamente complexo tem vindo a ser analisado de modo tão grosseiramente simplista e com tanto unanimismo mediático. Não é de excluir que a sucessão tão próxima dos dois momentos contribua para o desarme intelectual e mesmo emocional que estamos a viver. Mas é importante não desistir de pensar, de pensar o impensado (porque ausente do que se ouve ou lê) e mesmo o impensável (porque conflituante com a obsessiva narrativa mediática). O meu exercício neste texto incide no segundo momento, a guerra da Ucrânia, até porque ao primeiro, a pandemia, já dediquei um livro (*O futuro começa agora. Da pandemia à utopia*. Edições 70, 2020).

A narrativa única, bombardeada 24 horas por dia nos *media* do eixo do Atlântico Norte, em que devemos incluir o Brasil, a Austrália e o Japão, tem as seguintes características: a invasão não provocada de um país indefeso violadora do direito internacional e causada por um ditador sem escrúpulos; as graves consequências do regresso da guerra depois de quase oitenta anos de paz;

um conflito em que a civilização se confronta com a barbárie, a democracia com a ditadura; o imperativo moral de tomar partido, não sendo admissíveis posições condicionais e muito menos neutrais; trata-se de uma cruzada contra o mal e com o mal não se negoceia, elimina-se. Pensar no actual contexto é submeter ponto por ponto esta narrativa ao escrutínio da razão e da reflexão. Implica muitos riscos, nomeadamente o de ser considerado traidor, talvez ao serviço do inimigo. Certo destes riscos (aliás, já concretizados), atrevo-me a pensar. Mas, antes, quero referir os três mecanismos principais que são accionados para desacreditar crítica à narrativa única.

São eles: contextualizar é relativizar; explicar é justificar; compreender é perdoar. O objectivo cumulativo dos três mecanismos não visa destruir os argumentos invocados contra a narrativa única, visa outrossim destruir ou neutralizar quem os invoca. Chama-se a isso na teoria da comunicação *character assassination*. Desacreditar ou demonizar o autor, em vez de refutar os argumentos. Este objectivo tem uma potencialidade expansiva enorme porque através dele se podem mobilizar muitos outros motivos, não relacionados com o tema, mas relacionados com o autor: ressentimentos ou vinganças pessoais, desacreditar as opções políticas (nomeadamente de esquerda) ou outras, veicular preconceitos étnico-raciais ou de género. Estes mecanismos são conhecidos, mas a sua eficácia é relativa. Tende a ser tanto maior quanto mais desestabilizadora seja a narrativa que eles procuram silenciar, ou seja, quanto maior seja a sua gravidade subjectiva. Por exemplo, a gravidade do número de mortos numa tragédia é mais ou menos intensa quanto mais próximos nos sentimos dos mortos ou quantos mais detalhes conhecemos sobre a sua morte. Ciente disto, o que pretendo analisar neste texto não visa relativizar, justificar ou perdoar a invasão ilegal da Ucrânia ou as suas trágicas consequências. Visa, pelo contrário, elucidar as razões que as tornam particularmente graves manifestações dos perigos que o mundo corre.

As várias guerras numa guerra. A agressão militar da Rússia contra a Ucrânia é a mais visível, mas não é única nem a mais grave para o futuro da Europa e do mundo. São três as guerras em curso: a militar, a económica e a mediática. A guerra militar só formalmente é entre a Rússia e a Ucrânia. De facto, é uma guerra militar entre a Rússia e os EUA travada na Europa e usando a mártir Ucrânia como país de sacrifício para a *proxy war* entre as duas potências. A *proxy war* é a guerra em que os contendores usam países terceiros para que o confronto entre eles não seja directo. A Rússia está em guerra contra a presença da NATO nas suas fronteiras e a NATO é uma organização militar actualmente ao serviço dos interesses geopolíticos dos EUA. Basta recordar que o comandante supremo da NATO para a Europa é "tradicionalmente um militar norte-americano". É por pressão dos EUA que se estão a enviar armas e combatentes para a Ucrânia e se está a promover o aumento dos orçamentos militares de todos os países europeus. Esta guerra militar é um sinal da vida póstuma da Guerra Fria, pois, tal como esta, está dominada pela doutrina das zonas de influência. A Rússia continua a imaginar os países à sua volta (que pertenceram à União Soviética e, antes, ao Império russo) como países da sua zona de influência, tal como os EUA consideram a América Central e Latina como sua zona de influência, aliás, recentemente promovida de quintal nas traseiras (*backyard*) a jardim em frente da casa (*front yard).* Oxalá esta promoção não seja um presente envenenado. Os dois contendores têm em comum uma visão muito relativa da autodeterminação dos povos. Apenas a promovem quando lhes convém. A gravidade desta dimensão da guerra militar reside em que, embora a Rússia (então URSS) tenha reconhecido em 1962 (a crise dos mísseis) a zona de influência dos EUA, estes não reconhecem a zona de influência russa. Assumem que o fim da União Soviética foi uma derrota da Rússia e uma vitória dos EUA, o que obviamente não foi o caso. Para os EUA, toda a Europa (que para eles não inclui a Rússia), e não apenas a antiga "Europa Ocidental", é agora a sua zona de influência. O que o Presidente Biden pretende com o *regime change* na Rússia não é a democracia, é antes o reconhecimento desta zona de influência.

A segunda guerra em curso é a guerra económica. Esta guerra é entre os EUA e a China. A Rússia é uma grande potência militar (maior número de ogivas nucleares), mas o seu PIB é inferior ao do Texas. Ao contrário, a China será no início da década de 2030 a maior economia do mundo e é já hoje a grande rival dos EUA, a "ameaça existencial" para este país. Pode mesmo dizer-se que nesta guerra talvez também haja uma *proxy war*, mas, neste caso, o país de sacrifício é a própria Rússia. A Rússia é o aliado mais importante da China e a via terrestre para a expansão da China em direcção ao Ocidente. Vencer a Rússia é travar a China, tal como no golpe na Ucrânia em 2014, incentivado pelos EUA, do que se tratou foi de travar a aproximação da Rússia. Aparentemente imparável, a expansão económica da China é uma ameaça existencial para os EUA, no sentido mais literal do termo, porque pode constituir o fim do único factor que mantém a primazia dos EUA no mundo: o dólar como moeda de reserva internacional. Só isso explica que neste momento pelo menos 25 países sejam objecto de sanções económicas dos EUA e que elas afectem mais ou menos gravemente a sua economia[14]. As negociações em curso entre a China, a Rússia, a Arábia Saudita e o Irão, e entre a Índia e a Rússia, para utilizarem outras moedas nas suas transações constituem uma ameaça a este *statu quo*. Mas a guerra económica em curso tem ainda outra dimensão: tornar a Europa mais dependente da economia dos EUA e aumentar os gastos militares que alimentam o actual *boom* do complexo industrial-militar dos EUA.

Finalmente, está em curso uma guerra mediática e é nesta guerra que a derrota da Rússia ocorre mais rápida e estrondosamente. A guerra na Ucrânia é uma guerra em directo, incessantemente em directo. Em nenhuma guerra recente foi possível ver de tão perto o horrível sacrifício de quem é vítima dela. Muitas outras guerras estão em curso no nosso tempo dominado por tecnologias de informação e de comunicação, mas nunca antes foi possível ver ao vivo o horror da guerra como nesta guerra, sobretudo o horror dos civis, por definição, inocentes. Nas guerras do

[14] https://ofac.treasury.gov/sanctions-programs-and-country-information

Iraque, do Afeganistão, da Síria, da Líbia, do Iémen, da Palestina, da Somália, do Sahara Ocidental os repórteres (sobretudo ocidentais) apenas viram depois (quando viram) ou viram de longe. Havia muitas linhas vermelhas que a ética jornalística ou a segurança militar não permitiam ultrapassar. Muitas vezes, os jornalistas só foram autorizados a reportar junto ao exército aliado e a transmitir as imagens por este autorizadas (*embedded journalists*). Não vimos caras ensanguentadas nem corpos despedaçados, nem hospitais bombardeados, nem milhares de refugiados em fuga, nem tanta criança exangue a chorar, nem tanta boneca abandonada. Também nunca vimos repórteres incluir na informação relevante a cor dos olhos da entrevistada, "a menina de dezoito anos e de olhos azuis sentada na estação de". Mesmo que a reportagem se destinasse a públicos onde os olhos azuis são raros. Mas, acima de tudo, não vimos o horror da guerra na própria Ucrânia, entre 2014 e 2022, na região de Donbass conduzida por milícias neo-Nazis contra civis com a mesma cor dos olhos; nem os mesmos hospitais com as mesmas cenas de sangue e de fuga de refugiados (ainda que noutra direcção). Como disse e repito, para mim, a vida é um valor incondicional e perante ele o número de mortes é sempre relativo, mas, mesmo assim, na guerra civil da Ucrânia em Donbass morreram entre 10.000 e 14.000 civis, também ucranianos e provavelmente de olhos azuis. Até agora (28 de Março) na guerra com a Rússia morreram cerca de 1000 civis.

A inconveniente complexidade

No eixo comunicacional do Atlântico Norte vivemos uma guerra de informação sem precedentes. Conheci-a nos EUA durante dois períodos. No primeiro, durante a guerra do Vietname que vivi no seu momento de crise final (1969-1971); culminaria com a publicação dos *Pentagon Papers* em 1971. O segundo momento foi a guerra do Iraque, a partir de 2003, e a saga das armas de destruição massiva, um embuste político de que viriam a resultar muitos crimes de guerra. Mas na Europa nunca tinha assistido a este tipo de guerra de informação, pelo menos com a magnitude actual. Caracteriza-se pela erosão quase total entre factos e manipulação das emoções e percepções, entre hipóteses ou conjecturas e verdades inatacáveis.

No caso concreto da guerra da Ucrânia, a manipulação visa impedir a opinião pública e os decisores políticos de pensarem e decidirem sem excessivo stress na única medida que agora se impõe: a busca de uma paz duradoura na Ucrânia e na região de modo a pôr fim ao sofrimento do povo ucraniano, um povo que nestes dias partilha a trágica sorte dos povos palestiniano, iemenita, sírio, sarauí e afegão, ainda que sobre estes últimos pese o mais profundo silêncio. A guerra da informação tem por objectivo continuar a guerra das armas enquanto tal convier a quem a promove. Nestas condições, não é fácil lutar com factos e experiência histórica porque, do ponto de vista da guerra de informação, explicar é justificar, compreender é perdoar, contextualizar é relativizar. Mesmo assim, tentemos.

1. Para demonizar o inimigo é crucial desumanizá-lo, ou seja, imaginá-lo como tendo agido criminosamente e sem provocações. Ora a firme e incondicional condenação da ilegal invasão da Ucrânia (em que insisti desde a minha primeira crónica sobre o tema) não implica ter de ignorar como se chegou a tal. Neste caso, aconselho a leitura do livro publicado em 2019, *War with Russia?*, do professor emérito da Universidade de Princeton Stephen Cohen, recentemente falecido[15].

Depois de analisar com inexcedível detalhe as relações entre os EUA e a Rússia desde o fim da União Soviética e, no caso da Ucrânia, sobretudo desde 2013, Stephen Cohen conclui deste modo: "*Proxy wars* [guerras em que os adversários usam países terceiros para prosseguir os seus objectivos de confrontação bélica] são uma característica da velha Guerra Fria, são pequenas guerras no chamado 'Terceiro Mundo'...Raramente envolveram militares soviéticos ou americanos, quase sempre apenas dinheiro

[15] *War with Russia?: From Putin & Ukraine to Trump & Russiagate*. Nova Iorque: Hot Books, 2019.

e armas. Hoje as *proxy wars* entre os EUA e a Rússia são diferentes, estão localizados no centro da geopolítica, são acompanhadas de demasiados instrutores americanos e russos e possivelmente combatentes. Duas já irromperam: na Geórgia em 2008, onde forças russas enfrentaram o exército da Geórgia financiado e treinado com fundos e pessoal americano; e na Síria, onde já foram mortos muitos russos por forças anti-Assad apoiadas pelos EUA. Moscovo não retaliou, mas prometeu fazê-lo quando houvesse 'uma próxima vez'. Se tal acontecer, envolverá uma guerra entre a Rússia e a América. O risco de um tal conflito directo continua a crescer na Ucrânia". Assim se previu em 2019 a guerra que neste momento martiriza o povo ucraniano.

2. Ameaças

As recentes declarações do secretário-geral da NATO, segundo as quais "a guerra na Ucrânia pode durar meses ou até anos" – combinadas com a notícia da Reuters (12 de Abril) de que o Pentágono ia reunir com os oito maiores produtores de armas dos EUA para discutir a capacidade da indústria para satisfazer as necessidades da Ucrânia "se a guerra com a Rússia durar anos" – deviam ter causado alarme entre os líderes políticos europeus, mas aparentemente apenas os motivaram para uma corrida aos armamentos.

As consequências de um segundo Vietname russo seriam fatais para a Ucrânia e para a Europa. A Rússia (que é parte da Europa) só será uma ameaça para a Europa se a Europa se transformar numa imensa base militar dos EUA. A expansão da NATO é, pois, a verdadeira ameaça para a Europa, como há vinte anos alertou o insuspeito Henry Kissinger".

3. Critérios duplos

A UE, transformada numa caixa de ressonância das escolhas estratégicas dos EUA, defende como lídima expressão dos valores universais (europeus, mas nem por isso menos universalizáveis) o direito da Ucrânia de integrar a NATO, enquanto os EUA intensificam a integração (veja-se o *US-Ukraine Strategic Defense Partnership,* assinado em 31 de Agosto de 2021), ao mesmo tempo negando que ela esteja iminente. Certamente os líderes europeus não sabem que o direito reconhecido à Ucrânia de aderir a um pacto militar é negado a outros países pelos EUA e, se soubessem, isso não faria qualquer diferença, tal é o estado de torpor militarista em que se encontram. Por exemplo, as pequenas Ilhas Salomão do Oceano Pacífico aprovaram em 2021 um projecto de pacto de segurança com a China. Os EUA reagiram de imediato e com alarme a esse projecto e enviaram altos responsáveis de segurança para a região a fim de travar a "intensificação da competição de segurança no Pacífico".

4. A verdade vem tarde demais

A guerra de informação assenta sempre numa mistura de verdades selectivas, meias verdades e mentiras puras e duras (as chamadas *false flags*) organizada de modo a justificar a acção militar de quem a promove. Estou certo de que neste momento está em curso uma guerra de informação tanto do lado russo como do lado norte-americano/ucraniano, ainda que, devido à censura que nos foi imposta, saibamos menos sobre o que se passa no lado russo. Mais tarde ou mais cedo a verdade virá ao de cima. A tragédia é que virá sempre demasiado tarde.

Neste conturbado início de século temos uma vantagem: o mundo perdeu a inocência. Julian Assange, por exemplo, está a pagar um altíssimo preço por nos ter ajudado neste processo. Aos que ainda não desistiram de pensar com alguma autonomia recomendo a leitura do capítulo da Hannah Arendt, intitulado *Mentir em Política*, no livro *Crises of the Republic,* publicado em 1971. É uma reflexão brilhante sobre os *Pentagon Papers*, uma recolha exaustiva dos dados (entre eles, muitos crimes de guerra e muitas mentiras) sobre a guerra do Vietname, uma recolha realizada por iniciativa de um dos maiores responsáveis dessa guerra, Robert McNamara.

5. A pergunta que ninguém faz

Quando os conflitos armados são em África ou no Médio Oriente, os líderes europeus são os primeiros a pedir o cessar das hostilidades e a urgência das negociações de paz. Por que é quando a guerra é na Europa os tambores da guerra tocam incessantemente e nenhum líder apela a que se calem e a voz da paz se ouça?

O fim da Europa Ocidental?

O que até há pouco chamámos Europa Ocidental era o conjunto de países que no final da Segunda Guerra Mundial ficaram sob a influência dos EUA, para cá da "Cortina de Ferro", como então se designava a linha que separava os países capitalistas e os países socialistas, estes sob a influência da União Soviética. A Alemanha ficou dividida em duas, a Oriental e a Ocidental, separadas pelo Muro de Berlim. As duas Alemanhas eram os países mais industrializados de dois blocos. Logo que terminou a guerra, instalou-se a competição entre os dois sistemas políticos e económicos vigentes na Europa. A primeira tarefa era a reconstrução, pois a Europa estava arrasada. No lado ocidental, sob a tutela dos EUA, o Plano Marshall (1948-1951) dos EUA foi um vasto plano de recuperação da Europa, com avultados recursos financeiros, metade dos quais reservados para a Inglaterra. Além de promover o relançamento da economia capitalista europeia, o programa visava travar a possível expansão para oeste do comunismo, uma hipótese que na altura era verosímil dado o crescimento dos partidos comunistas em todos os países europeus ocidentais. O Plano Marshall foi, assim, um instrumento da Guerra Fria que então começava entre o bloco soviético e o bloco capitalista. Essa competição explica que em 1953 se tenha perdoado 70% da dívida externa da Alemanha, dívida por reparações resultantes de ter perdido duas guerras no espaço de 40 anos.

Com este impulso, a Europa Ocidental conseguiu retomar rapidamente o seu desenvolvimento. E também o seu bem-estar, assente na promoção ampliada de classes médias, rendimentos estáveis, sistemas de saúde, de educação e de previdência social públicos e gratuitos, nacionalização dos sectores económicos considerados de valor estratégico para o bem comum dos países, como, por exemplo, a água, a saúde, a educação e a energia. Este complexo sistema político-social, que tinha já sido ensaiado antes das guerras, assumiu todo o seu vigor e ficou conhecido por social-democracia, um regime herdeiro daquele que no início do século se designara como socialismo democrático ou, doutra perspectiva, capitalismo organizado. A partir da primeira crise do petróleo (1973), este modelo político-social começou a dar sinais de crise. E estas eram já bem evidentes quando colapsou a União Soviética (1989-91) e não cessaram de se agravar até hoje. Daí, a importância de analisarmos brevemente as principais razões da sustentabilidade do modelo social democrático europeu que tanta curiosidade e desejo de emulação atraiu.

São três as causas principais do modelo social-democrata europeu: tributação progressiva, combinada com a nacionalização de activos estratégicos; ausência de gastos militares; exploração dos recursos naturais fora da Europa. A tributação progressiva significava que quem tinha mais rendimento ou riqueza pagaria mais impostos. As taxas de tributação podiam atingir 70%. Esta era a maneira de financiar as abundantes políticas sociais que estavam na base do bem-estar dos cidadãos. Com a emergência do neoliberalismo e com o Consenso de Washington de 1985, que o consagrou, gerou-se a ideia de que os impostos eram um obstáculo ao desenvolvimento económico e o mesmo acontecia com os activos estratégicos nacionalizados. As agências multilaterais (FMI e BM) passaram a impor a baixa de impostos e a privatização dos recursos estratégicos. Privado dos recursos dos impostos e confrontados como os possíveis custos políticos decorrentes de reduzir drasticamente as políticas sociais, os Estados recorreram ao endividamento. E foi assim que explodiu a dívida pública externa dos Estados. Dependentes da oscilação e da especulação das taxas de juro, os Estados viram-se na contingência de baixar os seus gastos (investimentos) sociais.

A segunda causa da prosperidade europeia nestes últimos setenta anos foi o de não precisar de fazer despesas militares, somas avultadas de material de guerra. Afinal, a segurança europeia estava garantida pelos EUA através da NATO. Este terceiro pilar acaba de ruir com a guerra da Ucrânia. Todos os países europeus estão a rever os seus orçamentos de modo a aumentar a despesas militares e os seus contributos para o reforço da NATO. Esta, entretanto, prepara-se para novas expansões nos países com fronteira com a Rússia. Se a Alemanha cumprir o que promete (gastar 2% do PIB em armamentos), será dentro de anos o quarto exército mais poderoso do mundo. Ora, é sabido que como o orçamento não é infinitamente elástico, o dinheiro que abundar para a compra das armas certamente faltará para melhorar as escolas, a saúde pública, etc., em suma, para sustentar o bem-estar social.

Neste momento, resta à Europa o terceiro pilar do seu bem-estar, os investimentos das suas empresas nos recursos naturais existentes em outros continentes e os avultados lucros que geram. Também este pilar está ameaçado, não só pela concorrência de outros países, como pela resistência dos países onde esses recursos existem, isto para não falar da violência paramilitar que rodeia cada vez mais os empreendimentos mineiros.

O Oriente e o Ocidente

Tal como acontece com os pontos cardeais norte e sul, o Oriente e o Ocidente são muito mais que orientações geoposicionais; são dispositivos culturais, conceitos, metáforas, que exprimem imagens positivas ou negativas, que só se entendem ao espelho umas das outras. As imagens positivas envolvem ideias de superioridade, originalidade, fascínio, harmonia, civilização, beleza, grandeza; ao passo que as imagens negativas invocam o inverso desses qualificativos. As imagens assentam em binarismos mas combinam por vezes ideias contraditórias, como, por exemplo, fascínio e horror. A construção das imagens depende sempre do ponto de partida, oriental ou ocidental, de quem a faz. A longevidade da contraposição Ocidente-Oriente na cultura e nas relações internacionais é de tal ordem que se transformou num arquétipo, uma espécie de inconsciente colectivo jungiano que aflora na consciência sob múltiplas formas, sempre que as circunstâncias propiciem. Talvez estejamos a entrar no período em que este arquétipo irá ser provocado a aflorar; por essa razão, a relação Ocidente-Oriente merece ser revisitada.

As relações entre o Oriente e o Ocidente remontam a mais de 4000 anos. Estão bem presentes na antiguidade grega, na Bíblia, nas Cruzadas. Fluxos de bens e de pessoas caracterizaram essas relações durante muitos séculos no espaço-tempo que mais nos interessa, a Eurásia, essa imensa massa terrestre entre o Cabo da Roca e o extremo sudeste da Península da Malásia. 92 países, sendo que a Rússia e a Turquia estão divididas entre uma parte europeia e uma asiática. As viagens portuguesas por via marítima até à Índia e depois à China e ao Japão, ao mesmo tempo que alteraram os circuitos comerciais, permitiram uma enorme ampliação dos conhecimentos. O *Colóquio dos simples e drogas e coisas medicinais da Índia*, de Garcia de Orta, editado em Goa em 1563, é um exemplo notável dessa ampliação. Nos séculos seguintes, o interconhecimento aprofundou-se e, sobretudo nos séculos XVII e XVIII, dominou a curiosidade e, por vezes, a admiração recíproca. Durante todo esse tempo, os melhores tecidos, porcelanas e outros utensílios vinham da China e da Índia. Até ao início do século XIX, a China era a grande potência comercial. No século XIX, tudo começou a mudar do lado europeu. Da revolução industrial (1830s) até à Conferência de Berlim (1884-85) que procedeu à partilha de África pelas potências europeias, a Europa (então equivalente a Ocidente) confirmava globalmente o seu poder político, económico e militar. Nas suas aulas de História, Hegel é o primeiro a teorizar essa superioridade como expressão da progressão do espírito da história, de Oriente para Ocidente. Seria no Ocidente que essa progressão culminaria, simbolizada no Estado Prussiano. Diz Hegel: "A História mundial viaja de Oriente para Ocidente; por isso, a Europa é o fim absoluto da história, tal como a Ásia é o começo". É nesse mesmo período que a cultura grega se separa das suas raízes africanas e asiáticas (Alexandria, Pérsia) para servir de fundação pura e exclusiva do excepcionalismo europeu. Esta leitura é ainda hoje dominante, mas tem vindo a ser crescentemente contestada.

Neste texto, refiro-me apenas a duas revisões influentes, ambas feitas do lado ocidental. Muitas outras têm vindo a ser feitas do lado oriental e estão, aliás, disponíveis em línguas acessíveis. A primeira revisão é de Edward Said na sua obra *Orientalism*, publicada em 1978. Said analisa aí o modo como os ocidentais têm vindo a caracterizar o Oriente, salientando as diferenças, concebendo-o como um outro tão diferente quanto negativamente avaliado. Said não se propõe caracterizar o Oriente, mas sim o modo como ele é caracterizado ou imaginado pela cultura e pela política ocidentais. Analisa fundamentalmente o mundo árabe e mostra como a caracterização sempre esteve ao serviço do colonialismo europeu. Os orientais são concebidos como bárbaros, primitivos, violentos, despóticos, fanáticos, culturalmente estagnados. A sua única via de redenção ou civilização é adoptarem as ideias progressistas do Ocidente. Said mostra como esta narrativa diz mais a respeito dos ocidentais do que dos orientais. Por exemplo, a obsessão sobre o modo como as mulheres são tratadas no Oriente é reveladora das obsessões ocidentais a esse respeito. Em tempos recentes, alguns leitores de Said têm tentado reconstruir a imagem do Ocidente que emerge da preocupação em salientar tudo aquilo a que se contrapõe. Do meu ponto de vista, o mérito de Said é o de nos mostrar que ao longo da história se criaram estereótipos acerca do outro, neste caso o "oriental" ou o "árabe", e que esses estereótipos foram utilizados para justificar a invasão, a colonização e a dominação política. Influenciado pela concepção do poder-saber de Foucault, Said mostra que a cultura funcionou muitas vezes como justificação do imperialismo. Por exemplo, a narrativa da homogeneização e demonização do outro islâmico é desconstruída por Said, ao mostrar a enorme diversidade interna do Islão.

A segunda revisão das relações Oriente-Ocidente tem sido feita por vários historiadores. Depois da obra monumental de Joseph Needham (*Science and Civilization in China*), a revisão mais importante é a de Jack Goody nos livros *The Oriental, the Ancient and the Primitive*, *The East in the West* e *Renaissance.* Jack Goody mostra-nos como a ideia hegeliana da História tem vindo a dominar as narrativas e concepções do Ocidente e das suas relações com o Oriente. Goody tenta combater os estereótipos que continuam a prevalecer, como a ideia do excepcionalismo e da originalidade ocidentais, enumerando os contributos do Oriente para muito do que assumimos ser especificamente ocidental (desde a revolução científica até à revolução industrial). Enquanto Edward Said faz uma análise culturalista, Goody centra-se nos processos produtivos e nas trocas comerciais. A este nível, foi comum na Europa, a partir do século XIX, a ideia de que o desenvolvimento económico e social do Ocidente contrastava fortemente com o do Oriente e que havia boas razões para que tal acontecesse. Tanto Max Weber como Karl Marx, autores com ideias distintas em tantas áreas, convergiam em considerar que o Ocidente tinha características únicas, originais e excepcionais, residindo nelas o enorme desenvolvimento económico e político do Ocidente quando comparado com o do Oriente. É importante reter que as causas da superioridade e originalidade do Ocidente (e inversamente, da inferioridade do Oriente) eram concebidas como dizendo respeito à essência constitutiva das respectivas sociedades, não sendo possível alterá-las. Entre as causas que justificavam o atraso do Oriente, invocava-se a deficiente racionalidade (que impedia o desenvolvimento da contabilidade), a religião (que em suas versões budista e confucionista privilegiava a contemplação e não a transformação da realidade) e a família (que, por ser extensa e de múltiplos laços, impedia a mobilidade dos seus membros para actividade produtiva). Em ambos os autores está presente a ideia do despotismo oriental, formas de governo particularmente opressivas que caracterizariam tanto o império otomano como o império chinês.

Estas análises, que funcionavam como espelhos invertidos do Ocidente e eram muito selectivas, tinham por referência positiva apenas alguns países da Europa e centravam-se no período da expansão colonial e da revolução industrial. Omitiam que durante séculos a Europa importara bens essenciais da Índia (algodão, seda) e da China (porcelanas). Omitiam que no séc. IX Bagdade era um dos grandes centros culturais do mundo, onde na Casa da Sabedoria, criada pela dinastia dos Abássidas, se reuniam académicos de todo o mundo, sendo aí também que se geraram as condições para que séculos mais tarde os Europeus tivessem acesso à filosofia grega traduzida para latim do árabe e do hebraico (na escola de tradutores de Toledo nos sécs. XII e XIII).

Nas leituras dominantes das relações Ocidente-Oriente as razões que explicam o êxito do Ocidente (e o fracasso do Oriente) são essencialistas e, portanto, sugerem que a história que aconteceu não poderia ter acontecido doutro modo. Não há lugar para a contingência. Como se pode imaginar, em tempos mais recentes estas leituras foram sendo desacreditadas. O desenvolvimento do Japão e depois da China e do sudoeste asiático contradizia todas as premissas das explicações convencionais. E o mesmo se passou com a questão da família extensa, quando os europeus começaram a ver o pujante pequeno comércio das suas cidades dominado por famílias asiáticas, por vezes a mesma família com negócios em vários continentes. O que antes era um obstáculo ao desenvolvimento transformava-se num facilitador do desenvolvimento.

À luz disto, duas notas se impõem. A primeira é que a história é contingente. Na longa duração histórica a direcção das relações entre o Ocidente e o Oriente é menos de sentido único do que de pêndulo: durante séculos dominou o Oriente, desde há dois séculos domina o Ocidente. Há sinais de que este domínio possa estar a chegar ao fim, já que no início da próxima década a China será o país mais desenvolvido do mundo (se nenhuma guerra, entretanto, a destruir).

A segunda nota é que, contra os factos, a explicação tradicional da inferioridade do Oriente continua a dominar o imaginário popular ocidental. Torna-se, por isso, facilmente instrumentalizável politicamente. Sempre que os europeus sentem necessidade de ocidentalizar a sua imagem, orientalizam a dos países com que têm problemas, sobretudo se eles tiverem dupla pertença à Europa e à Asia, como é o caso da Turquia e da Rússia. Quando a Europa quis rejeitar a entrada da Turquia na União Europeia, orientalizou-a. Agora, a condenação legítima da invasão ilegal da Ucrânia está a legitimar a orientalização da Rússia.

Perguntas absurdas?

Quando a guerra de informação atinge as proporções que hoje tem, o público é condicionado para rejeitar o que quer que se afaste da narrativa que se pretende impor. Esta nunca é totalmente falsa nem totalmente verdadeira. O que a caracteriza é não querer ser questionada para poder mobilizar ao máximo as emoções de um público cativo. Muitas perguntas, que noutro contexto pareceriam óbvias, não chegam a ser suprimidas porque nem sequer se fazem. São perguntas absurdas. Imaginemos algumas.

1. É possível ganhar uma guerra contra uma potência nuclear?

Nos últimos setenta anos a doutrina da dissuasão nuclear assentou na resposta negativa a esta pergunta. Se a actual guerra na Ucrânia conduzir a uma resposta diferente, constituirá uma subversão total das teorias militares e geoestratégicas. Se tal for o caso, outra pergunta emerge: em que situação fica quem ganha? E quem perde? As ruínas dos vencedores distinguem-se das ruínas dos vencidos? Estas perguntas conduzem a uma outra ainda mais crucial: quaisquer que sejam as provocações, pode uma potência nuclear iniciar uma guerra, sendo certo que sobre as guerras só se sabe quando começam e nunca quando acabam nem como acabam? Se se entender que as respostas convencionais da dissuasão nuclear ainda prevalecem, então impõe-se de imediato a negociação, e nela todos devem participar e todos têm de ceder algo, tal como aconteceu no Tratado de Vestefália de 1648.

2. Porque é que a guerra da informação é mais eficaz na Europa do que no resto do mundo?

Quando intervenho em debates públicos fora da Europa, o carácter unilateral da narrativa euro-norte-americana é frequentemente questionado. A posição do Papa Francisco sobre as provocações da NATO suscitou mais atenção na América Latina do que na Europa ou nos EUA (mesmo sabendo-se que Joe Biden é católico). A resposta fácil a esta pergunta é que a guerra da Ucrânia ocorre na Europa e é, por isso, natural que a Europa se alinhe mais acriticamente com a narrativa norte-americana, quer quanto às causas da guerra, quer quanto à caracterização do regime político da Rússia.

A resposta mais esclarecedora parece-me ser que a Europa tem uma experiência histórica de relações com os EUA caracterizadas pela benevolência. Afinal, os EUA ajudaram na luta contra o nazismo, promoveram o Plano Marshall ("Programa de Recuperação Europeia") entre 1948 e 1951 e assumiram a responsabilidade pela segurança da Europa ocidental. Pelo contrário, noutras regiões do mundo a história das relações com os EUA é muito mais complicada e inclui interferências, invasões, imposições, fomento de golpes antidemocráticos, critérios duplos na defesa dos direitos humanos, etc. Tudo isto, combinado com as possíveis repercussões directas ou indirectas das sanções económicas contra a Rússia nos seus países e com a extrema intensidade da narrativa anti-Rússia (onde é fácil antever a próxima narrativa anti-China), constitui um vasto campo para questões e dúvidas.

3. Qual o futuro da esquerda na Europa depois da guerra na Ucrânia?

Com poucas excepções, as esquerdas europeias condenaram a invasão da Rússia, mas até agora renunciaram a qualquer pensamento crítico sobre as causas da guerra, a expansão da NATO (o que é surpreendente porque, no passado, foram anti-NATO), as consequências sociais e políticas do rearmamento da Europa, a hipocrisia da direita ao falar da necessidade dos sacrifícios e da perda do conforto porque sabe que são sempre os mesmos a sofrê-los, a urgência da negociação e da paz, o racismo e o sexismo de que são vítimas algumas e alguns dos refugiados da Ucrânia, a incapacidade da versão hegemónica dos valores europeus em ser verdadeiramente universal e condenar as violações dos direitos humanos actualmente em curso contra palestinianos, sírios, afegãos, sarauís, e tantos outros.

Acresce que a direita tem vindo a assumir um triunfalismo absurdo, como se defender os valores da democracia e da autodeterminação dos povos fosse seu património, quando a história da Europa reza o contrário. Por tudo isto, é possível que a esquerda saia desarmada da actual crise e que as mais que prováveis perdas de salários e pensões, antes impostas pela “crise”, sejam no futuro impostas por imperativos igualmente “patrióticos”. Daí, a próxima pergunta.

4. No futuro próximo, serão sustentáveis o relativo bem-estar e o Estado social de direito que caracterizaram a Europa ocidental nos últimos setenta anos?

Como referi atrás, a relativa prosperidade europeia assentou em três pilares: tributação progressiva, combinada com a nacionalização de activos estratégicos; ausência de gastos militares; exploração dos recursos naturais fora da Europa. Também mostrei que cada um destes pilares está fragilizado e pode colapsar a qualquer momento.

Perante isto, a direita e a extrema-direita estão prontas para prosperar com o novo *statu quo*. E as esquerdas, que foram as grandes responsáveis pela consolidação da social-democracia? Quais vão ser as suas posições? Que novos tipos de convergência vão ser necessários? Que eu saiba, a única discussão em curso na Europa neste momento ocorre na projectada unidade de esquerda em volta da França Insubmissa de Jean-Luc Melénchon com vista às próximas eleições legislativas.

Os valores universais: uma tragédia ocidental

Uma das características do pensamento dominante consiste em contrastar os princípios que subscreve com as práticas dos que se lhe opõem. Na época moderna, tudo começou com a expansão colonial do século XV e XVI pela mão dos portugueses e dos espanhóis sob a tutela do Vaticano. Missionários, descobridores, conquistadores anunciavam a "boa nova" de uma religião tida por única e e a única verdadeira, cujos princípios garantiam a igual dignidade de todo o ser humano perante a criação divina e o direito de todos a libertarem-se da superstição e a abraçarem a nova civilização, e a aceder a todos os benefícios que dela decorriam. A suposta qualidade universal dos valores de que eram portadores era tão saliente quanto evidente era o contraste entre eles e as práticas das populações nativas, práticas consideradas selvagens, bárbaras, primitivas, canibais, pecadoras, cuja erradicação justificava a "missão civilizadora". Uma linha abissal separava de tal modo os princípios e os valores europeus dessas práticas que as populações nativas não podiam ser sequer consideradas plenamente humanas. Por isso, não tratar as populações segundo esses princípios não só não era contraditório como era a única solução lógica. Se eram sub-humanos, não fazia sentido aplicar-lhes os princípios e valores próprios de seres plenamente humanos. A universalidade dos princípios era afirmada ao ser negada a sua aplicação a seres sub-humanos. Em relação a estes, o importante era evangelizá-los, levá-los a abandonar as práticas selvagens, o que se tornou mais fácil e convincente depois que o Papa Paulo III reconheceu em bula de 1537 que os índios tinham alma.

Este dispositivo colonizador realizava duas operações cruciais: impedia o reconhecimento de princípios e valores diferentes dos europeus; impedia contrastar os princípios e valores europeus com as práticas dos europeus. Tratava-se de uma nova versão de universalidade feita de duas ressalvas que a negavam, mas cuja negação era eficazmente invisibilizada. Basta ler a *Brevísima relación de la destrucción de las Indias* de Bartolomé de Las Casas, publicada em Sevilha em 1552, para termos uma ideia de como este dispositivo operou, e os crimes, atrocidades, destruições e pilhagens que ele justificou. Las Casas mostra de modo eloquente as duas verdades ocultadas pelo dispositivo colonial. Por um lado, o contraste chocante entre os princípios proclamados pelos conquistadores europeus e as suas próprias práticas; por outro lado, o retrato falso ou parcial das práticas indígenas e a recusa dos europeus em reconhecer que esses povos tinham princípios e valores que rivalizavam, por vezes com vantagem, com os europeus. Tanto o escândalo da obra de Las Casas ao tempo em que foi publicada como o sucesso que veio a ter no século seguinte mostram em que medida o dispositivo colonial próprio do pensamento dominante europeu, apesar de desmascarado, continuou a vigorar como que animado por uma hipocrisia estrutural que, em vez de o enfraquecer, se transformou em sua fonte de vida. Até hoje.

Do ponto de vista da sua génese, os princípios e valores universais europeus (mais recentemente também ditos ocidentais) são uma contradição nos termos porque, se são europeus, não podem ser considerados universais e, se são universais, não são europeus. Mas esta contradição é provavelmente própria de outros princípios e valores não europeus. E o mesmo pode dizer-se da hipocrisia ou duplicidade estrutural que habita quaisquer conjuntos de princípios e valores formulados em abstracto. O que distingue os princípios europeus é o domínio político, económico e cultural do conjunto de países que desde o século XV-XVI se arrogaram o direito de os reclamar como seus e de os impor aos outros sob o pretexto de serem universais. Esse conjunto variou ao longo dos séculos. Começou por ser ibérico, depois foi europeu, e é euro-norte-americano desde o fim da Primeira Guerra Mundial. Merecem, pois, uma reflexão específica. São muitos os dispositivos que asseguram a duplicidade e a põem ao serviço dos interesses da potência hegemónica.

(1) *Fazer valer universalmente os valores universais é um dever dos povos que os reconhecem como seus.* A imposição, mesmo que motivada por interesses próprios, deve ser sempre legitimada por razões benévolas e do interesse das próprias vítimas da imposição. Foi com esta justificação que o direito internacional emergiu, pela pena de Francisco de Vitoria (1483-1546), para justificar a ocupação colonial de povos que, apesar de humanos, não se sabiam governar (tal como as crianças) e deviam, por isso, ser objecto de protecção e tutela por parte dos colonizadores.

(2) *A hierarquia de valores. Todos os valores são universais, mas uns são mais importantes que outros.* Com John Locke (1632-1704), nos alvores do capitalismo, o direito de propriedade individual precede todos os outros. Ainda que Locke limitasse inicialmente o direito natural de propriedade aos frutos do trabalho, esse direito foi-se estendendo até abranger tudo o que fosse necessário para a produção, e esta consiste na criação de valores de troca. Desde então, a hierarquia entre os valores depende das conveniências conjunturais de quem a pode impor. Se nuns casos é prioritária a defesa da soberania dos Estados, noutros é-o a defesa da auto-determinação dos povos. Por sua vez, a segurança nacional (um conceito recente que veio substituir o conceito de segurança

humana) tem vindo a prevalecer sobre os direitos e liberdades da cidadania, tal como a segurança alimentar se tem vindo a impor à soberania alimentar.

(3) *A selectividade e os critérios duplos na invocação dos valores universais.* Entre 1975 e 2000, os *media* globais silenciaram as atrozes violações de direitos humanos do povo timorense (acabada de conquistar a independência contra o colonialismo português) por parte da Indonésia, que invadiu o país poucos dias depois da visita de Henri Kissinger a Jacarta. Para os EUA, a Indonésia era na altura um país estrategicamente importante para travar o avanço do comunismo na região, e esse facto justificava o sofrimento imposto aos timorenses. Na actual guerra da Ucrânia, muitos crimes de guerra terão sido cometidos por ambas as partes. Mas o silêncio sobre crimes cometidos por tropas ucranianas contrasta com o incessante noticiário sobre os crimes das tropas russas. Passou despercebida a notícia de 13 Maio no insuspeito *Le Monde*: tinha acabado de confirmar a autenticidade do vídeo em que soldados ucranianos matam a sangue frio prisioneiros de guerra russos desarmados, um gravíssimo crime de guerra nos termos da Convenção de Genebra. Veremos se será punido como todos os outros que tenham sido cometidos. A mesma selectividade ocorre no caso de outro valor universal, o direito à auto-determinação dos povos. Como temos visto, em alguns casos ele é justamente defendido (o caso da Ucrânia), enquanto noutros ele é injustamente negado (casos da Palestina e da República Árabe Saaraui Democrática).

(4) *O caráter sacrificial da defesa de valores, isto é, a necessidade de os violar para supostamente os defender.* Foi em nome da democracia e dos direitos humanos que se invadiu um país soberano, o Iraque, e se cometeram gravíssimos crimes de guerra, hoje documentados graças às revelações da Wikileaks. O mesmo se passou no Afeganistão, Síria, Líbia e, anteriormente, no Congo-Kinshasa, Brasil, Chile, Nicarágua, Guatemala, Honduras, El Salvador, etc. Mas tudo começou muito antes, desde os primórdios do

colonialismo. O genocídio dos povos indígenas foi sempre justificado para os salvar de si mesmos. E Afonso de Albuquerque, segundo Governador da Índia, sempre justificou a conquista do comércio das especiarias, até então controlado pelos comerciantes muçulmanos, como uma vitória da cristandade sobre o Islão.

(5) *A importância de manter o monopólio sobre os critérios para decidir sobre situações normais e situações de emergência ou de excepção, sendo certo que nestas últimas é legítimo violar alguns dos princípios e valores universais.* Depois dos ataques às Torres Gémeas de Nova Iorque, muitos países foram levados a adoptar, independentemente das condições locais, medidas excepcionais de luta contra o terrorismo, nomeadamente a promulgar novas normas de criminalização do terrorismo (o "direito penal do inimigo") que violam os princípios constitucionais do primado do direito. Muitos países aproveitaram esta legislação de excepção para eliminar ou neutralizar adversários políticos, agora considerados terroristas. Foi o caso dos militantes indígenas Mapuches do Chile por defenderem a integridade dos seus territórios.

(6) *A interpretação legítima dada aos valores universais é a que é ratificada pela potência hegemónica do momento.* As liberdades autorizadas justificam a repressão das liberdades não autorizadas. Sabe-se hoje que o regime da Líbia foi violentamente eliminado porque o General Kadhafi pretendia dar consistência política à União Africana e substituir o dólar nas transações de petróleo. Da mesma forma, muitos países, sobretudo latino-americanos, centro-americanos e asiáticos, sabem por trágica experiência que eleger democraticamente os seus presidentes não os protege de interferências, golpes e mesmo imposição de ditaduras, se os EUA virem na eleição uma ameaça aos seus interesses económicos ou geo-estratégicos.

(7) *Quando não é possível silenciar as violações dos valores universais por parte de aliados da potência hegemónica, tais violações devem ser trivializadas ou justificadas por referência a outros valores supostamente*

superiores. A ocupação colonial e ilegal da Palestina por parte de Israel — uma das mais graves violações do direito internacional dos últimos sessenta e cinco anos — tem beneficiado de muitas justificações directas ou indirectas por parte da Europa (incapaz de enfrentar de forma mais honesta as suas responsabilidades históricas) e por parte dos EUA ("Israel é o único país democrático da região"). Crimes de Estado, como o recente assassinato da jornalista palestiniana Shireen Abu Akleh, não merecem mais que uma nota de pé de página, mesmo se tais crimes obedecem a um padrão. Segundo o Ministério da Informação da Palestina, 45 jornalistas foram assassinados por forças israelitas desde 2000.

(8) *Expor documentadamente a violação dos valores universais por parte de quem os advoga e, com isso, a hipocrisia e a duplicidade reinantes é considerado um acto inimigo e suscita uma reacção implacável que nenhum valor universal pode limitar.* Nem sequer o direito à vida. Julian Assange é hoje o símbolo vivo desta duplicidade. Ter exposto os crimes de guerra cometidos no Iraque e ter defendido o anonimato das suas fontes transformou-o num alvo a abater sem dó nem piedade. Com a sua acção, Assange defendeu um dos valores universais, o direito à informação e à liberdade de expressão. Os crimes que denunciou deviam ser de imediato investigados e punidos em tribunais nacionais e internacionais. Em vez disso, é ele quem é punido e será provavelmente eliminado. Em vídeo recente, a sua esposa declara ter informações de que a CIA planeia matá-lo se não for extraditado para os EUA. De todo o modo, nas condições em que se encontra, a sua morte nunca será uma morte natural.

(9) *Os valores universais são um catálogo que pode ser consultado por todos, mas só as potências hegemónicas decidem o que entra nele.* Por um lado, são considerados ocidentais valores e princípios que muitas vezes na sua origem não são europeus. A sua apropriação quase nunca decorre de diálogos interculturais horizontais, antes envolve frequentemente distorções e selectividades ideológicas. A filosofia grega, que todos prezamos, só em meados do século

XIX foi considerada património exclusivo e distintivo da Europa. Até então era consensual reconhecer as suas raízes na cultura antiga do norte de África, nomeadamente de Alexandria, e da Pérsia. Também se reconhecia que, sem a cooperação da cultura árabe muçulmana, a filosofia grega não teria chegado ao nosso conhecimento: da Casa da Sabedoria da dinastia dos Abássidas em Bagdad no século IX até à escola de tradutores de Toledo dos séculos XII e XIII. Também o Cristianismo é considerado um património ocidental, apesar de ter nascido no que é hoje o Próximo Oriente. Por outro lado, desde o século XVI não são admitidos no catálogo dos valores universais contribuições não ocidentais que não se deixem submeter a apropriação (melhor, expropriação). A razão desta situação resulta, como referi, do domínio global, económico, social, político e cultural do mundo europeu desde o século XV-XVI. Num momento em que a China emerge como uma potência capaz de disputar o domínio global ocidental, é oportuno perguntar por quanto tempo o catálogo dos valores universais vai ficar sob domínio ocidental e com que consequências. As transformações não serão necessariamente para melhor, e podem até ser para muito pior, sobretudo para a região cultural que até agora dominou o mundo. É inquietante imaginar que os países ocidentais sejam amanhã quem sofre com a duplicidade e hipocrisia dos valores universais em mãos de novos "donos". É possível que a caricatura degradante que o Ocidente fez do Oriente (uma caricatura denunciada por Edward Said em *Orientalism*) seja amanhã substituída pela caricatura igualmente degradante que o Oriente fará do Ocidente (o *Ocidentalismo*)? Passar-se-á do eurocentrismo ao sinocentrismo? Ou poderemos finalmente aspirar a um mundo sem pontos cardeais nem centros hierárquicos onde a diversidade cultural, política e epistémica seja possível, sob a égide de valores emancipatórios que não se deixem violar segundo as conveniências de quem tem mais poder?

O futuro norte-americano da Europa?

Passámos por um período de guerra de informação sem precedentes. Neste tipo de guerra, o que dizem cada um dos contendores raramente corresponde à verdade ou a toda a verdade já que o objectivo é criar adesão emocional e não adesão racional. Para isso, o público cativo de cada um dos contendores só pode ter acesso à informação que a este convenha. Os contendores são neste caso, por um lado, a Rússia e os países que se alinharam incondicionalmente com ela e, por outro lado, a Ucrânia e os seus aliados (principalmente, EUA, EU, OTAN, Austrália, Canadá). Sinal de que a fase aguda desta guerra está a passar é o facto de o Papa Francisco ter dito recentemente algo que dois meses atrás seria de imediato apostrofado de "miséria moral" pelos guardiães da guerra de informação. Depois de condenar com justeza a invasão da Ucrânia, disse de modo muito enfático que a invasão se devia em parte ao facto de a OTAN ter provocado a Rússia para além do que era legítimo. Começa, pois, a haver espaço para analisar o que se passa para além da manipulação e para reflectir sobre o futuro que nos espera. O "nós" deste futuro é o mundo. De facto, podemos estar à beira de uma terceira guerra mundial no espaço de um século no mesmo teatro de guerra (a Europa) e a natureza dos conflitos bélicos que ocorrem na Europa faz com que eles se repercutam tragicamente nos rincões mais recônditos do globo terrestre. Neste texto, limito-me a analisar o impacto mais directo no futuro da Europa. Entramos num período de incerteza crítica. Entendo por tal imprevisões sucessivas num sistema complexo que, ou se neutralizam (empate catastrófico), ou se potenciam (caos transformador/destruidor). Fazer previsões em qualquer dos casos não faz sentido. Limito-me a seguir os traços do que já está configurado.

Onde estamos e a que nos vamos juntar

Os EUA são o país mais rico do mundo. O seu PIB é de 23 triliões de dólares. Das 10 maiores empresas de capital financeiro 3 têm sede nos EUA. Aí surgiu no Silicon Valley a tecnologia que transformou as nossas vidas. A indústria global de entretenimento é dominantemente norte americana. A produção científica deste país trouxe avanços extraordinários em múltiplos domínios nomeadamente na área da saúde. Em contraste com tudo isto, nível das desigualdades sociais supera o de qualquer país europeu desenvolvido; a esperança de vida é inferior ao destes países; 11.4 milhões de cidadãos, isto é, 37 milhões de pessoas vivem abaixo do nível de pobreza; 6 milhões de crianças vivem em lares com insegurança alimentar; os estudantes acumulam dívidas impagáveis (1.7 triliões de dólares); não tem comboios de alta velocidade nem serviço universal de saúde; as infraestruturas são deficientíssimas a precisar de reparação urgente; várias cidades do MidWest estão a sofrer cortes de energia rotativos típicos das cidades dos países menos desenvolvidos: os salários estão há quatro décadas praticamente estagnados e nos últimos meses perderam 6% do poder de compra com o aumento dos preços da energia e dos alimentos; cerca de 100.000 morrem anualmente por overdose de drogas; tem a mais alta taxa de encarceramento/institucionalização do mundo: 573 pessoas por 100.000 habitantes, quase 2 mil milhões de pessoas, sendo que a taxa de encarceramento dos jovens negros é cinco vezes mais alta que a dos jovens brancos; só em 2022 já morreram 277 pessoas em tiroteios com armas de guerra; foi o país com um dos desempenhos mais medíocres na protecção da saúde e da vida durante a crise pandémica.

Porquê tudo isto? Os EUA nunca tiveram um Estado de bem-estar do tipo daquele que a social democracia construiu na Europa, mas foi o país onde no imediato pós-guerra surgiram as mais amplas classes médias com base numa combinação virtuosa de educação universitária pública gratuita e salários altos de que resultaram os mais altos níveis de consumo alguma vez obtidos. A partir de meados da década de 1970, o neoliberalismo e o conservadorismo instalaram-se firmemente e "os anos gloriosos" foram perdendo o brilho. Entretanto o país desindustrializou-se, o capital financeiro globalizou-se, sobrepôs-se aos outros sectores do capital e deixou de estar submetido a princípios de soberania. Para além das tecnologias de informação, o único sector industrial que se manteve e agigantou foi o sector industrial-militar. Para o alimentar intensificou-se a ideia da guerra permanente, geograficamente dispersa (sempre longe das fronteiras). Os decisores políticos eleitos com ajuda financeira deste sector cederam à logica do orçamento militar prioritário sobre todos os outros, como se o país estivesse permanentemente à beira de ser invadido ou tivesse que se defender bem longe para tal não suceder. Os EUA estão armadilhados numa espiral incontrolável de gastos militares e na medida em que a Europa se identificar com os desígnios norte-americanos é previsível que algo semelhante venha a passar na Europa. Como os orçamentos são finitos, o que se gastar em armas não se gasta em escolas e hospitais.

Para além da dimensão socioeconómica, a crescente integração da Europa no universo ideológico dos EUA tem muitas outras dimensões no plano cultural e político que devem ser tomadas em atenção. Centro-me nas ideologias bem consciente que a prática dos países que as professam é muitas vezes bem diferente.

As metamorfoses da sociedade civil

Na europa social democrata a sociedade civil forte é precondição de um estado social forte enquanto nos EUA a sociedade civil forte é considerada incompatível com o estado social forte. A diferença reside em que enquanto na Europa a sociedade civil é concebida como um vasto espectro de organizações sociais (o chamado terceiro sector), nos EUA, sobretudo desde os anos de 1980, os interesses da sociedade civil foram-se metamorfoseando em interesses do mercado, isto é, da economia privada. O crescimento global da extrema-direita tem contribuído para o avanço desta metamorfose na Europa. Até onde pode ir é uma incógnita.

Do liberalismo ao neoconservadorismo

A década de 1960 foi a década áurea do liberalismo nos EUA. Eis algumas características do seu ideário: a natureza humana não é fixa e tem potencial para construir uma sociedade mais justa; os seres humanos são essencialmente racionais; os obstáculos ao progresso são a ignorância e as instituições defeituosas; não há hierarquias essenciais entre os seres humanos; a negociação e o compromisso devem prevalecer sobre o conflito e a guerra; o Estado deve ser secular e assentar no governo democrático e no reformismo social (tanto nos EUA como no mundo). Estas ideias que parecem senso comum a qualquer europeu médio são hoje minoritárias nos EUA. A partir da década de 1980, o pensamento conservador iniciou um ataque radical ao liberalismo e paulatinamente foi inculcando ideias simetricamente opostas. Com a chegada da segunda geração de conservadores no final da década de 1990, emergiram os neoconservadores que se, por um lado, radicalizaram as ideias conservadoras, por outro lado, modificaram-nas num tema essencial: enquanto os conservadores eram isolacionistas, os neocons são imperialistas. A supremacia branca dos conservadores no plano interno transformou-se na supremacia dos EUA sobre todos os outros países, sendo legítimo tudo o que for necessário para a manter. Os neocons dominam a política externa dos EUA desde os tempos do Presidente Clinton. A arrogância com que hoje se fala em Bruxelas sobre a necessidade de continuar a guerra, arrasar a Rússia e neutralizar a China é coerente com a agenda neocon.

Aliados democráticos ou pró-ocidentais?

Durante a vigência do liberalismo assumia-se, em geral, que os governos democráticos eram aliados naturais dos EUA. A autodeterminação dos povos era defendida com alguma credibilidade. Com a viragem conservadora, os aliados naturais dos EUA passaram a ser os que defendessem os valores cristãos ocidentais e os interesses geoestratégicos dos EUA qualquer que fosse o seu regime político. Para os conservadores dos anos de 1960, Francisco Franco em Espanha e António Salazar em Portugal eram aliados porque eram pró-ocidentais e colonialismo europeu devia ser defendido como luta da civilização ocidental contra a barbárie. O mesmo se dizia de ditadores pró-ocidentais ainda que se reconhecesse que alguns eram particularmente cruéis, caso de Fulgêncio Batista em Cuba. Por outro lado, ao contrário dos liberais que defendiam a coexistência pacífica com o comunismo, os conservadores defendiam ser obrigação dos EUA libertar os povos do "jugo comunista" e fazer recuar o bloco soviético. Criticavam, por isso, a inacção dos EUA durante a revolta da Hungria de 1956 e achavam mesmo que na crise do canal do Suez do mesmo ano, os EUA tinham traído os seus aliados ocidentais, Inglaterra e França, abrindo as portas à expansão do comunismo. A agenda neoconservadora domina hoje a política externa dos EUA e se vier a dominar na Europa será uma viragem de paradigma. Por exemplo, Viktor Orban não será criticado por ser autoritário mas por ser pró-russo, isto é, anti-ocidental. E a Bielorrússia ou a Geórgia serão países a desestabilizar para os libertar do jugo russo.

Anti-comunismo sem comunismo

O medo do perigo comunista que emergira nas décadas de 1920 e 1930 transformou-se depois da Segunda Guerra Mundial numa ideologia que atravessou todo o espectro da política norte-americana. Com o Macartismo dos anos de 1950, a caça aos filocomunistas atingiu níveis inauditos. Os melhores escritores, jornalistas ou realizadores de cinema foram acusados de filocomunismo com consequências por vezes trágicas para a sua vida e carreira. Esta ideologia era partilhada por liberais e conservadores, ainda que com as diferenças que mencionei acima. Mas enquanto na década de 1960 os liberais consideravam que o perigo do comunismo fora neutralizado, os conservadores continuaram a ver manifestações do comunismo em qualquer agenda de reforma social por mais moderada que fosse e incluindo as políticas pela igualdade racial ou pelos direitos reprodutivos das mulheres. Para os conservadores o comunismo passou a ser um significante vazio que funciona como arma de arremesso para demonizar adversários políticos, justificar o seu cancelamento nas redes sociais e promover o discurso do ódio. A tradição europeia de partidos comunistas pode ser um travão contra esta avalanche que na Europa surge por via da extrema-direita. Por quanto tempo? Para já, o ódio anti-russo contem subliminarmente a intensidade do ódio anti-comunista, mesmo sabendo-se que o partido comunista é muito minoritário na Rússia e que Putin é um político de direita, amigo da extrema-direita europeia.

O nazismo é uma ameaça menor que o comunismo

O nazismo tem uma longa tradição nos EUA com raízes no Partido Nazi Americano fundado em 1960, e está hoje disseminado no país através de muitas organizações extremistas, todas elas adeptas da supremacia branca e preparadas para "a guerra racial" envolvendo por vezes treino militar. Violência e terrorismo são os meios privilegiados do "acelaracionismo do poder branco". A sua presença no assalto ao Capitólio em 6 de Janeiro de 2021 foi notória. Talvez mais importante que registar este tenebroso movimento é ter em mente que o nazismo foi sempre mais tolerado nos EUA que o comunismo. Mesmo depois da Segunda Guerra Mundial os EUA adoptaram uma política de cooperação pragmática com alguns sectores do nazismo derrotado. Um dos casos mais significativos foi a proteção e acolhimento no país dos cientistas alemães nazis.

Foi a "Operação Clip" descrita por Annie Jacobsen em *Operation Clip: The Secret Intelligence Program that brought Nazi Scientists to America* (Nova Iorque: Little Brown, 2014). O livro é perturbador ao mostrar em que medida as políticas públicas podem ser ocultadas do público em nome da segurança nacional. Depois da rendição da Alemanha, 1600 cientistas e técnicos alemães vieram para os EUA e rapidamente se tornaram cidadãos norte-americanos. Trata-se dos cientistas que ajudaram Hitler a produzir armamentos (mísseis, armas químicas e biológica, medicina espacial para aumentar o desempenho dos pilotos, etc.). O livro incide sobre 21 cientistas que estiveram ao serviço de Hitler, a maioria deles com prémios concedidos pelo Führer, sendo o mais conhecido Wernher von Braun, e estando entre ele o Cirurgião-Geral do Terceiro Reich. Alguns chegaram a ser julgados no tribunal de Nuremberga, mas foram pouco depois contratados pelo governo norte americano. Foi criada uma secção no Pentágono, a *Joint Intelligence Objectives Agency*, especificamente dedicada a recrutar e contratar cientistas nazis. Um ano antes de Hiroshima e Nagasaki, o Pentágono discutia a necessidade de os EUA se prepararem para uma "guerra total" contra os comunistas, uma guerra atómica, química e biológica e todos os meios para tornar possível eram legítimos. O extremo pragmatismo desta política fez com que, embora muitos destes cientistas pudessem ser considerados criminosos de guerra, a utilidade deles fez esquecer os seus crimes, quando não lhes concedeu recompensa. A Operação Clip é o sintoma de algo mais geral: a aversão ao nazismo foi sempre muito menos intensa que a aversão ao comunismo. Afinal, os nazis apenas radicalizam algumas das ideias conservadoras dominantes e sempre foram fiéis adeptos do capitalismo.

Este complexo ideológico conservador não avança sem resistência mesmo dentro dos EUA, como ficou demonstrado pelo movimento "A Nossa Revolução" animado pelo senador socialista democrático Bernie Sanders que por algum tempo entusiasmou os jovens norte-americanos. É bom, no entanto, que os democratas europeus vão tomando conta do que está em causa se a Europa perder o que a distingue dos EUA e acolher acriticamente o que tem de comum com eles. É certo que o Canadá manteve até hoje uma certa autonomia, mas, ao contrário da Europa, tem vastos recursos naturais.

A contracção do Ocidente

O que os ocidentais designam por Ocidente ou civilização ocidental é um espaço geopolítico que emergiu no século XVI e se expandiu continuamente até ao século XX. Na véspera da Primeira Guerra Mundial, cerca de 90% do globo terrestre era ocidental ou dominado pelo Ocidente: Europa, Rússia, as Américas, África, Oceânia e boa parte da Ásia (com parciais excepções do Japão e da China). A partir de então o Ocidente começou a contrair: primeiro com a Revolução Russa de 1917 e a emergência do bloco soviético, depois, a partir de meados do século, com os movimentos de descolonização. O espaço terrestre (e logo depois, o extraterrestre) passou a ser um campo de intensa disputa. Entretanto, o que os ocidentais entendiam por Ocidente foi-se modificando. Começara por ser cristianismo, colonialismo, passando a capitalismo e imperialismo, para se ir metamorfoseando em democracia, direitos humanos, descolonização, auto-determinação, "relações internacionais baseadas em regras" – tornando sempre claro que as regras eram estabelecidas pelo Ocidente e apenas se cumpriam quando servissem os interesses deste – e, finalmente, em globalização.

Em meados do século passado, o Ocidente havia encolhido tanto que um conjunto de países recém-independentes tomou a decisão de não se alinhar nem com o Ocidente nem com o bloco que emergira como seu rival, o bloco soviético. Assim se criou, a partir de 1955-61, o Movimentos dos Não-Alinhados. Com o fim do bloco soviético em 1991, o Ocidente pareceu passar por um momento de entusiástica expansão. Foi o tempo de Gorbatchov e o seu desejo de a Rússia integrar a "casa comum" da Europa, com o apoio de Bush pai, um desejo reafirmado por Putin quando assumiu o poder. Foi um período histórico curto, e os acontecimentos recentes mostram que, entretanto, o "tamanho" do Ocidente sofreu uma drástica contracção. No seguimento da guerra da Ucrânia, o Ocidente decidiu, por sua própria iniciativa, que só seria ocidental quem aplicasse sanções à Rússia. São neste momento cerca de 21% dos países membros da ONU, o que não chega a ser 15% da população mundial. A continuar por este caminho, o Ocidente pode mesmo desaparecer. Várias questões se levantam.

Contracção é declínio? Pode pensar-se que a contracção do Ocidente o favorece porque lhe permite focar-se sobre objectivos mais realistas com mais intensidade. A leitura atenta dos estrategas do país hegemónico do Ocidente, os EUA, mostra, pelo contrário, que, sem aparentemente se darem conta da flagrante contracção, mostram uma ambição ilimitada. Com a mesma facilidade com que preveem poder reduzir a Rússia (a maior potência nuclear) a uma ruína ou a um estado vassalo, preveem neutralizar a China (a caminho de ser a primeira economia mundial) e provocar em breve uma guerra em Taiwan (semelhante à da Ucrânia) com esse objectivo. Por outro lado, a história dos impérios mostra que a contracção vai de par com declínio e que esse declínio é irreversível e implica muito sofrimento humano.

No estágio actual, as manifestações de fraqueza são paralelas às de força, o que torna a análise muito difícil. Dois exemplos contrastantes. Os EUA são a maior potência militar do mundo (ainda que não tenham ganho nenhuma guerra desde 1945) com bases militares em pelo menos 80 países. Um caso extremo de dominação é o da sua presença no Gana onde, por acordos estabelecidos em 2018, os EUA usam o aeroporto de Accra sem qualquer controlo ou inspecção, os soldados norte-americanos não precisam sequer de passaporte para entrar no país, e gozam de imunidade extraterritorial, ou seja, se cometerem algum crime, por mais grave, não podem ser julgados pelos tribunais do Gana. Em sentido contrário, os milhares de sanções à Rússia estão, por agora, a causar mais dano no mundo ocidental do que no espaço geopolítico que o Ocidente está a construir como não-ocidental. As moedas de quem parece estar a ganhar a guerra são as que mais se desvalorizam. A inflação e a recessão que se avizinham levam o CEO da JP Morgan, Jamie Dimon, a afirmar que se aproxima um furacão.

Contracção é perda de coesão interna? A contracção pode efectivamente significar mais coesão, e isso é bem visível. A liderança da União Europeia, isto é a Comissão, tem sido nos últimos vinte anos muito mais alinhada com os EUA que os países que integram a União. Viu-se com a viragem neoliberal e o apoio entusiasta à invasão do Iraque por parte de Durão Barroso e vemos agora com Ursula von der Leyen transformada em subsecretária de defesa dos EUA. A verdade é que esta coesão, se é eficaz na produção de políticas, pode ser desastrosa na gestão das consequências delas. A Europa é um espaço geopolítico que desde o século XVI vive dos recursos de outros países que directa ou indirectamente domina e a quem impõe a troca desigual. Nada disso é possível quando o parceiro é os EUA ou os aliados deste. Além disso, a coesão é feita de incoerências: afinal a Rússia é o país com um PIB inferior ao de muitos países da Europa ou é uma potência que quer invadir a Europa, uma ameaça global que só pode ser travada com o investimento que já ronda cerca de 10 mil milhões de dólares em armas e segurança por parte dos EUA num país distante de que pouco restará se a guerra continuar por muito tempo?

A contracção ocorre por razões internas ou externas? A literatura sobre o declínio e fim dos impérios mostra que, salvo os casos excepcionais em que os impérios são destruídos por forças externas – caso dos impérios Azteca e Inca com a chegada dos conquistadores espanhóis – dominam, em geral, os factores internos, ainda que o declínio possa ser precipitado por factores externos. É difícil destrinçar o interno do externo, e a específica identificação é sempre mais ideológica que outra coisa. Por exemplo, em 1964 o conhecido filósofo conservador norte-americano James Burnham publicava um livro intitulado o *Suicídio do Ocidente*. Segundo ele, o liberalismo, então dominante nos EUA, era a ideologia desse declínio. Para os liberais da época, o liberalismo era, pelo contrário, a ideologia que permitiria uma nova hegemonia mundial ao Ocidente, mais pacífica e mais justa. Hoje, o liberalismo morreu nos EUA (domina o neoliberalismo, que é o seu oposto) e mesmo os conservadores da velha guarda foram totalmente superados pelos neoconservadores. É por isso que Henry Kissinger (para muitos, um criminoso de guerra) incomodou os prosélitos anti-Rússia ao pedir negociações de paz em Davos. Seja como for, a guerra da Ucrânia é o grande acelerador da contracção do Ocidente. Uma nova geração de países não alinhados está a emergir, de facto alinhados com a potência que o Ocidente quer isolar, a China. Os BRICS, a Organização para a cooperação de Xangai, o Fórum Económico Euroasiático são, entre outras, as novas faces do não-Ocidente.

O que vem depois? Não sabemos. É tão difícil imaginar o Ocidente como espaço subalterno no contexto mundial como imaginá-lo numa relação igualitária e pacífica com outros espaços geopolíticos. Apenas sabemos que para quem manda no Ocidente qualquer destas hipóteses é impossível ou, se possível, apocalíptica. Por isso se multiplicam as reuniões nos últimos meses, do Fórum Económico de Davos (Maio) à mais recente reunião do grupo Bilderberg (Junho). Nesta última, em que participaram 5 portugueses, dos 14 temas, 7 tinham a ver directamente com os rivais do Ocidente. Saberemos o que discutiram e decidiram seguindo atentamente as capas de *The Economist* dos próximos meses.

Mereceu a pena?

Começa a ser evidente que os neoconservadores norte-americanos conseguiram impor na Europa, através de uma guerra de informação sem precedentes, uma vertigem bélica e anti-russa, cujas consequências levará tempo a avaliar. É, no entanto, possível identificar os sinais do que vem por aí.

Derrotados. Não se sabe ainda quem ganhará esta guerra (se é que alguém a ganhará, para além da indústria do armamento), mas já se sabe quem mais perde com ela. É o povo ucraniano e os restantes povos europeus. A Ucrânia em ruínas e os milhões de refugiados e a descida da cotação do euro são os sinais mais claros da derrota. Nas sete décadas que se seguiram à destruição causada pela Segunda Guerra Mundial, a Europa, então designada como ocidental, reergueu-se. Liderada por governantes de alto nível intelectual e apoiada pelos EUA em sua cruzada para travar o comunismo, a Europa Ocidental conseguiu impor-se como uma região de paz e de desenvolvimento, ainda que muito deste fosse à custa do capital colonial que acumulara durante séculos. Bastou uma guerra fantasma – travada na Europa, mas não protagonizada pela Europa e nem sequer no interesse dos europeus – para pôr tudo isto a perder.

Transição energética. O dióxido de carbono (CO2), responsável pelo aquecimento global, permanece na atmosfera por muitos milhares de anos. Calcula-se que 40% do CO2 emitido pelos humanos desde 1850 continua na atmosfera. Assim, embora a China seja hoje o maior emissor de CO2, a verdade é que, se tomarmos como referência o período 1750-2019, a Europa é responsável por 32.6% das emissões, os EUA, 25.5%, a China, 13.7%, a África 2.8% e a América Latina, 2.6%. Compreende-se, pois, que a Europa tenha liderado nas últimas décadas a luta pelas energias renováveis. Podemos ter críticas à ecologia dos ricos que subjaz à transição energética, mas esta ia na direcção certa. A guerra na Ucrânia e a crise da energia fóssil que ela provocou bastaram para fazer evaporar todos os bons propósitos da transição energética e das energias renováveis. O carvão regressou do exílio, e o petróleo e a energia nuclear estão a ser reabilitados. Por que é que perpetuar a guerra é mais importante do que avançar na transição energética? Que maioria democrática decidiu nesse sentido?

Espectro político. A crise económica e social que se avizinha vai ter impacto no espectro político dos países europeus. Por um lado, será bom tomar nota que foram os governos mais autoritários (Hungria, Turquia) e os partidos de extrema-direita quem menos entusiasmo mostrou pelo triunfalismo bélico e anti-russo dominante na política europeia dos últimos meses. Por outro lado, os partidos de esquerda, salvo raras excepções, abdicaram de ter uma posição própria (de esquerda) sobre a guerra. Alguns, que se tinham distinguido no passado contra a NATO, ficaram em silêncio perante a insensata e perigosa expansão desta a todos os continentes. Quando a continuidade da guerra e os orçamentos militares começarem a causar o empobrecimento das famílias, que irão pensar os cidadãos em termos de opções políticas? Não se sentirão atraídos a optar pelos partidos que menos entusiasmo mostraram pelo jingoísmo belicista que provocou o seu empobrecimento?

Segurança cidadã. No final de Maio passado, a Interpol tornava pública a preocupação perante a possibilidade de uma boa parte do armamento fornecido à Ucrânia vir a entrar no mercado ilegal de armas e acabar nas mãos de criminosos. Uma situação tanto mais grave quanto parte desse material é artilharia pesada.

A experiência do que aconteceu no passado em outros teatros de guerra justifica a preocupação. Por exemplo, muito do material de guerra fornecido pelos EUA ao Afeganistão terminou nas mãos dos talibãs contra os quais o exército norte-americano combatia. É bem conhecida a tragédia norte-americana dos sucessivos massacres causados por civis armados. Como os cidadãos europeus são seres humanos iguais aos norte-americanos, que sucederá no caso de o acesso fácil à compra de armas ocorrer na Europa?

Normalização do Nazismo. Pouco antes da guerra na Ucrânia, vários serviços secretos e *think tanks* sobre segurança vinham alertando para a forte presença de grupos neonazis na Ucrânia, para o seu treino e equipamento militar e para o modo como estavam a ser integrados nas forças militares regulares, facto sem precedentes conhecidos. Compreensivelmente, a eclosão da guerra fez esquecer esta preocupação. O que está agora em causa é a possibilidade de o nazismo se transformar numa ideologia nacionalista como qualquer outra e de os seus recorrentes ataques aos políticos progressistas da Ucrânia serem convertidos em actos patrióticos. Que impacto terá isto na Europa, num contexto de crescimento da extrema-direita?

Anti-comunismo fantasma. O ódio anti-russo que se exacerbou na Europa por via da invasão da Ucrânia contém subliminarmente o ódio anti-comunista, mesmo sabendo-se que o partido comunista é muito minoritário na Rússia e que Putin é um político de direita, amigo da extrema-direita europeia. Para os sectores da ultra-direita, o comunismo é hoje um significante vazio e funciona como arma de arremesso para demonizar adversários políticos, justificar o seu cancelamento nas redes sociais e promover o discurso do ódio. É de temer que este ressaibo permaneça na vida política para além da guerra.

Governo de mulheres. Nas últimas décadas, os movimentos feministas lutaram com êxito pela participação paritária das mulheres na política. Todos os democratas se devem regozijar com isso. Acontece que, para além do argumento da paridade, foram frequentemente invocados outros argumentos em favor da participação política das mulheres. As mulheres seriam menos competitivas que os homens, mais inclinadas para a solução pacífica dos conflitos, mais bem equipadas para promover e defender a economia do cuidado, tantas vezes desprezada pelo machismo dos políticos. A guerra da Ucrânia obriga a relativizar estes argumentos. À frente da União Europeia está uma mulher com mais instintos belicistas do que cuidados pacifistas, e as primeiras-ministras da Finlândia e da Suécia não parecem ficar-lhe atrás. Daqui em diante, a paridade deve ser promovida pelo seu próprio e incondicional mérito, mas não se deve esperar que ela, só por si, tenha um impacto na vida política dos países.

Crime e injustiça nos Balcãs. A guerra da Ucrânia teve o efeito de trazer à consciência dos europeus mais informados o modo arbitrário como foi destruída a Jugoslávia, os bombardeamentos da NATO contra alvos civis em 1999 e os crimes de guerra que foram cometidos por todas as partes. O preconceito histórico e religioso anti-balcãs – o Chanceler Metternich do Império Austríaco (1821-1848) dizia que a Ásia começava na Landstrasse, a rua de Viena onde viviam os imigrantes dos Balcãs – acabou por se reflectir no modo como alguns países da região têm estado à espera de entrar na UE.

É cedo para um balanço geral do tempo que estamos a viver, mas os sinais são perturbadores e não auguram nada de bom.

As transições do mundo: donde e para onde

Ao longo dos últimos cem anos falou-se muito de transições entre tipos de sociedade e entre civilizações, e construíram-se muitas teorias da transição. Segundo o antropólogo francês Maurice Godelier, a transição é a fase particular de uma sociedade que encontra cada vez mais dificuldades em reproduzir o sistema económico e social sobre o qual se funda e começa a reorganizar-se sobre a base de outro sistema que se transforma na forma geral das novas condições de existência. As transições mais estudadas nas ciências sociais foram as seguintes: da idade medieval para a idade moderna, do feudalismo para o capitalismo, do capitalismo para o socialismo, da ditadura para a democracia. Nas últimas décadas, com o colapso da União Soviética, têm sido muito estudadas as transições do socialismo de tipo soviético para o capitalismo. Os sinais dos tempos obrigam-nos a pensar em dois tipos de transição ainda pouco estudados: a transição da democracia para ditaduras de tipo novo; e a transição epocal do paradigma moderno da exploração sem limites dos recursos naturais (*a natureza pertence-nos*) para um paradigma que promova a justiça social e ecológica, tanto entre os humanos como entre os humanos e a natureza (*pertencemos à natureza*). A primeira transição aponta para uma profunda crise da democracia, enquanto a segunda aponta para a crise profunda dos modelos de desenvolvimento económico-social que têm dominado nos últimos cinco séculos. São transições de sinal contrário porque, se a primeira transição se consumar, é difícil imaginar que a segunda possa ocorrer. É bom ter isto presente, uma vez que, quem quiser que a segunda transição ocorra, tem de lutar para que a primeira não ocorra. Explicarei porquê.

A crise da democracia

O modelo de capitalismo que hoje domina é cada vez mais incompatível com a democracia, mesmo com a democracia de baixa intensidade em que vivemos, uma democracia centrada em democratizar as relações políticas e deixando que continuem a imperar os despotismos nas relações económicas, sociais, raciais, etno-culturais e de género. Refiro-me à prioridade dos mercados sobre os Estados na regulação económica e social; à transformação em mercadoria de tudo o que puder gerar lucro, incluindo o nosso corpo e a nossa mente, as nossas emoções e sentimentos, as nossas amizades e os nossos gostos; relações internacionais dominadas pelo capital financeiro e pelos super-ricos. O crescimento global das forças de extrema direita é o mais visível sintoma da crise profunda da democracia. Mas há outros: a facilidade com que a guerra de informação impede o pensamento e excita as emoções que incitam ao conformismo ou à revolta contra os falsos agressores; a recorrente eleição de governantes medíocres incapazes de governar e de pensar estrategicamente; o contra-reformismo conservador dos tribunais e a impunidade dos poderosos; a criação artificial de um ambiente de crise permanente cujos custos são sempre suportados pelas classes sociais mais vulneráveis;

é o comportamento dos partidos de extrema direita que quanto mais anti-democrático e violento mais lhes permite subir nas sondagens. Não se pode excluir a possibilidade de o agravamento da crise socioeconómica levar ao colapso das instituições democráticas. O que aconteceu no Sri Lanka no passado dia 9 de Julho é um aviso perturbador: inconformados com a carestia de vida e o colapso da economia, a multidão invadiu o palácio presidencial e o Presidente, incapaz de resolver os problemas do país, fugiu para o estrangeiro.

A desfiguração da democracia é cada vez mais patente. Tendo como original objectivo garantir o governo das maiorias para benefício das maiorias, a democracia está a ser convertida num governo de minorias para benefício das minorias. Se no início da invasão da Ucrânia se fizesse um inquérito à opinião pública europeia sobre a continuidade da guerra ou a imediata negociação da paz, estou certo que a resposta a favor da paz seria avassaladoramente maioritária. No entanto, aí está a continuidade da guerra com a sua incontestável e, até agora, única certeza: os grandes derrotados são o povo ucraniano e os restantes povos europeus. Nada disto vai ocorrer em vão. Será bom tomar nota desde já que foram os governos mais autoritários (Hungria, Turquia) e os partidos de extrema-direita quem menos entusiasmo mostrou pela vertigem bélica e anti-russa que os neoconservadores norte-americanos conseguiram impor na Europa através de uma guerra de informação sem precedentes. É assim que, em nome da democracia, se promove a autocracia.

As novas ditaduras que se vão anunciando no horizonte não proíbem a diversidade política partidária; eliminam antes a diversidade ideológica entre as diferenças partidárias. Não eliminam a liberdade; reduzem esta a um menu de liberdades autorizadas. Não hostilizam o exercício da cidadania; induzem os cidadãos a hostilizá-lo ou a ser-lhe indiferente. Não reduzem a informação; aumentam-na até à exaustão pela repetição sempre igual e sempre diferente do mesmo. Não eliminam a deliberação política; fazem com que ela seja tanto mais dramática quanto mais irrelevante for a deliberação, deixando para entidades não democráticas as "verdadeiras" decisões, sejam tais entidades Bilderberg, Google, Facebook, Twitter, BlackRock, Citigroup, *deep state,* etc.

A crise ecológica e o extractivismo

As regiões do mundo que mais intensamente sofrem com a crise ecológica são a África, algumas ilhas do Pacífico e alguns países do sul da Ásia (Bangladesh), mas onde ela tem sido mais vivamente discutida é na Europa e na América Latina. Perante a actual onda de calor e suas consequências, o Secretário-Geral da ONU declarou recentemente que a humanidade está perante uma escolha existencial: "ou acção colectiva ou suicídio colectivo". Já em fins de Maio de 2020, a temperatura ao norte do Círculo Polar Ártico chegou a 26 graus Celsius. Um pouco mais ao sul, na Sibéria – aquela região do mundo que se usa como referência de algo muito frio – as temperaturas atingiram 30°C. O gelo do Oceano Glacial Ártico conheceu em 2020 o maior declínio já registado em apenas um mês. Entretanto, está em construção um novo continente, o continente dos plásticos em pleno Oceano Pacífico, estendendo-se da Califórnia ao arquipélago do Havai. Ao longo de muitos milhares de anos, os seres humanos têm-se concentrado nas regiões tropicais e temperadas da Terra. A manter-se o actual ritmo de aquecimento global, entre um e três mil milhões de pessoas estarão nos próximos 50 anos fora do nicho climático onde se concentra actualmente a maioria da população mundial – a zona sul-oriental do continente asiático. Um dos países mais gravemente atingido pelas cheias associadas às monções é o Bangladesh, com cerca de um quarto do seu território inundado, uma situação que afecta mais de quatro milhões de pessoas.

A injustiça ambiental é hoje uma das mais sérias e talvez a menos discutida. Como referi atrás, o dióxido de carbono (CO2) responsável pelo aquecimento global permanece na atmosfera por muitos milhares de anos e que as contas sobre quem polui mais ou polui menos têm de ser feitas no período de tempo largo. Torna-se cada vez mais evidente que a acção colectiva pedida por

Antonio Guterres, Secretário-Geral da ONU, não pode deixar de ter em conta esta dimensão da injustiça histórica (quase sempre sobreposta à injustiça colonial).

Os modelos de desenvolvimento industrial em vigor desde o final do século XVIII assentam na exploração sem limites dos recursos naturais. As suas duas versões históricas – o capitalismo e o socialismo soviético (entre 1917 e 1991) – foram muito semelhantes na sua relação com a natureza. O produtivismo foi o outro lado do consumismo, e ambos assentaram no crescimento económico infinito. A Europa recorreu ao colonialismo e ao neocolonialismo para se apropriar dos recursos naturais de que carecia e que abundavam noutras regiões do mundo. Nestas, as elites económicas e os Estados encontraram na intermediação da exploração nos recursos naturais uma das principais fontes do seu poder económico. Até hoje. Na América Latina, este modelo económico é actualmente designado por neo-extractivismo para o distinguir do extrativismo que dominou durante o período do colonialismo histórico. Neste continente, está aberto o debate sobre a transição deste modelo de desenvolvimento para outro, ecologicamente sustentável, designado por *bem viver,* uma expressão trazida ao debate pelo movimento indígena. É ele que mais se tem distinguido na luta por uma outra concepção de natureza assente na ideia de que a natureza é a fonte de toda a vida, incluindo a vida humana, devendo, por isso, ser respeitada, sob pena de cometermos o "suicídio colectivo" de que fala Guterres. Uma das principais linhas de fractura no interior das forças políticas de esquerda é entre aqueles que querem manter o modelo neo-extractivista para gerar recursos que melhorem as condições de vida da maioria da população empobrecida, e aqueles para quem este modelo não só destrói a já precária sobrevivência das populações das regiões onde são explorados os recursos, como também perpetua o poder das elites rentistas, agrava ainda mais a desigualdade social e produz o desastre ecológico.

Na Europa, o debate parece limitar-se às modalidades da transição energética. Não está no horizonte a alteração dos modelos consumo. É uma ecologia dos ricos que se satisfaz com carros elétricos, desde que cada família de classe média continue a ter dois carros, esquecendo, aliás, que as baterias dos carros elétricos usam recursos minerais não renováveis (lítio). Para a perspectiva dominante, é anátema diminuir o consumo não essencial ou propor uma economia de não-crescimento.

Referi acima que a crise da democracia e a crise ecológica estão ligadas. A guerra da Ucrânia, ao implicar o aprofundamento da crise da democracia, implica também o aprofundamento da crise ecológica. Basta ter presente como a crise da energia fóssil provocada pela guerra fez evaporar todos os bons propósitos da transição energética e das energias renováveis. Estes temas foram rapidamente substituídos pelo tem do "necessário e urgente" reforço dos orçamentos militares.

A tragédia dos decisores incautos

O que há de comum entre Gorbatchov e a União Europeia? Refiro-me, por um lado, ao conjunto de decisões que Gorbatchov protagonizou entre 1986 e 1991, a abertura e democratização da União Soviética que acabaria por conduzir ao fim desta, e, por outro, ao conjunto de decisões da União Europeia no seguimento da invasão da Ucrânia pela Rússia em 24 de Fevereiro passado no sentido de cortar os laços económicos e políticos com a Rússia e apoiar militarmente a Ucrânia e os países limítrofes. Aparentemente nada há em comum entre os dois processos políticos, nem nas temáticas das decisões nem nos meios que a elas conduziram. Numa reflexão mais profunda é, no entanto, possível identificar uma afinidade perturbadora. Em ambos os casos, estamos perante processos políticos transformadores com vocação para se repercutirem por muito tempo e muito para além das intenções dos seus protagonistas. Em ambos os casos, é possível detectar a mesma característica determinante: um voluntarismo excessivo que, por descuidar o apoio orgânico de um factor estratégico, é potencialmente fatal. Vejamos mais em detalhe a grandeza e a miséria destes dois processos.

O grande jornalista italiano Roberto Savio escreveu recentemente que, com a morte de Gorbachev, com quem mantinha contactos estreitos, tinha desaparecido o último estadista. Referia-se à grande visão estratégica de Gorbachev e à forma como contribuiu para apressar o fim de uma era que vivia mais da inércia do que da criatividade, abrindo caminho a uma nova era. Foi um político de convicções profundas, que as viveu literalmente até ao fim dos seus dias, quando, poucos meses antes da sua morte, considerou a guerra na Ucrânia como um drama pessoal, pois era filho de mãe ucraniana. A grandeza de Gorbatchov residiu na sua visão estratégica e ao modo como contribuiu para acelerar o fim de uma época que vivia mais da inércia do que da criatividade e abrir o caminho para uma nova época. Segundo Gorbatchov, a União Soviética estava económica e politicamente estagnada, esmagada pela burocracia e pelo pesado orçamento militar a que a Guerra Fria a obrigava. Era necessário um novo começo e a energia para ele podia encontrar-se na história recente do país. Simbolicamente, significava voltar às origens, ao ano um da Revolução Russa, ao fervilhar intensamente vivido de um projecto de socialismo democrático. Embora se reivindicasse de um regresso a Lenine, o que estava em causa já não se quadraria com a dissolução da Assembleia Constituinte em Janeiro de 1918 e muito menos com a brutal repressão da rebelião de Kronstadt em 1921. Talvez as raízes estivessem na Primavera de Praga em 1968. No plano interno, era a grande reestruturação, a *Perestroika* e a *Glasnost*, e no plano internacional, era pôr fim à Guerra Fria e a propor uma coexistência pacífica com os EUA de modo a acabar com a corrida aos armamentos.

É bom recordar que Gorbatchov foi o grande responsável pela reunificação da Alemanha. Ainda lembradas da Segunda Guerra Mundial, nem a França nem a Inglaterra estavam interessadas nessa reunificação e o então primeiro ministro italiano Giulio Andreotti ficou conhecido por afirmar: "eu gosto tanto da Alemanha que prefiro ter duas".

A miséria de Gorbatchov foi o ter descurado o apoio orgânico e estratégico que lhe permitisse mudar o curso quando necessário para corrigir erros e salvaguardar os grandes objectivos. O factor orgânico teve duas dimensões. A dimensão interna consistiu em Gorbatchov não controlar o partido comunista, o qual nas condições da URSS era o recurso incontornável para levar a cabo as transformações projectadas. Gorbatchov chegou ao poder num momento de profunda disputa interna no Politburo do Partido Comunista, o que se tornara bem visível na eleição do seu antecessor, Konstantin Chernenko, um morto-vivo. Quando as consequências da Perestroika começaram a exigir correcção de curso, a confrontação entre a facção mais conservadora (Yegor Ligachyov) e mais reformadora (Boris Yeltsin) era pública e chocante. Foi aí que se iniciou o processo que levaria ao fim da União Soviética decidida à revelia de Gorbatchov, e à ascensão do líder apoiado pelos EUA, Yeltsin. A falta de controlo sobre o partido por parte de Gorbatchov é hoje considerada o factor decisivo na comparação entre o fracasso da renovação na União Soviética e o seu êxito na China.

A dimensão internacional do factor orgânico de suporte que Gorbatchov desatendeu foi a posição dos EUA. Gorbatchov confiou ingenuamente na palavra dada pelos EUA sobre a não expansão da NATO para leste como contraparte do fim da Guerra Fria, do desmantelamento do Pacto de Varsóvia e da reunificação da Alemanha. E com igual ingenuidade, surpreendeu-se com a recusa dos EUA em apoiarem financeiramente a URSS nos momentos difíceis da Perestroika a caminho do socialismo democrático. A resposta foi a de que tal apoio...não era rentável. Gorbatchov foi assim um gigante com dois pés de barro.

A comparação com as decisões da UE a respeito da guerra na Ucrânia tem uma dimensão limitada, mas mesmo assim significativa. Trata-se, sem dúvida, de decisões históricas que vão alterar profundamente o futuro da Europa. Ainda é muito cedo para fazer um balanço, mas os sinais são perturbadores e parecem indicar que, tal como na Perestroika, seria importante corrigir o curso e que tal correcção não irá surgir, pelo menos a tempo de evitar o pior. Claro, que não podemos atribuir à decisão de defender a Ucrânia uma grandeza semelhante à Perestroika.

É demasiado evidente que as decisões da UE foram ditadas a partir de fora devido à influência, para muitos surpreendente, dos EUA na política Europeia no seu conjunto e, muito particularmente, no *establishment* de Bruxelas. Mesmo assim, é de espantar a grande convicção das decisões e a grandiloquência da narrativa simultaneamente bélica e democrática, sobretudo quando comparada com a hesitação e a incompetência das decisões sobre a protecção da vida dos cidadãos europeus durante a recente crise pandémica. Enquanto neste último caso, foram os países quem se adiantou à incompetência e paralisia inicial da Comissão, no caso da Ucrânia é a Comissão que triunfalmente leva atrás de si (quase) todos os países numa demonstração de heroísmo algo patético.

Onde está a miséria da UE? Tal como Gorbatchov, a UE está a descurar o factor orgânico de apoio às suas decisões e tal como no caso dele, esse factor tem uma dimensão interna e uma externa. A dimensão interna é o apoio dos cidadãos. Enquanto na União Soviética a transição não podia ser levada a cabo sem o apoio firme da retaguarda (o partido), nas democracias europeias esse apoio firme, essa retaguarda, só pode vir dos eleitores. Ora, como sabemos, as decisões foram tomadas com muito mais rapidez do que as da emergência sanitária e sem nenhuma consulta aos cidadãos. Tal consulta seria o verdadeiro Plano B, o modo de assegurar a continuidade da política decidida e a aceitação das consequências adversas que dela podiam resultar. Não se quis consultar, quis-se antes intoxicar a opinião pública com uma guerra de informação sem precedentes, e com traços autoritários e inaceitáveis numa sociedade democrática. Os cidadãos podem ser paralisados politicamente por lavagens mediáticas, mas não podem alimentar-se e aquecer-se com elas. Na Alemanha, a popularidade do primeiro ministro desce a níveis inimagináveis e é a extrema-direita quem mais consistentemente exige mudança de curso. Que podemos esperar disso? Nada de bom.

Mas o factor orgânico de apoio tem ainda uma dimensão internacional e esta é muito semelhante à que liquidou Gorbatchov: a ingénua confiança nos EUA. Talvez hoje mais do que nunca, os EUA abandonaram a diplomacia e usam a guerra como arma exclusiva para fazer prevalecer os seus interesses geopolíticos. Na guerra, sempre subordinaram a sua lealdade aos aliados aos interesses internos do momento (vide, o recente caso do Afeganistão). A sua actuação na Ucrânia depende exclusivamente da política interna e mudará quando está o exigir. Estará a Europa a ser tão ingénua quanto o foi Gorbatchov? Tudo leva a crer que sim.

As razões e as emoções do futuro de hoje

Verdadeiramente nunca vivemos no futuro (nem no passado). Por outro lado, o que chamamos presente é apenas o momento de interface entre a memória reconfortante ou inquietante do que fomos e a antecipação, auspiciosa ou fatídica, do que vamos ser. Os finais de ano prestam-se a que esse momento, que está sempre presente, se manifeste sob a forma de interpelação. Nisso consistem os balanços e os planos. Esta enigmática dinâmica temporal, centrada no que já não vivemos e no que nunca viveremos, ocorre tanto ao nível individual como ao nível social. O meu foco é o social, mas a análise é válida, com adaptações, em todos os níveis da vida humana.

A memória e a antecipação não são coisas distintas. São modos diferentes de avaliar a condição existencial em função do medo e da esperança que ela suscita. Quatro combinações são possíveis. A memória inquietante e uma antecipação fatídica são o espelho do medo sem esperança; a memória reconfortante e a antecipação auspiciosa são o espelho da esperança sem medo; a memória reconfortante e a antecipação fatídica são o espelho da perda e dos limites impostos por determinações, imposições, ou fatalidade; a memória inquietante e a antecipação auspiciosa são o espelho da resistência e das possibilidades, da desestabilização dos limites, da resistência às imposições e da falibilidade dos determinismos. Este é o tempo em que cada indivíduo, grupo social ou sociedade tenta definir a sua condição existencial. É à luz dela que se afirmam propósitos e se tomam decisões. Nos tempos de globalização fracturada e fracturante em que vivemos, outros dois níveis de avaliação condicionam todos os níveis anteriores. Refiro-me aos níveis mundial e planetário.

Este ano, os europeus em geral parecem condenados a combinar a memória inquietante com uma antecipação fatídica, o que deve dar origem a muito medo e muito pouca esperança. Esta é a combinação ideal para desestimular o activismo cidadão e alimentar a extrema direita. Para justificar esta asserção há que juntar razões e emoções. Esta junção tem sido estranha a todo o pensamento político e económico liberal que domina nos países ocidentais. Para esta linha de pensamento o comportamento humano assenta em decisões humanas racionais e nos cálculos que delas decorrem. Razões e cálculos são estáveis e podem ser aferidos ou avaliados racionalmente. A ideia de que pode haver decisões políticas e cálculos irracionais sempre foi relegada para o campo das patologias. Raramente se tem em mente que Tucídides, o grande historiador da Guerra do Peloponeso, considerava que "os homens são motivados pela honra, pela avareza e, sobretudo, pelo medo". Ou se reconhece que um dos fundadores do pensamento liberal, Thomas Hobbes, considerava que as paixões e as emoções são naturais e inescapáveis – desde a compaixão, desejo e honra ao desprezo, inveja e tristeza. Segundo Hobbes, as paixões descontroladas tornam os humanos inseguros e traiçoeiros. Clausewitz, por sua vez, defendia que a guerra, enquanto fenómeno total, era uma mistura de razões, sorte, probabilidades e forças cegas, como a violência, o ódio e a inimizade. Mais recentemente tem-se considerado que as ansiedades individuais estão na raiz do nacionalismo e que este não se explica sem a propagação de sentimentos de ódio (contra os outros, os inimigos) e de amor (para com os nossos).

As razões. As razões para o excesso do medo em detrimento da esperança por parte dos europeus são conhecidas. São o continente que, pesem embora as assimetrias internas, mais bem-estar distribuiu a mais gente durante os últimos setenta anos. Tal distribuição foi politicamente designada como social-democracia e o seu reflexo social foram as amplas classes médias. Muitos países do sul e do leste europeu tinham vivido mais tempo em ditadura do que em democracia mas o fim da guerra, o fim das ditadura do sul da Europa nos anos de 1970 e a queda do Muro de Berlim no final dos anos de 1980 fizeram crer que a democracia estava plenamente consolidada e duraria para sempre. O mito da progressiva convergência entre os níveis de desenvolvimento fomentado pela União Europeia favoreceu essa crença. O facto de Portugal, por exemplo, ter deixado de convergir há mais de vinte anos em nada afectou o senso comum de que a convergência era o destino. Tudo isto foi racionalizado como sendo o resultado da superioridade dos europeus face aos outros países, muitos deles antigas colónias europeias.

Acontece que tudo isto só foi possível porque os EUA o tornaram possível na sua qualidade de superpotência, emergente da segunda guerra mundial como o país mais poderoso do mundo. Foi por iniciativa dos EUA que a imensa dívida externa acumulada pela Alemanha em duas guerras perdidas fosse em grande medida perdoada. Foram os EUA que permitiram que os países europeus não gastassem os orçamentos em despesas improdutivas e potencialmente destrutivas, como são os armamentos militares. Organizaram a OTAN, o simulacro colectivo do poderio militar norte-americano. Tudo correu de feição até que as condições de acumulação do capital a nível global fizeram ver aos EUA que a Europa se desenvolvia a um ritmo "excessivo", sobretudo a Alemanha que, sobretudo depois da queda do Muro de Berlim, se expandia para Leste, criava laços económicos e políticos fortes com a rival Rússia (ao ponto de um ex-primeiro ministro se tornar CEO de uma empresa russa, a Gazprom) e abria os braços à

China, para além do que permitia a geopolítica norte-americana. A política de contensão da Europa por parte dos EUA começou já em meados dos anos de 1980 com o Consenso de Washington e a consagração global do neoliberalismo que legitimava o capitalismo liberal norte-americano como o único viável. O Consenso de Washington foi uma espada apontada ao coração da Europa.

De repente, a social democracia era insustentável e a economia europeia era dita pouco dinâmica, não tanto por causa do primeiro choque do petróleo uma década antes, mas sobretudo pelo facto de as democracias europeias estarem especialmente sobrecarregadas com um excesso de direitos sociais e de bem-estar para vastas camadas da população. Assim foi construída a crise da social-democracia. E, como sempre, as pressões externas nunca operam sem comparsas internos. O primeiro foi Tony Blair e a terceira via (sempre a Inglaterra incapaz de deixar de ser um império). Depois foi a União Europeia e especificamente a Comissão. Como individualmente os países europeus tinham comportamentos "irrazoáveis", a Comissão passou a ser o alvo privilegiado da contensão. Em termos proporcionais, o número de lobistas de empresas norte-americanas em Bruxelas é comparável ao seu número junto do Congresso em Washington. Os menos distraídos terão notado o entusiasmo de Durão Barroso no apoio à invasão ilegal do Iraque, quando muito países europeus se tinham manifestado contra. E também terão notado que, já no tempo de Barack Obama, o único governante europeu cujo telefone foi espiado pelos EUA para fins de concorrência industrial foi Angela Merkel, a primeira ministra da economia-chefe da UE. E terão ainda notado que a NATO, apesar de o nome indicar que visa defender exclusivamente o Atlântico Norte, foi posta ao serviço dos desígnios norte-americanos na Líbia, no Afeganistão, na Síria e amanhã certamente no Mar da China.

Tornou-se claro que em política internacional não há *free lunches.* Mas a segunda fase da cobrança ainda estava por vir. O pretexto foi a guerra da Ucrânia. Um acto ilegal, precipitado e condenável de Vladimir Putin foi utilizado pelos EUA para pôr a Europa finalmente na ordem, tanto no plano político como no plano económico. Não só para isso, obviamente. Também para conter a China, neutralizando o seu mais importante aliado e, se for possível, fechar o caminho de acesso da China à Europa através da Eurásia. Mas os europeus e especialmente o martirizado povo ucraniano são, para já, os grandes perdedores de uma guerra que se podia ter evitado e que, depois de eclodir, teria sido facilmente terminada e sem grande sofrimento humano. Sem armas de dissuasão próprias nem recursos naturais, a Europa fica para sempre à mercê dos EUA. Primeiro, a guerra foi económica, depois foi guerra militar e geoestratégica. Em suas relações com os EUA, a Europa que sairá da guerra da Ucrânia será um Estado associado dos EUA, ou seja, um imenso Porto Rico.

Os mais distraídos continuarão surpreendidos pela dedicação patriótica da sra. Ursula von der Leyen aos interesses geopolíticos dos EUA, apesar de ser óbvio o empobrecimento da Europa e o enriquecimento dos EUA, por todas as razões e sobretudo pelas armas pesadas que vendem à Europa e que a Europa terá de pagar um dia, uma dívida imensa que os cidadãos terão de pagar apesar de não terem sido ouvidos para a aprovar. A democracia europeia funcionou para impor factos consumados a cidadãos incautos e impotentes, vítimas do mau hábito do confiar que em Bruxelas alguém vela e zela pelo bem-estar de todos. Como a Europa é um jardim, não é preciso democracia para tratar dele; basta que ela sirva de lição e modelo para os povos que vivem na selva. A esses sim, é preciso impor a democracia para se converterem também em jardins por onde os europeus poderão passear.

Em suma, as razões do excesso do medo e da falta de esperança residem em que não se vislumbra o fim da guerra e nem se sabe até onde irá o empobrecimento decorrente das suas consequências.

As emoções. A psicologia social estuda há muito as emoções que condicionam a participação política. A grande maioria dos estudos, na boa tradição da ciência positivista, pouco cuidam de saber ao serviço de que forças políticas podem as emoções ser mobilizadas, mas os resultados que nos proporcionam são mesmo assim úteis. Como poderão ser utilizadas as emoções dos europeus quando as consequências do desastre ucraniano agravadas pelo desastre ambiental e pela crise nos serviços públicos de saúde no período de pandemia intermitente em que estamos a entrar se tornarem mais óbvias e mais visíveis nos orçamentos e na qualidade de vida das famílias? Como o sistema democrático será tão culpado pelo modo como operou como pelo modo como deixou de operar, é natural que as emoções se centrem na ideia de anti-sistema. Como num sistema democrático as forças políticas mais visíveis estão integradas no sistema, clamar pelo anti-sistema é uma demagogia que visa encobrir o verdadeiro objectivo – a luta contra a democracia e o desejo da autocracia, ou mesmo do fascismo.

Obviamente que a esmagadora maioria dos que se juntam a esse clamor e votam pelos partidos fascizantes não é autocrata nem é fascista. É apenas gente empobrecida e defraudada pela democracia, e que não vislumbra outra alternativa. Mas os fascistas sabem que precisam dessa massa de eleitores. Afinal, em última instância, é sempre o povo que oprime o povo. Afinal, na Alemanha nazi era gente comum que ia denunciar à SS "o meu vizinho é judeu". Mas, para isso, que emoções é necessário mobilizar? Os psicólogos sociais têm estudado com particular atenção a raiva, a ansiedade, o medo e o entusiasmo. Os estudos revelam que a raiva ou ódio são as emoções que mais intensamente atiçam a disposição activa (para votar, por exemplo) porque são as que mais claramente definem o inimigo que é preciso derrotar. E também assinalam que essa participação tem um perfil muito específico. É que não aceita informação fiável que contrarie as razões da raiva ou do ódio. Tende, pois, a ser uma participação irracional, no sentido de assentar numa realidade paralela que nada tem a ver com a realidade real e com a qual não se deixa confrontar. Quem for observando o discurso da extrema direita na Europa, seja o de Santiago Abascal em Espanha ou de André Ventura em Portugal, poderá observar o paulatino processo da criação de realidades paralelas por via da mobilização da raiva e do ódio. O triunfo dessa realidade significa o fim da democracia.

2023

Adeus à Europa?

Paira sobre a Europa um novo-velho fantasma – a guerra. O continente mais violento do mundo em termos de mortes em conflitos bélicos nos últimos cem anos (para não recuar mais no tempo e incluir as mortes sofridas pela Europa durante as guerras religiosas e as mortes infligidas por europeus aos povos submetidos ao colonialismo) caminha para um novo conflito bélico oitenta anos depois do conflito até agora mais violento, com cerca de oitenta milhões de mortos. Todos os conflitos anteriores começaram aparentemente sem uma razão forte, era opinião comum que durariam pouco tempo e, no começo, a maior parte da população remediada continuou a fazer a sua vida normal, a ir às compras e ao cinema, a ler jornais e a fruir nas esplanadas a cavaqueira amena sobre política e bisbilhotice. Sempre que surgiu um conflito violento localizado era convicção dominante que se resolveria localmente. Por exemplo, muito pouca gente (incluindo políticos) pensou que a guerra civil espanhola (1936-1939) e quinhentos mil mortos seriam o prenúncio de uma guerra mais ampla – a Segunda Guerra Mundial –, embora as condições estivessem presentes. Embora sabendo que a história se não repete, é legítimo perguntar se a actual guerra entre a Rússia e a Ucrânia não é o prenúncio de uma nova guerra muito mais ampla.

Acumulam-se sinais de que um perigo maior pode estar no horizonte. Ao nível da opinião pública e do discurso político dominante, a presença desse perigo aflora em dois sintomas opostos. Por um lado, as forças políticas conservadoras detêm, não só a iniciativa ideológica, como o acolhimento privilegiado nos *media*. São polarizadoras, inimigas da complexidade e da argumentação serena, usam palavras de extrema agressividade e fazem apelos inflamados ao ódio. Não as perturba a dualidade de critérios com que comentam os conflitos e a morte (por exemplo, entre mortos na Ucrânia e na Palestina), nem a hipocrisia de apelar a valores que desmentem com a sua prática (expõem a corrupção dos adversários para esconder a sua). Nesta corrente de opinião conservadora misturam-se cada vez mais posições de direita e de extrema-direita, e o maior dinamismo (agressividade tolerada) vem destas últimas. Este dispositivo visa inculcar a ideia do inimigo a destruir. A destruição pelas palavras predispõe a opinião pública para a destruição por actos. Apesar de em democracia não haver inimigos internos e apenas adversários, a lógica da guerra é transposta insidiosamente para supostos inimigos internos, cuja voz há que calar antes de tudo. Nos parlamentos as forças conservadoras dominam a iniciativa política; enquanto as forças de esquerda, desorientadas ou perdidas em labirintos ideológicos ou cálculos eleitorais insondáveis, se remetem a um defensismo tão paralisante quanto incompreensível. A pulsão da morte da Europa alastra em duas frentes: a extrema-direita faz a apologia do fascismo em nome da democracia; o Secretário-Geral da NATO faz a apologia da guerra em nome da paz.

Mas o espectro de um perigo maior é sinalizado por um sintoma oposto. Os observadores mais atentos dão-se conta do fantasma que assombra a sociedade e convergem de modo surpreendente em suas preocupações. Em tempos recentes, tenho-me sentido muito identificado com análises de comentadores que sempre reconheci como pertencendo a uma família política diferente da minha. Refiro-me a textos de José Pacheco Pereira, Teresa de Sousa (publicados neste jornal) ou de Miguel Sousa Tavares (*Expresso*). O que há de comum entre nós é a subordinação das questões da guerra e da paz às questões da democracia. Podemos divergir nas primeiras e coincidir nas segundas. Pela simples razão de que só o reforço da democracia na Europa pode levar à contenção do conflito entre a Rússia e a Ucrânia e à sua solução pacífica. Sem democracia vigorosa, a Europa caminhará, sonâmbula, para a sua destruição.

Estaremos a tempo de evitar a catástrofe? Gostaria de afirmar que sim, mas não posso. Os sinais são deveras preocupantes. Primeiro, a extrema-direita cresce globalmente impulsada e financiada pelos mesmos interesses que se reúnem em Davos para acautelar os seus negócios. Nos anos 30 do século passado, tinham muito mais medo do comunismo do que do fascismo, hoje, sem a ameaça comunista, têm medo da revolta das massas empobrecidas e propõem como única resposta a repressão violenta, policial e militar. A sua voz parlamentar é a da extrema-direita. A guerra interna e a guerra externa são as duas faces do mesmo monstro e a indústria das armas ganha igualmente com ambas.

Em segundo lugar, a guerra da Ucrânia parece mais confinada do que o que é em realidade. O flagelo actual, que avassala as planícies onde há oitenta anos tantos milhares de inocentes (sobretudo judeus) morreram, tem dimensões de um auto-flagelo. A Rússia até aos Urais é tão europeia quanto a Ucrânia, e com esta guerra ilegal, além de vidas inocentes, tantas delas russófonas, está a destruir as infraestruturas que ela própria construiu quando era União Soviética. A história e as identidades étnico-culturais entre dois países estão mais bem interligadas do que com outros países que antes ocuparam a Ucrânia e agora a apoiam. A Ucrânia e a Rússia precisam ambas de muito mais democracia para que possam pôr fim à guerra e construir uma paz que as não desonre.

A Europa é muito mais vasta do que os olhos de Bruxelas alcançam. No Quartel-General da Comissão (ou da NATO, o que é o mesmo) domina a lógica da paz segundo o Tratado de Versalhes de 1919, e não a do Congresso de Viena de 1815. O primeiro humilhou a potência vencida (a Alemanha) e a humilhação levou à guerra vinte anos depois; o segundo honrou a potência vencida (a França Napoleónica) e garantiu um século de paz na Europa.

A paz de Versalles pressupõe a derrota total da Rússia, tal como a imaginou Hitler. Os seus ideólogos terão pensado que se a potência perdedora tiver armas nucleares não deixará de as usar? E que isso será o holocausto nuclear? Los neoconservadores norteamericanos ya incluyen esta eventualidad en sus cálculos, convencidos en su ceguera de que todo sucederá a miles de kilómetros de sus fronteras. *America first... and last*. Es muy posible que ya estén pensando en un nuevo Plan Marshall, esta vez para almacenar los desechos atómicos acumulados en las ruinas de Europa.

Sem a Rússia, a Europa é metade de si mesma, económica e culturalmente. A maior ilusão que a guerra de informação inculcou nos Europeus no último ano é que a Europa, uma vez amputada da Rússia, poderá recompor a sua integridade com o transplante dos EUA. Justiça seja feita aos EUA: cuidam muito bem dos seus interesses. A história mostra que um império declinante procura sempre arrastar consigo as suas zonas de influência para atrasar o declínio. Assim a Europa soubesse cuidar dos seus interesses.

O silêncio dos intelectuais

Cada povo andou pelas ruas da Europa fora com uma pequena tocha na mão; e agora, eis o incêndio.

(Jean Jaurès, 25 de Julho de 1914, seis dias antes de ser assassinado por um fanático militarista)

Os intelectuais não têm o monopólio da cultura, dos valores ou da verdade, e muito menos o monopólio do que se deva entender por qualquer desses "domínios do espírito", como dantes se dizia. Mas também não podem demitir-se de denunciar o que, em seu entender, considerem ser destrutivo da cultura, dos valores e da verdade, sobretudo quando essa destruição ocorre supostamente em nome da cultura, dos valores e da verdade. Os intelectuais não podem impedir-se de saudar o sol antes que o dia nasça, mas também não podem deixar de avisar que muitas nuvens podem toldar o céu antes que a noite caia e impedir que se goze a claridade do dia.

Assistimos na Europa à (re)emergência alarmante de duas realidades destrutivas dos "domínios do espírito": a destruição da democracia, com o crescimento das forças políticas de extrema-direita; e a destruição da paz, com a naturalização da guerra. Qualquer destas destruições é legitimada pelos valores que visa destruir: a apologia do fascismo é feita em nome da democracia; a apologia da guerra, em nome da paz. Tudo isto é possível porque a iniciativa política e a presença mediática estão a ser entregues às forças conservadoras de direita ou de extrema direita. As medidas de protecção social para que a população sinta no concreto (no orçamento familiar e na convivência social) que a democracia é melhor do que a ditadura são cada vez mais escassas devido aos custos da guerra na Ucrânia e ao facto de que as sanções económicas contra o inimigo (neste momento 14.081 sanções), que supostamente deviam causar dano ao inimigo, estão, de facto, a causar dano aos cidadãos dos países europeus que se aliaram aos EUA. Doutro modo como se poderia explicar que, segundo os dados FMI, a economia russa crescerá mais do que a economia europeia?

A destruição da paz e da democracia dá-se em geral pela constituição desigual e paralela de dois círculos de liberdades autorizadas, isto é, de liberdades de expressão e de acção acolhidas pelo poder mediático e político. O círculo das liberdades autorizadas para posições progressistas que defendem a paz e a democracia diminui cada vez mais, enquanto o círculo das liberdades autorizadas para posições conservadoras que fazem a apologia da guerra e da polarização fascista não cessa de crescer. Os comentadores progressistas estão cada vez mais ausentes dos grandes *media*, enquanto os conservadores debitam semanalmente páginas inteiras de mediocridade estarrecedora.

Vejamos alguns dos principais sintomas deste vasto processo em curso.

1. A guerra de informação sobre o conflito entre a Rússia e a Ucrânia apoderou-se de tal maneira da opinião publicada que até comentadores com algum bom senso conservador se submetem a ela com uma subserviência repugnante. Um exemplo entre muitos outros dos *media* corporativos europeus: no comentário semanal de um canal de televisão português (SIC, 29 de

Janeiro de 2023), um comentador muito conhecido, em geral pessoa de bom senso dentro do campo conservador, afirmou mais ou menos isto: "a Ucrânia tem de ganhar a guerra porque, se não ganhar, a Rússia invadirá outros países da Europa". Mais ou menos o mesmo que os telespectadores norte-americanos ouvem todos os dias de Rachel Maddow no canal de televisão MSNBC. Donde vem este absurdo senão do consumo excessivo de desinformação? Ter-se-ão esquecido que a Rússia pós-soviética quis integrar a NATO e a UE e foi rejeitada, e que a expansão da NATO nas fronteiras da Rússia, contra o que foi prometido a Gorbachov, pode constituir uma legítima preocupação defensiva por parte da Rússia, ainda que seja ilegal a invasão da Ucrânia, como eu fiz questão de condenar desde a primeira hora? Não saberão que foram os EUA e o Reino Unido quem boicotou as primeiras negociações de paz pouco depois da guerra ter começado? E se, por hipótese, Zelensky quisesse abrir negociações com Putin, acham que ele seria apenas travado pela extrema-direita ucraniana? Os EUA ou a Inglaterra permitiriam negociações? Não terão os comentadores pensado por um momento que uma potência nuclear, confrontada com a eventualidade de derrota na guerra convencional, pode recorrer a armas nucleares, e que isso pode causar uma catástrofe nuclear? E não se darão conta de que na guerra da Ucrânia se exploram dois nacionalismos (o ucraniano e o russo) para submeter a Europa à total dependência dos EUA e travar a expansão da China, o país com quem os EUA estão verdadeiramente em guerra? Que a Ucrânia é hoje a prefiguração do que será Taiwan amanhã? Curiosamente, nesta vertigem ventriloquista de propaganda nunca se dão detalhes sobre o que significa a derrota da Rússia. Levar à destituição de Putin? A balcanização da Rússia?

2. De modo sub-reptício, a ideologia anti-comunista que dominou o mundo ocidental até à década de 1990 está a ser reciclada para fomentar até à histeria o ódio anti-russo, mesmo sendo sabido que Putin é um líder autocrático, amigo da direita e da extrema-direita europeias. Proíbem-se artistas, músicos e desportistas russos, eliminam-se cursos sobre a cultura e literatura russa, tão europeias quanto a francesa. Na primeira reunião internacional do P.E.N. Club depois da Primeira Guerra Mundial, realizada em Maio de 1923, foi proibida a participação de escritores alemães, como parte da estratégia de humilhação da Alemanha no Tratado de Versalhes de 1919. A única voz discordante foi a de Romain Rolland, Prémio Nobel da Literatura em 1915. Ele, que tanto escrevera contra a guerra, e especificamente contra os crimes de guerra dos alemães, teve a coragem de afirmar, "em nome do universalismo intelectual": "não submeto o meu pensamento às flutuações tirânicas e dementes da política".

3. A democracia está a ser tão esvaziada de conteúdo que pode ser defendida instrumentalmente pelos que se servem dela para a destruir, enquanto os que servem a democracia para a fortalecer contra o fascismo são considerados esquerdistas radicais. No plano internacional, foi unânime o coro ocidental para celebrar os acontecimentos da praça Maidan de Kiev em 2014, onde afinal a guerra de hoje começou. Apesar de as bandeiras de organizações nazis estarem bem visíveis nos protestos, apesar de a fúria popular se dirigir contra um presidente, Victor Yanukovych, democraticamente eleito, apesar de as escutas telefónicas terem revelado que a neoconservadora dos EUA, Victoria Nuland, indicara os nomes de quem assumiria o poder em caso de vitória, incluindo o de uma cidadã norte-americana, Natalie Jaresko, que viria a ser nomeada nova Ministra das Finanças...da Ucrânia, apesar de tudo isto, estes acontecimentos, que foram um golpe bem orquestrado para afastar um presidente pró-russo e transformar a Ucrânia num protectorado norte-americano, foram celebrados em todo o Ocidente como uma vibrante vitória da democracia. E nada disto foi sequer tão absurdo quanto o facto de um deputado da oposição venezuelana, Juan Guaidó, se ter auto-proclamado Presidente interino da Venezuela numa praça de Caracas em 2019, e isso ter bastado para os EUA e muitos países da UE (incluindo Portugal) o terem reconhecido como tal. Em Dezembro de 2022, foi a própria oposição venezuelana a pôr termo a esta farsa.

4. A dualidade de critérios para julgar o que se passa no mundo assume proporções aberrantes e é exercida quase automaticamente para fortalecer os apologistas da guerra, estigmatizar os partidos de esquerda e normalizar os fascistas. Os exemplos são tantos que custa seleccioná-los. Dou alguns exemplos. A nível nacional e internacional. Em Portugal, o comportamento desordeiro e insultuoso dos deputados do partido de extrema-direita, Chega, no parlamento é muito semelhante ao comportamento dos deputados do partido Nazi no Reichstag desde a sua entrada no parlamento alemão nos primeiros anos da década de 1920. Houve tentativas para os travar, mas a iniciativa política pertencia-lhes e as condições económicas favoreciam-nos. Em Maio de 1933 já promoviam a primeira queima de livros em Berlim. Até quando esperarão os portugueses? Por outro lado, também em Portugal, está em curso um processo para derrubar o governo do Partido Socialista (PS) que ganhou as últimas eleições com maioria absoluta. Seguindo uma orientação da direita global muito apadrinhada pelas instituições de contra-insurgência dos EUA, os governos de esquerda que não puderem ser derrubados por golpes brandos devem ser desgastados por acusações de corrupção, obrigando-os a lidar com questões de governabilidade e de urgência para não poderem governar estrategicamente. Em Portugal, aparentemente, só há corrupção no Partido Socialista que ganhou as últimas eleições com maioria absoluta. Para o *media* conservadores hegemónicos, todos os ministros do governo socialista, até prova em contrário, são corruptos. Não é difícil encontrar noutros países exemplos semelhantes.

No plano internacional refiro dois exemplos gritantes. É hoje praticamente assente que a explosão dos gasodutos do Nord Stream, em Setembro de 2022, foi obra dos EUA (como, aliás, tinha sido prometido por Joe Biden), com a eventual colaboração de aliados. Um caso destes deveria ser prontamente investigado por uma comissão internacional independente. O que parece evidente é que a parte prejudicada, a Rússia, não tinha nenhum interesse em destruir uma infraestrutura que poderia ser inutilizada simplesmente fechando as torneiras. Finalmente, em 8 de Fevereiro passado, o respeitado jornalista norte-americano Seymour Hersh revelou com informação concludente que foram os EUA quem de facto planeou a partir de Dezembro de 2021 a sabotagem dos gasodutos Nord Stream 1 e Nord Stream 2[16]. Se assim foi, estamos perante um crime grave que configura um acto de terrorismo de Estado. Se foram os EUA que cometeram esta sabotagem tratou-se de um acto criminoso por parte de um país da NATO contra outro país da NATO, já que a Alemanha detinha parte do capital dos gasodutos. Se não foram os EUA, a acusação é de tal modo grave que o jornalista Seymour Hersh deveria ser de imediato processado judicialmente, o que não sucedeu até à data. Deveria ser do máximo interesse para os EUA, o Estado que se afirma como defensor da democracia global, averiguar o que se passou. Terá sido esta a única maneira de obrigar a Alemanha a juntar-se à guerra contra a Rússia? Destinou-se a sabotagem dos gasodutos a pôr fim à política de maior autonomia energética da Europa em relação aos EUA iniciada por Willy Brandt? Com a energia cara e empresas encerradas não foi este um modo eficaz de pôr um travão ao motor económico da UE? Quem beneficia com ele? Foi incluído no cálculo o sacrifício injusto imposto às famílias alemãs de passar o inverno sem aquecimento razoável? Sobre este acto terrorista pesa o mais profundo silêncio.

O segundo exemplo. Intensifica-se a violência da ocupação colonial da Palestina por parte de Israel. Desde o início do ano, Israel já matou 35 palestinianos; no dia 26 de Janeiro fez um *raid* no campo de refugiados de Jenin no West Bank e matou mais 10 pessoas, incluindo 2 crianças. Um dia depois, um jovem palestiniano matou 7 pessoas ao lado da sinagoga de um colonato israelita na secção oriental de Jerusalém, ilegalmente ocupada por Israel. A violência existe dos dois lados, mas a desproporção é brutal, e muitos actos do terrorismo do Estado de Israel (por vezes cometidos impunemente por colonos ou por militares nos *checkpoints*) não chegam sequer a ser noticiados. Não há enviados

[16] Ver: https://seymourhersh.substack.com/p/how=-america-took-out-the-nord-stream?r-5mz1&utm_campaign=post&utm_medium=web

dos *media* ocidentais para relatar o que se passa nos territórios ocupados, onde a maior violência ocorre. Não temos imagens lancinantes de sofrimento e morte do lado palestiniano (excepto imagens furtivas de telemóvel). A comunidade internacional e o mundo árabe nada dizem. Apesar da imensa desproporção dos meios bélicos, não há nenhum movimento para enviar equipamento bélico eficaz para a Palestina, ao contrário do que se está a fazer para a Ucrânia. Porque é que a resistência dos ucranianos é justa e a dos palestinianos não é? A Europa, o continente onde ocorreu o holocausto dos Judeus, está na origem remota dos crimes cometidos contra a Palestina, mas mostra hoje uma cumplicidade odiosa com Israel. A UE afadiga-se neste momento para criar um tribunal para julgar os crimes de guerra. Mas, hipocritamente, só os crimes cometidos pela Rússia. Tal como aconteceu nos anos que precederam a Primeira Guerra Mundial, os apelos ao europeísmo (a Pan-Europa, como então se dizia) são crescentemente apelos à guerra e retórica para encobrir o sofrimento injusto e a perda de bem-estar que está a ser imposto aos povos europeus sem que eles tenham sido consultados sobre a necessidade ou conveniência da guerra.

Porquê o silêncio dos intelectuais?

Perante tudo isto, talvez o silêncio mais incompreensível seja o dos intelectuais. Incompreensível, porque os intelectuais reivindicam a cada passo ter uma clarividência superior à dos comuns mortais. Sabemos por experiência histórica que nos períodos imediatamente anteriores à eclosão das guerras, todos os políticos se dizem contra a guerra, ao mesmo tempo que pelas suas acções contribuem para que ela ocorra. O silêncio é pura cumplicidade com os senhores da guerra. Não há declarações retumbantes de conhecidos intelectuais pela paz ou pela "independência de espírito" e em defesa da democracia. Quando a Primeira Guerra Mundial começou estavam em presença três imperialismos: o russo, o inglês e o alemão. Não restavam dúvidas a ninguém de que o mais agressivo, ou pelo menos, o mais expansionista, era o imperialismo alemão.

Intrigantemente, nessa altura não se ouviam grandes intelectuais alemães a manifestar-se contra a guerra. Havia, pelo contrário, muitos a manifestar-se estridentemente a favor da guerra. O caso de Thomas Mann merece reflexão. Em Novembro de 1914, publicava um artigo na *Neue Rundschau* intitulado "Gedanken im Kriege" (pensamentos em tempo de guerra) em que defendia a guerra como um acto de *Kultur* (ou seja, a Alemanha, como ele próprio acrescentaria) contra a civilização. Para ele, a *Kultur* era a sublimação do demoníaco ("die Sublimierung des Dämonischen") e estava acima da moral, da razão e da ciência. E concluía "A lei é a amiga dos fracos, gostaria de nivelar o mundo; mas a guerra faz surgir a força" ("Das Gesetz ist der Freund des Schwachen, möchte gern die Welt verflachen, aber der Krieg lasst die Kraft erscheinen")[17]. Segundo Mann, *Kultur* e militarismo eram irmãos. Em 1919, publicou o livro *Reflexões de um homem não-político*[18], em que defendia a política do Kaiser e afirmava que a democracia era uma ideia anti-alemã. Felizmente para a humanidade, Thomas Mann viria mais tarde a mudar de ideias e a transformar-se num dos grandes críticos do Nazismo. Ao contrário, no lado russo sempre foram bem audíveis as vozes dos intelectuais contra o imperialismo russo, de Kropotkine a Tolstoi, de Dostoievsky a Gorki.

Hoje, defrontam-se o imperialismo norte-americano, o imperialismo russo e o imperialismo chinês. Há ainda o caso patológico do Reino Unido que, apesar do seu declínio abissal tanto no plano social como no plano político, ainda se não deu conta de que há muito perdeu o império. Sou contra todos os imperialismos e admito que no futuro o imperialismo russo ou o imperialismo chinês possam ser os mais perigosos, mas não tenho dúvidas de que neste momento o imperialismo mais perigoso é o dos EUA. Leva vantagem em dois domínios, o militar e o financeiro. Nada disto garante a longevidade deste imperialismo.

---

[17] Citado por Romain Rolland *Au-dessus de la mêlée.* Paris, Paul Ollendorf, 1915, 59.

[18] *Betrachtungen eines Unpolitischen,* Berlim, S. Fischer Verlag.

Aliás, tenho defendido que ele está em decadência, usando fontes de instituições norte-americanas (e.g. *National Intelligence Council*), mas a própria decadência pode ser um dos factores que explica a maior periculosidade de hoje.

Desde o primeiro momento condenei a invasão da Ucrânia por parte da Rússia, mas desde esse momento salientei que houve forte provocação dos EUA para que tal acontecesse com o objectivo de enfraquecer a Rússia e travar a China. A dinâmica do imperialismo norte-americano parece imparável, sempre alimentada pela crença de que a destruição que provoca, alimenta ou incita ocorrerá longe das suas fronteiras protegidas por dois vastos oceanos. Os EUA têm, pois, um desprezo total pelos interesses dos outros povos. Os EUA dizem intervir sempre a bem da democracia e apenas deixam destruição e ditadura ou caos no seu rasto. A mais recente e talvez mais extrema manifestação desta ideologia pode ler-se no último livro do neoconservador Robert Kagan (casado com a conhecida neoconservadora e actual Subsecretária de Estado para Assuntos Políticos dos Estados Unidos, Victoria Nuland), *The Ghost at the Feast: America and the Collapse of World Order, 1900-1941* (Nova Iorque: Alfred Knopf, 2022). A ideia central deste livro é que os EUA são um país único no mundo no seu desejo de tornar os povos mais felizes, mais livres e mais ricos, lutando contra a corrupção e a tirania onde quer que existam. São tão maravilhosamente poderosos que teriam evitado a Segunda Guerra Mundial se tivessem intervindo militarmente e financeiramente a tempo de obrigar a Alemanha, Itália, Japão, França e Grã-Bretanha a seguir a nova ordem mundial ditada pelos EUA. Todas as intervenções norte-americanas no estrangeiro têm sido altruístas, para o bem dos povos intervencionados. Segundo Kagan, desde as primeiras intervenções militares no estrangeiro — a guerra espanhola-americana de 1898 (com o propósito de dominar Cuba, desde então até hoje), e a guerra Filipino-Americana de 1899-1902 (contra a autodeterminação das Filipinas e resultando em mais de 200 mil mortos) — os EUA têm sempre intervindo por fins altruístas e pelo bem dos povos.

Este monumento à hipocrisia e ao apagamento das verdades inconvenientes nem sequer considera a realidade trágica dos povos indígenas e da população negra dos EUA submetidas ao mais violento extermínio e discriminação ao tempo dessas intervenções supostamente libertadoras no estrangeiro. O registo histórico revela a crueldade desta mistificação. Invariavelmente as intervenções foram ditadas pelos interesses geopolíticos e económicos dos EUA, no que, aliás, os EUA não são excepção. Pelo contrário, tem sido sempre esse o caso de todos os impérios (veja-se a invasão da Rússia por Napoleão e por Hitler). O registo histórico mostra que a prevalência dos interesses imperiais levou muitas vezes a eliminar aspirações de autodeterminação, de liberdade e de democracia e a apoiar ditadores sanguinários do que resultou devastação e morte, da Guerra das Bananas na Nicarágua (1912) e do apoio ao ditador cubano Fulgêncio Baptista e da invasão de Cuba na Baía dos Porcos de 1961, ao golpe no Chile contra o presidente Salvador Allende, democraticamente eleito (1973); do golpe de Estado no Irão contra o presidente Mohammad Mossaddegh, democraticamente eleito (1953) ao golpe de Estado na Guatemala contra Jacobo Arbenz, democraticamente eleito (1954); da invasão do Vietnam para combater a ameaça comunista (1965) à invasão do Afeganistão (2001), supostamente para se defender dos terroristas (que não eram afegãos) que atacaram as Torres Gémeas de Nova Iorque, depois de nos vinte anos anteriores ter apoiado os *mujahideens* contra o governo comunista apoiado pela União Soviética; da invasão do Iraque em 2003 para eliminar Saddam Hussein e as suas armas de destruição massiva (que não existiam), à intervenção na Síria para defender rebeldes que na sua maioria eram (e são) islamitas radicais; da intervenção, através da NATO, nos Balcãs sem autorização da ONU (1995) à destruição da Líbia (2011). Houve sempre "razões benévolas" para estas intervenções, que contaram sempre com cúmplices e aliados locais. Que restará da mártir Ucrânia quando a guerra acabar (todas as guerras um dia acabam)? Em que situação ficarão os outros países da Europa, sobretudo a Alemanha e a França, ainda hoje dominados pela ideia falsa de que o Plano Marshall foi a expressão da filantropia abnegada dos EUA, à qual devem infinita gratidão e incondicional solidariedade? Como ficará a Rússia? Que balanço é possível fazer para além da morte e da destruição que a guerra sempre causa? Porque não surge na Europa um movimento forte a favor de uma paz justa e durável? Apesar de a guerra estar a ser travada na Europa, estarão os europeus à espera que surja um movimento contra a guerra nos EUA para se alistarem no movimento com boa consciência e sem risco de serem considerados amigos de Putin, se não mesmo comunistas?

São algumas das questões a que os intelectuais têm obrigação de responder. Por que se terão calado? Haverá ainda intelectuais, ou o que resta é uma pobre clericultura?

O Ocidente visto do mundo

Entre 2011 e 2016 realizei um projecto de investigação financiado pelo Conselho Europeu de Investigação. Intitulava-se "ALICE - Espelhos Estranhos, Lições imprevistas: Definindo para a Europa um novo modo de partilhar as experiências do Mundo". Nesse projecto, tentei mostrar que a Europa, depois de cinco séculos a procurar ensinar o mundo, se confrontava com um mundo que não tomava em grande conta as lições da Europa e que, em face disso, em vez de propor isolacionismo progressivo, entendia que a Europa devia disponibilizar-se a aprender com o mundo e usar essa aprendizagem para resolver alguns dos seus problemas. A guerra da Ucrânia veio mostrar que as propostas da minha investigação de pouco serviram aos políticos europeus, uma experiência que não é nova para os cientistas sociais.

Em Outubro de 2022, oito meses depois da invasão da Ucrânia, um conhecido instituto da Universidade de Cambridge harmonizou e fundiu 30 inquéritos globais sobre atitudes em relação aos EUA, à China e à Rússia. Os inquéritos cobriam 137 países do mundo e 97% da população mundial, tendo sido realizados em 75 países depois da invasão da Ucrânia. O resultado principal deste estudo é que o mundo está dividido entre uma pequena minoria da população do mundo, que tem uma opinião positiva sobre os EUA e uma atitude negativa sobre a China e a Rússia (1,2 mil milhões de pessoas), e uma grande maioria em que o inverso ocorre (6,3 mil milhões). Embora o estudo se refira aos EUA, não é arriscado especular que, sobretudo depois da guerra na Ucrânia, a Europa seja associada aos EUA ainda mais intensamente que antes. A essa associação podemos chamar o Ocidente. Isto significa que, se tomarmos o mundo como unidade de análise, o Ocidente está mais isolado do que nunca, e isso explica que a grande maioria dos países do mundo se tenha recusado a aplicar sanções à Rússia decretadas pelos EUA e UE. É importante conhecer as razões deste facto. Vejamos algumas delas.

1. O Ministro dos Negócios Estrangeiros da Índia, S. Jaishankar, afirmou recentemente numa entrevista que "a Europa tem de deixar de pensar que os problemas da Europa são os problemas do mundo e começar a pensar que os problemas do mundo não são os problemas da Europa". O mundo do Sul global enfrenta uma série de desafios a que o Ocidente não tem dado qualquer prioridade para além da exuberância retórica, sejam eles as consequências da pandemia, os juros da dívida externa, os impactos da crise climática, a pobreza, a escassez de alimentos, a seca e os altos preços da energia. Durante a pandemia, os países do sul global insistiram em vão que as grandes empresas de produção de vacinas do Norte global abrissem mão dos direitos de patente de modo a permitir a ampla e barata vacinação das suas populações. Não admira que os embaixadores da Europa e dos EUA não tenham agora qualquer credibilidade ou autoridade para exigir a estes países que apliquem sanções à Rússia. Tanto mais que, no auge da crise pandémica, a ajuda que receberam veio sobretudo da Rússia e da China.

2. A mesma falta de credibilidade e autoridade ocorre quando os países do Sul global são intimados a mostrar respeito pela "ordem internacional baseada em regras". Durante décadas (se não séculos) o Ocidente impôs unilateralmente as suas regras, arrogou-se o privilégio de as declarar universais, ao mesmo tempo que se reservou o direito de as suspender e violar sempre que isso lhe conveio. Eis algumas perguntas que ocorrem a estes países. Quantos países foram invadidos sem autorização do Conselho de Segurança da ONU, da Jugoslávia ao Iraque, da Líbia à Síria? Por que razão vivem enterrados em prisões ou em exílios todos os que ousam pôr a nu o abismo entre os princípios e as práticas, como ilustram os casos de Julian Assange e de Edward Snowden? Porque é que o ouro da Venezuela continua retido nos bancos do Reino Unido (e não só), tal como as reservas do Afeganistão continuam congeladas enquanto a população afegã morre de fome? Ninguém imagina na Europa o ridículo em que cai o Secretário Geral da NATO quando é ouvido no Sul global a invectivar a Rússia por usar o gaz e petróleo como arma de guerra, quando há tanto tempo muitos países vivem sob a arma de guerra do sistema financeiro global controlado pelos EUA (sanções, embargos, restrições).

Como referi atrás, a 8 de Fevereiro passado, o respeitado jornalista norte-americano Seymour Hersh revelou com informação concludente que foram os EUA quem de facto planeou, a partir de Dezembro de 2021, a sabotagem dos gasodutos Nord Stream 1 e Nord Stream 2. Se assim foi, estamos perante um crime hediondo que configura um acto de terrorismo de Estado que não só causa um irreparável desastre ambiental como cria um precedente imprevisível para todas as infraestruturas submarinas internacionais. Deveria ser do máximo interesse para os EUA averiguar o que se passou. Infelizmente, sobre este acto terrorista pesa o mais profundo silêncio.

3. A memória dos países do Sul global não é tão curta quanto pensam os diplomatas ocidentais. Muitos desses países estiveram sujeitos ao colonialismo europeu, o qual, ao longo do século XX, contou quase sempre com a cumplicidade e apoio dos EUA. A solidariedade para com os movimentos de libertação veio da China e da Rússia (então União Soviética) e esse apoio continuou em muitos casos depois da independência. Quem lhes pede agora solidariedade contra a Rússia e a China foi no passado hostil às suas aspirações, ou esteve ausente.

4. Estamos a entrar numa segunda Guerra Fria, desta vez entre os EUA e a China, e, de facto, o envolvimento dos EUA na guerra da Ucrânia visa, entre outras coisas, enfraquecer o mais importante aliado da China. Os países do Sul global recordam-se da primeira Guerra Fria, entre os EUA e a União Soviética, e sabem, por experiência, que, com algumas excepções logo depois do fim da Segunda Guerra Mundial, o alinhamento incondicional com um dos campos não os beneficiou; pelo contrário, a guerra fria foi para eles muitas vezes quente. Por isso, em 1955, 29 países da Ásia e da África (alguns ainda colónias) e a Jugoslávia se reuniram em Bandung e criaram, a partir de 1961, o Movimento dos Não-Alinhados. Não é por coincidência que a chamada para um novo Movimento dos Não-Alinhados percorre hoje todo o Sul global e está de facto a emergir sob novas formas.

A exigente construção da paz

Um ano depois do início da guerra da Ucrânia, o balanço pode resumir-se assim: a destruição da Ucrânia, o empobrecimento e o crescente isolamento internacional da Europa, o enriquecimento excepcional das empresas de armamento e de energia fóssil (na sua maioria, norte-americanas).

A cegueira informativa produzida pelos *media* hegemónicos quase não deixa ver três fenómenos que podem trazer alguma esperança a quem concorde com Erasmo que uma paz imperfeita é sempre preferível a uma guerra justa – "se é que tal coisa existe", como acrescentava o grande humanista de Roterdão. Os três fenómenos são: o emergente movimento contra a guerra e pela paz tanto na Europa como nos EUA; as declarações de militares de alta patente dos EUA e da Alemanha sobre a impossibilidade de uma solução militar para o conflito; e a disponibilidade de alguns países importantes (China, Índia e Brasil) para mediar uma solução pacífica. Qualquer destes factos é escassamente noticiado pelos *media*.

Quem mais interesse tem na paz é quem mais perde com a guerra, ou seja, a Ucrânia e a Europa. Inversamente, quem menos interesse tem na paz é quem ganha mais com a guerra. Por sua vez, o que se perde e o que se ganha vai muito para além do que é mais visível. Se a Ucrânia sangra no corpo, a Europa sangra na alma. Uma anti-Europa nasce dentro da Europa. A Europa das compras conjuntas de vacinas e medicamentos para garantir o bem-estar dos cidadãos dá lugar à Europa das compras conjuntas de armas para causar a morte de europeus ucranianos e russos (por agora) e aumentar o mal-estar de cidadãos empobrecidos, tanto nas condições de vida material como na sanidade espiritual.

É a Europa dos anões valentões porque subservientes (Emmanuel Macron, Olaf Scholz, António Costa) contra a Europa dos gigantes ponderados porque conscientes dos riscos (François Mitterrand, Willy Brandt, Olof Palme). De facto, não é uma anti-Europa, é a outra Europa, a Europa arrogantemente ignorante e colonialista, o seu lado reprimido a estilhaçar-se na cara das boas consciências.

Desde Dezembro passado, o Presidente Zelensky tem vindo a promover o seu plano para a paz assente em dez pontos: segurança nuclear à volta da maior central nuclear da Europa, Zaporíjia; segurança alimentar e exportação dos cereais ucranianos; segurança energética mediante restauro da infra-estrutura energética e restrições do preço da energia russa; libertação de todos os presos e deportados, incluindo presos de guerra e crianças deportadas para a Rússia; restaurar a integridade territorial da Ucrânia; retirada das tropas russas e restabelecer as fronteiras com a Rússia; um tribunal especial para perseguição dos crimes de guerra cometidos pelas tropas russas; desminagem e restauro do tratamento de água; criação de uma arquitectura de segurança euro-atlântica que dê garantias à Ucrânia; confirmação do fim da guerra num documento assinado pelas partes. A reacção a este plano por parte dos países considerados aliados foi cautelosa desde o início. A diplomacia brasileira já sinalizou que alguns destes pontos não poderão ser considerados inegociáveis.

O objectivo, sem dúvida difícil, mas não impossível, é garantir a segurança da Ucrânia sem que a Rússia veja a Ucrânia transformada na linha avançada de uma força hostil, a NATO. Duas ideias ganham terreno: é preciso regressar aos acordos de Minsk sobre as zonas russófonas do Donbass, mas agora de boa-fé e em obediência à Resolução 2202 do Conselho de Segurança da ONU de 17 de Fevereiro de 2015; a Crimeia é uma linha vermelha, como o secretário de Estado americano, Anthony Blinken, reconhece. A região do mar Negro é tão importante para os russos e a sua frota como as Caraíbas ou a região do Panamá para os Estados Unidos, e como o mar do Sul da China e Formosa para a China. Expulsar a Rússia do mar Negro é provocar uma guerra nuclear.

A guerra da Ucrânia é uma guerra por procuração entre os EUA e a Rússia; só haverá paz quando Washington e Moscovo quiserem. A Ucrânia e a Rússia estiveram mais perto de um acordo de cessar-fogo, logo no início da guerra (Março-Abril de 2022), mas, segundo o ex-primeiro-ministro israelita Naftali Bennet, os EUA e o Reino Unido não se mostraram interessados na paz. E depois disso a Ucrânia e a Rússia negociaram o acordo da exportação de cereais.

Neste momento, começa a acentuar-se uma divisão no seio da administração Biden entre os que pretendem uma solução diplomática e os que insistem em aumentar a ajuda militar à Ucrânia com a esperança de que a guerra seja ganha sem se chegar a uma confrontação directa entre a NATO e a Rússia e, por consequência, ao uso de armas nucleares. A segunda posição continua a ser dominante, mas a esperança em que assenta é cada vez mais ilusória.

A paz constrói-se não preparando a guerra, mas preparando a disponibilidade e criando a oportunidade para as palavras substituírem as armas. A política do ódio e os ataques *ad hominem* são próprios de um tempo que confunde causas com consequências e procura na unanimidade o refúgio da mediocridade.

Nada disto é novo. No início da Primeira Guerra Mundial, a histeria bélica dominava a opinião publicada. O grande líder socialista francês Jean Jaurès afirmava lapidarmente, em 25 de Julho de 1914, seis dias antes de ser assassinado por um fanático militarista: "Cada povo andou pelas ruas da Europa fora com uma pequena tocha na mão; e agora, eis o incêndio."

Aliás, esta histeria atingia os melhores. Naquele período, tão trágico para a Europa como o actual, só duas grandes vozes contra a guerra se faziam ouvir: Romain Roland, na França; e Karl Kraus, na Áustria. Nenhum deles viveu o suficiente para saber que a história lhes dera plena razão.

A esperança do não-alinhamento[19]

Entre 18 e 24 de Abril de 1955 reuniram-se em Bandung (Indonésia) 29 países de África e Ásia que ao tempo representavam 54% da população mundial. O objectivo da reunião era promover a cooperação entre estes países e lutar contra o colonialismo e neocolonialismo. A importância desta reunião residiu no facto que foi o primeiro encontro internacional "não-europeu", isto é, de países de "populações de cor", como nessa altura se dizia. Desta reunião surgiu o Movimento dos Não-alinhados (MNA) formalmente constituído em 1961, em Belgrado (Jugoslávia), por iniciativa de Tito (Jugoslávia), Nehru (Índia), Nkrumah (Gana) e Sukarno (Indonésia). O lema do movimento era a possibilidade de um caminho para o desenvolvimento relativamente independente, quer do modelo capitalista, quer do modelo soviético. O MNA foi importante para o desenvolvimento dos países e para as lutas de libertação contra o colonialismo europeu. O contexto era a Guerra Fria entre os EUA e União Soviética e os cinco princípios de coexistência pacífica aprovados pelo movimento são disso expressão: respeito mútuo da integridade territorial e da soberania nacional; princípio da

[19] Mais adiante voltarei a este tema, analisando-o de um outro ângulo.

não-agressão; não interferência na política interna; igualdade e benefício mútuo; coexistência pacífica[20]. Eram países então considerados países sub-desenvolvidos ou em desenvolvimento, com pouco peso na economia global, e cujas aspirações de desenvolvimento eram ignoradas pelos países desenvolvidos (o Ocidente) quando não activamente hostilizadas e reprimidas. Ao contrário, a União Soviética e a China sempre estiveram mais próximos do MNA. Talvez a maior diferença ideológica entre o Ocidente e o MNA se possa resumir no seguinte: enquanto o Ocidente insistia na democracia interna, o que quase sempre equivalia à liberdade económica (capitalismo), os Não-Alinhados insistiam na democracia nas relações internacionais de modo a poderem prosseguir caminhos autónomos de desenvolvimento. O MNA sofreu todas as vicissitudes da evolução da Guerra Fria e de algum modo entrou em crise existencial com o fim desta em 1991, ao mesmo tempo que o seu objectivo inicial (um sistema global mais equitativo e democrático) se tornava cada vez mais premente. As diferenças internas, que eram visíveis desde o início, acentuaram-se e o alinhamento com um dos blocos foi por vezes gritante (os casos de Cuba com a União Soviética e da Indonésia pós-Sukarno com os EUA, de que Timor Leste guarda uma memória bem amarga). Um dos momentos altos do MNA foi a proposta formulada em 1974 de um ambicioso programa, a "Nova Ordem Económica Internacional", uma proposta que foi prontamente rejeitada pelas potências ocidentais. A partir de 1980, o neoliberalismo global acabou por neutralizar totalmente o MNA e as relações internacionais tornaram-se cada vez mais desiguais.

Um novo Movimento dos Não-Alinhados?

O MNA original não incluiu os países da América Latina, com excepção de Cuba. Para além das diferenças históricas entre a América Latina e a África e Ásia, os países latino-americanos

[20] Mais tarde passariam a dez princípios que reformulam com mais detalhe o elenco original e tornam mais explícita a obediência à Carta da ONU.

sempre tiveram de conviver com o peso da influência dos EUA. A verdade é que o neoliberalismo global golpeou as suas aspirações de desenvolvimento e justiça social tal como o fez no resto do mundo e isso criou a disponibilidade para uma maior autonomia regional, o que se veio a concretizar com a constituição da União de Nações Sul-Americanas (UNASUL) em 2008 e da Comunidade de Estados Latino-Americanos e Caribenhos (CELAC) em 2010. Dada a intensificação da globalização neoliberal, a cooperação regional foi suscitando a necessidade de uma cooperação global que garantisse mais autonomia aos países em desenvolvimento em relação às receitas do neoliberalismo global que, num mundo pós-guerra fria, respondiam exclusivamente aos interesses dos países capitalistas da Europa e da América do Norte. A concretização mais importante dessa necessidade foi a criação dos BRICS em 2009, tendo o Brasil como um dos membros fundadores. Os BRICS são uma aliança entre países grandes de desenvolvimento intermédio (Brasil, Rússia, Índia, China e África do Sul) com o objectivo de transformar poder económico em maior influência geopolítica. Visará um novo movimento de não-alinhamento? Com a guerra da Ucrânia intensificou-se a ideia da necessidade de um tal movimento.

O contexto é hoje muito diferente do de 1955 por duas razões principais. Primeiro, a polarização de então era entre dois modelos rivais de desenvolvimento, o modelo socialista soviético e o modelo capitalista. Esta polarização desapareceu e foi substituída por uma rivalidade entre diferentes países capitalistas com pretensões a dominarem em proveito próprio a economia global capitalista, ou seja, a rivalidade entre os EUA, país capitalista hegemónico no plano financeiro e militar, e a China, já hoje a primeira potência comercial, e seus aliados. Esta caracterização assenta na ideia não consensual de que o sistema económico promovido pela China é um sistema capitalista de tipo diferente do que caracteriza o modelo norte-americano. Trata-se da rivalidade entre o capitalismo de Estado e o capitalismo das empresas multinacionais.

O não-alinhamento não significa agora equidistância em relação a dois modelos económicos radicalmente diferentes. Significa equidistância entre as exigências de lealdade (submissão) incondicional impostas pelos EUA, nomeadamente na aplicação de sanções à Rússia, e o apoio à invasão ilegal da Ucrânia por parte da Rússia. Traduz-se, por exemplo, no facto de a grande maioria dos países com assento na ONU condenarem a invasão da Rússia e ao mesmo tempo recusarem-se a aplicar sanções económicas à Rússia. Os BRICS são o exemplo mais consistente do não-alinhamento neste novo sentido. Em termos geoestratégicos, a rivalidade é entre um mundo unipolar dominado pelos EUA e um mundo multipolar em que diferentes centros de poder económico disputam a hegemonia. Os EUA e seus aliados definem a rivalidade em termos políticos, entre as democracias (nós) e as autocracias (eles), mas a realidade é outra. Afinal, três democracias fazem parte dos BRICS (Índia, Brasil e África do Sul) e se países como a Argentina e o México vierem a aderir, a componente democrática sairá reforçada. Por outro lado, haveria que especificar o que se entende por autocracia. A China é um país de partido único, mas a Rússia não. O termo autocracia transformou-se numa arma de arremesso contra os governos dos países que não alinham incondicionalmente com as (im)posições dos EUA. Por outro lado, se as democracias se dispõem a usar como arma política de guerra o sistema SWIFT de transferências internacionais e a sabotar com um acto de terrorismo os gasodutos Nord Stream, talvez seja de perguntar onde está a distinção entre democracias e autocracias na política internacional.

A segunda diferença entre 1955 e hoje é que os países que disputam hoje a hegemonia incondicional dos EUA não são nem pobres nem estrategicamente insignificantes. Os sinais são convincentes. O objectivo das sanções, "as mais duras da história" segundo Joe Biden, era reduzir o rublo (a moeda russa) a lixo (a expressão de Biden em inglês resulta melhor: "the ruble will be reduced to rubble") e enfraquecer a Rússia. O número de sanções impressiona, 14.081 (o país a seguir mais sancionado é o Irão com 4.171 sanções). No entanto, ao contrário do que se pretendia, o rublo fortaleceu-se, a economia Russa cresceu mais que anteriormente e a grande maioria dos países do mundo (representando 87% da população do mundo) recusa-se a aplicar as sanções à Rússia. Por outro lado, a confiança no dólar tem vindo a diminuir.

Acresce que as organizações económicas internacionais fora do controlo dos EUA e orientadas pela ideia de um mundo multipolar têm vindo a fortalecer-se. No caso do BRICS, doze países são candidatos a entrar, entre os quais: Indonésia, México, Argentina, Turquia, Egipto, Irão e Arábia Saudita. Por sua vez, a Organização de Cooperação de Shangai integra actualmente, entre outros, a China, Rússia, Índia, e Paquistão, enquanto o Irão, o Bahrain, Egipto, Arábia Saudita e Catar são candidatos. Para já não mencionar a Iniciativa do Cinturão e Rota da China, o mais ambicioso projecto de desenvolvimento envolvendo 100 países nos mais diversos domínios (autoestradas, caminhos de ferro de alta velocidade, oleodutos e gasodutos, sistemas de comunicação, novas cidades, portos, etc.). Em sua recente reunião, o grupo de países G-20 (as 19 maiores economias mais a EU), agora presidido pela Índia, recusou-se a aplicar as sanções à Rússia e tentou explicar aos delegados ocidentais que o isolamento da Rússia seria um perigo para o mundo.

Na Conferência de Segurança de Munique realizada em Fevereiro de 2023 o Presidente Macron manifestou-se publicamente "chocado pela falta de credibilidade do Ocidente nos países do Sul global". Alguém certamente lhe terá explicado que essa falta de credibilidade decorre de séculos de hipocrisia e de relações desiguais, de critérios duplos de avaliação de factos equivalentes, da proclamação e imposição de princípios e normas éticas com a reserva do privilégio de os violar sempre que isso seja conveniente. É bom notar que muitos dos países que se opõem a seguir os *diktats* do Ocidente não são anti-ocidentais, não são pró-russos e até condenaram a invasão da Ucrânia. Recusam-se apenas a dividir o mundo entre os bons e os maus, desejam o fim da guerra e sobretudo são pragmáticos, zelando pelos seus interesses nacionais. É esse o caso do Brasil ou da Índia. Na reunião de Munique, a Vice-Presidente da Colômbia, Francia Marquez, afirmou "Não queremos continuar a discutir quem ganhará ou perderá a Guerra. Somos todos perdedores se ela continuar e em última instância é a humanidade quem perde".

Por maiores que sejam as diferenças entre 1955 e hoje, a verdade é que acontecimentos tão importantes como os que ocorreram então deixaram marcas que a cada passo emergem. Se analisarmos com atenção os doze pontos do plano de paz para a guerra Rússia-Ucrânia recentemente apresentado pela China, é fácil concluir que eles assentam nos princípios da coexistência pacífica que foram definidos em 1955: 1. Respeitar a soberania de todos os países; 2. Abandonar a mentalidade da guerra fria; 3. Cessar as hostilidades; 4. Recomeçar as negociações de paz; 5. Resolver a crise humanitária; 6. Proteger civis e prisioneiros de guerra; 7. Garantir a segurança das centrais nucleares; 8. Reduzir os riscos estratégicos; 9. Facilitar a exportação de cereais; 10. Pôr fim às sanções unilaterais; 11. Manter estável a cadeia industrial e de fornecimentos; 12. Promover a reconstrução pós-conflito.

O fim da justiça universal

O mandado de captura emitido pelo Tribunal Penal Internacional contra o Presidente Vladimir Putin terá repercussões distintas das que são invocadas, tanto pelos EUA, como pela Rússia. Para os EUA, Putin, que ainda não foi sequer acusado, é já um criminoso de guerra, um pária internacional, devendo ser preso na próxima oportunidade. Para a Rússia, o mandado não tem qualquer valor jurídico e não terá qualquer eficácia, sendo apenas mais um acto de propaganda do Ocidente. É impossível saber qual das duas leituras prevalecerá no futuro. Debruço-me sobre as repercussões menos hipotéticas e mais reais porque observáveis a olho nu e desde já. O mandado de captura é semelhante às sanções económicas impostas à Rússia. As suas repercussões serão reais, mas não são as que oficialmente se propõem.

A primeira repercussão reside no seu impacto num qualquer processo de paz sobre a Ucrânia. Suspeitava-se que os EUA não estavam interessados em negociações de paz e acrescentava-se que o desinteresse era partilhado pela Rússia. A suspeita está hoje confirmada. Os EUA não negociarão com Putin qualquer processo de paz. Isto significa que jogam tudo na queda de Putin. Como esta não é previsível, pelo menos a curto prazo, o povo ucraniano vai continuar a ser martirizado e os soldados ucranianos e russos vão continuar a morrer. Os possíveis e bem-intencionados mediadores internacionais podem, por agora, dedicar-se a outras tarefas mais realistas.

A segunda repercussão diz respeito ao impacto do mandado de captura no princípio da justiça universal de que a criação do TPI é uma das manifestações mais concludentes. Este mandado de captura significa o descrédito total deste princípio. A credibilidade do TPI estava afectada desde o início, quando nenhuma das grandes potências (EUA, China, Rússia) assinou o tratado que o fundou. Declararam alto e bom som que não se sentiam vinculados por qualquer decisão do TPI. Os EUA foram particularmente veementes nessa posição e, de facto, se atendermos aos países ou indivíduos que foram objecto de investigação por parte do TPI, verificaremos que nenhuma investigação foi aceite ou avançou quando os EUA entenderam que tal ia contra os seus interesses. Dois casos ilustram isso bem.

O mandado de captura foi emitido no momento em que se assinalavam os vinte anos da invasão ilegal do Iraque por parte dos EUA. Uma invasão duplamente ilegal porque contra a decisão do Conselho de Segurança e assente na falsa premissa da existência de armas de destruição massiva. Tal como Putin, George W. Bush imaginava que a guerra duraria pouco tempo e seis semanas depois declarou triunfalmente: "Missão cumprida". Na realidade, a guerra terminou oficialmente oito anos depois, deixando o país destruído e cerca de 300.000 civis iraquianos mortos. Não houve nenhum mandado de captura contra Bush Jr., mas há agora contra Putin e note-se que não é acusado de mortes, mas sim da deportação de crianças, um tema em si mesmo complexo já que na Segunda Guerra Mundial foi comum evacuar crianças em zonas de guerra como medida de protecção. Não digo que tenha sido este o caso, mas torna-se claro que a gravidade relativa dos crimes não é um dos critérios para a intervenção do TPI. Afinal, não houve crimes contra a humanidade em Bucha? Cometidos por quem? E quem não se lembra do massacre de My Lai, em

1968, no Vietname, em que foram mortos cerca de 500 civis desarmados, muitos deles mulheres e crianças? Ou dos milhares de crianças que morreram no Iraque devido às sanções impostas por Bush pai? O segundo exemplo diz respeito à decisão do TPI de Março de 2021, no mandato da anterior procuradora, de abrir um inquérito sobre os alegados crimes de guerra cometidos por Israel nos territórios ocupados da Palestina desde Junho de 2014. O inquérito fora pedido pelo Estado Palestiniano em 2018. Não se tratava sequer de mandado de captura, era apenas o início de um inquérito. A reacção dos EUA, da Alemanha e de outros países aliados contra a decisão do TPI foi a mais veemente possível. Invocaram-se os argumentos de todo o tipo para condenar a decisão do TPI. A administração Trump chegou a impor sanções ao procurador do TPI e aos seus colaboradores seniores. Biden levantou as sanções, mas declarou-se muito preocupado com a intenção do TPI de exercer jurisdição sobre pessoal israelita. É hoje evidente que as instituições internacionais (e não apenas o TPI) só funcionam eficazmente na medida em que sirvam ou não contrariem os interesses dos EUA. A duplicidade de critérios é tão aberrante que o TPI dificilmente sobreviverá à caricatura que faz de si mesmo.

A terceira repercussão é que tudo isto aponta para o descalabro total das "relações internacionais baseadas em regras". A invasão ilegal da Ucrânia foi obviamente uma machadada neste princípio, e seguiram-se-lhe muitas outras por todas as partes no conflito. A duplicidade de critérios em julgá-las atinge tal gravidade que podemos estar a entrar inexoravelmente no período prévio a uma nova guerra mundial. Vão-se fechando sucessivamente todas as portas por onde um abrandamento das tensões podia passar. Submete-se a stress extremo as instituições que podiam regular o conflito. No dia 1 de Abril, o país que é presidido por um suposto criminoso de guerra presidirá (pela rotatividade) às sessões do Conselho de Segurança da ONU. Que impacto terá isso? Que mundo é este? Que futuro nos espera?

O passado do futuro da Europa

Qualquer busca bibliográfica revelará que o tema do "futuro da Europa" é muito recorrente, sobretudo depois de 1945. Compreende-se que depois de duas guerras mundiais devastadoras houvesse razões de sobra para questionar o futuro da Europa. A Europa do Tratado de Versalhes de 1919, dominada pela rivalidade continuada entre os Estados nacionais beligerantes, dera lugar à Europa dos blocos rivais – o bloco ocidental e o bloco soviético – sob a égide da potência que então confirmava o seu domínio global, os EUA. Dominados pela lembrança da devastação causada pela guerra, dois temas dominavam a discussão do futuro da Europa, nessa altura reduzida à Europa ocidental: uma organização inter-europeia que não excluísse a Alemanha (ocidental) de modo a que esta deixasse de ser um perigo para outros povos; a autonomia da Europa em relação aos EUA, numa altura em que para a Europa o tempo era já um tempo pós-imperial.

O primeiro tema referia-se aos modelos de organização, sendo que a questão central era a da partilha e livre circulação dos recursos naturais. Assim surgiu o Tratado de Paris de 1951 que criou a Comunidade do Carvão e do Aço. Decidiu-se também a divisão da Alemanha, a proibição de esta aceder a armas nucleares e a ocupação militar da Alemanha Ocidental por parte dos EUA.

O segundo tema centrava-se em duas posições opostas. Por um lado, a posição da França liderada por Charles de Gaulle, para quem a Europa podia aspirar a continuar a ser uma potência global, para o que era necessário manter autonomia em relação aos EUA. Por outro lado, a posição destes, para quem a Europa, agora reduzida à Europa Ocidental, teria de ligar-se aos EUA e constituir com estes a Comunidade Atlântica, uma posição defendida num texto influente de Walter Lippmann em 1944, *U.S. War Aimes*.

Desde então, quatro momentos foram particularmente intensos na discussão a respeito do futuro da Europa: o fim do bloco soviético/fim da guerra fria, a destruição da Jugoslávia, o Brexit, a pandemia e, por último, a guerra da Ucrânia. O mais curioso desta discussão é que ela se centrou sempre sobre o futuro da Europa e nunca sobre o seu passado. No caso da Europa que foi socialista e soviética até 1991, o passado discutido depois dessa data foi o passado da anexação soviética, e a discussão está longe de ter terminado. É o caso da questão da *Mitteleuropa*, um conceito que significa tanto Europa central (que, aliás, depois de 1945, passou a ser Europa oriental), como Europa de forte influência alemã. Como afirmou Milan Kundera, o problema da *Mitteleuropa* era estar geograficamente no centro, culturalmente no Ocidente e politicamente no Oriente.

A discussão do passado deveria ser particularmente importante para a Europa ocidental, capitalista, uma vez que a constituem todos os países que estiveram envolvidos na expansão colonial europeia, desde os primeiros (Portugal e Espanha) até aos últimos (Bélgica, Alemanha e Itália). E seria importante para o conjunto da Europa, sobretudo se tivermos em mente que o colonialismo moderno depois do século XV teve fortes antecedentes no colonialismo que existiu dentro da Europa nos séculos anteriores. Se por colonialismo entendermos uma economia política fortemente injusta e violenta imposta a povos/raças/etnias considerados ontologicamente inferiores, a história do colonialismo interno na Europa é muito longa, e essa longa duração condiciona mais do que se pode imaginar qualquer especulação quanto ao futuro da Europa.

Ao longo da história, os eslavos foram considerados pelos seus inimigos como raças inferiores. As palavras "escravo" e "eslavo" têm a mesma etimologia (Lat. *sclavus*). Eslavos são os povos europeus, da Rússia aos Balcãs, que ao longo da Idade Média foram frequentemente submetidos à escravatura. São disso exemplo, a partir do século XIII, os escravos eslavos que trabalhavam nas plantações de açúcar de Chipre, e que eram propriedade de comerciantes de Veneza. A eslavofobia atingiu o paroxismo com o Nazismo e serviu de justificação para a expansão alemã para leste, da Polónia à Ucrânia e à Rússia. Paralelamente, toda a Europa do sul, desde o Ocidente (Portugal e Espanha) até ao Oriente (Balcãs e Grécia), foi ao longo de séculos considerada pela Europa central como sendo ocupada por raças inferiores ("brancos escuros") e, no caso dos Balcãs, não só por raças inferiores (os eslavos do sul) mas também por religiões inferiores (o Islão).

As razões da ignorância

A ignorância desta história sempre conveio aos países e classes que dominaram a Europa até hoje. Por muitas razões. Primeiro, quando deixou de ser legítimo falar de raças inferiores, usaram-se outros argumentos para criticar e punir os comportamentos de povos antes racializados, mas a dureza e até brutalidade dos argumentos mal disfarçou os preconceitos racistas. A mais recente expressão disso foram o discurso e a prática da Alemanha sobre a crise financeira da Grécia, Portugal e Espanha em 2011.

A segunda razão para a conveniente ignorância de história é dar credibilidade ao que se convencionou chamar depois de 1945 "os valores europeus": o Cristianismo e o Iluminismo. Não só se esquece que a religião islâmica esteve presente na Europa durante oito séculos (Al-Andalus) e continua hoje presente em múltiplas comunidades europeias, sejam elas de imigrantes ou de cidadãos. Segundo, esquece-se que ligar os valores do Iluminismo à Grécia antiga e aos países que herdaram esses valores (a Renascença italiana) significa ocultar o papel da escravatura e do colonialismo na construção das sociedades que viriam a reivindicar os valores iluministas (mesmo na própria Grécia).

Em terceiro lugar, a ignorância é conveniente para ocultar a diversidade etnocultural, histórica e social que desde sempre caracterizou os povos europeus. Hoje, quando se reconhece essa diversidade, é para contrapor os povos europeus (supostamente homogéneos) aos imigrantes e descendentes dos países que foram colonizados pela Europa. Trata-se de um reconhecimento da diversidade que visa justificar a superioridade da homogeneidade a que se contrapõe. Finalmente, a ignorância da história visa desvalorizar as dificuldades e recorrentes frustrações na construção da chamada identidade europeia.

É evidente que nos últimos cinquenta anos muito se fez para fomentar essa identidade (o programa Erasmus está hoje no coração de muitos milhares de jovens europeus), mas a persistência das identidades nacionais que dominaram o século XIX e boa parte do século XX continuam hoje a sobrepor-se a qualquer ideia de identidade supra-nacional promovida pelas elites auto-denominadas cosmopolitas da UE e do Parlamento Europeu. Ninguém hoje daria a vida pela Europa, mas muitos a dariam pelo seu país, à semelhança do que estão a fazer os ucranianos. As forças políticas de extrema-direita são as que melhor têm explorado esta tensão identitária, e esta tenderá a agravar-se na medida que as elites europeias reivindiquem a identidade europeia para justificar políticas que empobrecem os europeus (alimentar guerras) ou, mais grave ainda, para transformar a identidade europeia numa subespécie da identidade norte-americana, como é o caso actualmente.

Se o passado europeu se conhecesse com alguma objectividade, o futuro da Europa não seria aquele que neste momento se perfila e que nada de bom augura para os europeus. Para o entender, temos de recuar algumas décadas. Um dos mais eruditos e mais conservadores analistas das relações internacionais do pós-guerra, Zbigniew Brzezinski, conselheiro de segurança do Presidente Jimmy Carter dos EUA, escrevia em 1997 (*The Grand Chessboard*) que a "Europa" era um conceito, um objectivo, uma visão, mas não uma realidade. Duvidava que a Europa viesse algum dia a ser uma entidade política e concluía que a Europa ocidental e crescentemente a Europa central eram protectorados americanos, sendo os seus Estados reminiscentes dos antigos Estados vassalos ou tributários no seio dos impérios. Qualquer projecto político na Europa teria de ocorrer no seio da segurança geoestratégica dos EUA e por isso a ampliação da Europa teria de ser concomitante com a expansão da NATO.

Tudo o que se passou desde então confirma esta leitura. Se durante a Guerra Fria uma Europa dividida (sobretudo estando dividido o seu motor económico, a Alemanha) não poderia ser um concorrente dos EUA na economia ou na política globais, já o mesmo não se poderia dizer de uma Europa unida. Da perspectiva norte-americana, a incerteza que pudesse resultar da unificação da Europa só poderia ser controlada pela continuidade da tutela política e militar dos EUA através da NATO. Qualquer solução que envolvesse o fim da NATO era inaceitável para os EUA. Como a NATO se tornara anacrónica com o fim da Guerra Fria, era necessário renovar o seu mandato inventando ou fomentando novos inimigos ou reciclando velhos inimigos. Foi por isso que a Rússia de Gorbatchov e mesmo de Putin (quando este chegou ao poder), quando quis entrar para a NATO, foi de imediato descartada. Tal como foi descartada a alternativa oferecida pela Rússia, que os países mais próximos da sua fronteira, nomeadamente a Ucrânia, não entrassem para a NATO. Pelo contrário, era urgente inventar ou fomentar inimigos. O primeiro foi a Jugoslávia na década de 1990; o segundo foi a invasão da Ucrânia pela Rússia.

Neste momento, a Europa é, mais do que Brzezinski previa (ou mesmo desejava), um protectorado dos EUA. Se analisarmos os discursos e práticas da maioria dos seus líderes políticos, qualquer que seja a sua ideologia política, são discursos e práticas típicas de Estados vassalos. Ernest Mandel defendia que uma das características do capitalismo tardio é assentar fortemente no capitalismo dos armamentos. Aí está perante nós. E aparentemente a supremacia militar não bastou. A sabotagem dos gasodutos Nord Stream serviu os interesses geoestratégicos dos EUA porque atingiu directamente o motor da economia europeia, a Alemanha, privando-a do acesso a energia barata e tornando-a dependente, por algum tempo pelo menos, de energia produzida ou controlada pelos EUA.

Se a Europa examinasse a história das injustiças que cometeu no passado (e continua a cometer), tanto no interior do continente como nas colónias e ex-colónias, certamente assumiria que o seu futuro devia consistir em saldar essa dívida histórica. Daí resultariam algumas orientações. A primeira, defender o povo ucraniano, procurando a paz a todo o custo, e nunca alimentando a guerra. A segunda, não se auto-amputar da Rússia, que é parte da história e da cultura europeias. A terceira, ter presente que a guerra dos EUA contra a Rússia visa destruir o bloco sino-russo euroasiático, identificado por Brzezinski como alvo a abater. Esta última visa, em última instância, confinar a China à Ásia e impedir que esta retalie contra os EUA, impedindo o acesso destes à Ásia. Os países que a Europa colonizou têm evitado posicionar-se incondicionalmente a favor de um ou de outro rival. Esta seria a única posição da Europa consonante com a sua responsabilidade histórica, a não cooperação activa, quer com o imperialismo declinante dos EUA, quer com o imperialismo ascendente da China. Uma Europa desprovida de saudosismo imperialista que nem sequer de muleta fiável serve aos EUA – veja-se o caso dos submarinos nucleares a comprar pela Austrália – seria a posição que melhor serviria a paz no mundo.

A Europa em estado de negação

A classe política europeia no seu conjunto está num estado de negação. A polarização entre partidos políticos ideologicamente diferentes tende a ocorrer num círculo de visões e soluções políticas cada vez mais estreito. Há uma diferença clara entre os partidos que defendem direitos e os partidos que atacam direitos (caso da extrema direita), mas será isso suficiente para distinguir a esquerda da direita? Não será certamente suficiente para enfrentar os dois grandes desafios que estão a tensionar até ao limite, tanto a relação humanidade/natureza (a iminente catástrofe ecológica) como a convivência humana (a inteligência artificial). O círculo do politicamente possível diminuiu e dentro dele a classe política acotovela-se para marcar diferenças que, de facto, são mais retóricas do que reais. A negação reside em aceitar este estado de coisas como uma fatalidade.

A causa próxima da redução qualitativa dos problemas politicamente abordáveis e a consequente ampliação dos problemas não abordáveis é a guerra da Ucrânia, a guerra em si, a sua continuação e a sua possível ampliação. Mas a continuidade da guerra é apenas o último episódio da rivalidade entre os EUA e a Europa como centros de acumulação capitalista globais. A partir dos anos de 1970, os EUA deram-se conta de que a sua hegemonia incontestada na economia mundial depois da Segunda Guerra Mundial estava a ser posta em causa por duas potências cuja existência política ficara dependente dos EUA no final da guerra: a Europa Ocidental e o Japão.

A prosperidade da Europa assentava em parte nessa dependência (despesas militares negligenciáveis), mas devia-se também à criação do mercado comum, às relações desiguais (neocoloniais) com as antigas colónias e à normalização das relações diplomáticas com a União Soviética (a *Ostpolitik* de Willy Brandt) e à intensificação das relações económicas com a Rússia pós-soviética (gás e petróleo baratos) e com todo o ex-bloco de Leste. Enquanto o Japão começou a ter dificuldades nos anos 1990, a Europa, agora liderada economicamente pela Alemanha, manteve-se como o aliado rival dos EUA, ao mesmo tempo que a China, sem as dependências da guerra em relação aos EUA, emergia como outra potência rival e bem mais difícil de controlar.

O fim da relativa prosperidade da Europa começou com a submissão ao neoliberalismo das instituições europeias menos controladas democraticamente (Comissão Europeia e Banco Central) e termina com a submissão aos desígnios geoestratégicos dos EUA: a guerra da Ucrânia, uma guerra na Europa cujo desfecho depende exclusivamente dos EUA. A crise é, por agora, mais visível no centro da economia europeia (Alemanha e França) e até pode momentaneamente significar algum alento para as periferias (por exemplo, Portugal e Espanha), mas a tendência histórica é para a Europa ficar ligada ao declínio dos EUA e sem alternativa. É por isso que o círculo da política possível se continuará a estreitar. A resposta aos protestos sociais que podem vir a surgir não pode ser senão uma resposta repressiva, como se está a ver na França e amanhã se verá noutros países.

Deixando de ser uma potência mundial, a Europa perde a possibilidade de ser liderança na discussão dos problemas que mais desafiam as sociedades contemporâneas. Por isso, deixam de ser abordados e passam a ser parte do estado de negação. Os quatro problemas principais são: transição ecológica; conhecimento, cultura e ética; coesão social e demodiversidade; paz.

Transição ecológica. Sobre a transição ecológica não há muito a inventar: a matriz energética renovável, transporte público ferroviário de qualidade, a água como bem estratégico e escasso, a ruralização das cidades (hortas urbanas, emprego de proximidade, maior soberania sobre o tempo), a soberania alimentar e a agroecologia. Sendo que os 23 países mais ricos são responsáveis por 50% das emissões de CO2 e tendo em conta que a crise climática, embora sendo global, afecta muito mais seriamente os países do Sul global, correndo o risco alguns de desaparecerem total ou parcialmente (como é o caso do Bangladesh), é inaceitável para o Sul global que o Norte global continue a descartar as suas responsabilidades históricas neste domínio e transfira para os países do Sul global a responsabilidade de resolver a crise climática, quando não a transforma em mais uma oportunidade de negócio.

Conhecimento, cultura e ética. Três desafios dominam. A separação entre o bem e a verdade, entre a ética e a ciência, foi uma conquista revolucionária, mas permitiu à ciência converter-se em força produtiva e submeter-se à lógica capitalista, e, por isso, hoje só contribui para os problemas que enfrentamos se as soluções significarem mais capitalismo, ou seja, mais exclusão e mais polarização. A inteligência artificial simboliza o paroxismo dos riscos da tecnologia sem ética. Por outro lado, a especialização científica foi outra conquista que hoje precisa de contraponto, sob pena de já não vermos sequer as árvores e muito menos a floresta. Todas as ciências são sociais e humanas e só a cultura e as humanidades podem propiciar o urgente reencontro entre a ética e a verdade. Este reencontro só é possível fora dos limites do Eurocentrismo. Por isso tenho vindo a propor as epistemologias do Sul para as quais a ciência é um conhecimento válido, mas não é o único conhecimento válido. A ciência moderna só responde a questões que podem ser formuladas cientificamente, mas muitas das questões que possibilitam o reencontro da busca do bem (ética e política) com a busca da verdade não são formuláveis cientificamente. O que é a felicidade? Qual é o sentido da vida? Os antepassados estão connosco? Somos responsáveis pelos vindouros? Só se valorizam as potencialidades da ciência se se conhecerem os seus limites.

Coesão social e demodiversidade. O terceiro desafio é o da crescente polarização social no interior de cada país. O reformismo liberal (que dominou todo o século XX) terminou com o neoliberalismo. As promessas de melhoria das condições de vida só são possíveis aos partidos de governo quando estão na oposição. O crescimento da extrema-direita alimenta-se da cultura do ódio e de uma política de exclusão e discriminação. O triunfo do liberalismo conferiu legitimidade à democracia liberal representativa, mas hoje esta está mais longe que nunca do seu ideal: governo de maiorias para benefício das maiorias. Neste período de retrocesso histórico, a democracia representativa por si só não se defende eficazmente dos anti-democratas. Há que complementá-la com formas de democracia participativa e directa (demodiversidade). Com as migrações, a coesão possível não pode significar assimilação ou uniformização. Tem de combinar a redistribuição social com interculturalidade e com o reconhecimento da diversidade racial, sexual, regional, capacitista, religiosa, etária.

Paz. Finalmente, a polarização entre países e entre regiões vai aumentar nas próximas décadas à medida que o moderno sistema mundial evoluir da unipolaridade para multipolaridade. O crescimento dos orçamentos militares em quase todos os países é um sinal perturbador de que a fragmentação do mundo e a instabilidade que daí advirá terá, como principal resposta, a violência e a guerra. A paz vai ser o bem mais escasso depois da água.

Na Europa, nenhum destes problemas está na agenda política dos partidos ainda que de tais problemas dependa o futuro da

Europa e do mundo. O que é necessário para que esta negação seja superada? Ou se reinventa a UE para dela fazerem parte a Rússia e a Turquia, se afastar a NATO do centro das decisões políticas e se democratizarem as instituições europeias, ou se dissolve a UE e os diferentes países europeus, com o pírrico acréscimo de soberania que isso lhes traz, podem pedir adesão aos blocos existentes ou emergentes. Alguns preferirão aderir ao bloco do império britânico (EUA, Reino Unido, Canadá, Nova Zelândia e Austrália), outros preferirão os BRICS. Neste último caso, esta será a primeira experiência em cinco séculos de os países europeus entrarem em relações igualitárias (não coloniais) com o mundo não europeu.

Os jornalistas e as guerras

Quase desde o início da publicação de jornais com grandes tiragens se fala da crise do jornalismo. Já em 1919, Upton Sinclair publicou *The Brass Check,* uma crítica devastadora do poder do capital para corromper a imprensa e os jornalistas. Mas esta crítica subiu de tom desde o início do novo milénio, quando se tornou evidente que a manipulação dos meios de comunicação visava não só os interesses do capital, mas também os interesses do Estado de segurança nacional. Foi com a invasão do Iraque (2003) que surgiu um novo tipo de jornalistas, os jornalistas incorporados ("embedded journalists"), isto é, os repórteres vinculados a unidades militares envolvidas em conflitos armados e que, portanto, noticiam só o que as autoridades militares permitem, sujeitando-se, pois, a censura ou auto-censura. Criam-se assim consensos mediáticos sobre as guerras que não são senão uma dimensão entre outras da guerra de propaganda. Patrick Lawrence, um grande jornalista norte-americano – como curiosidade, lembre-se que foi ele quem cobriu a Revolução do 25 de Abril de 1974 em Portugal para o *Guardian* – autor do livro recente, *Journalists and their Shadows*, mostra que a manipulação do jornalismo para servir a política de segurança nacional começou com a Guerra Fria a partir da década de 1950. Diz ele:

"Vivi a Guerra Fria, mas apenas nos seus primeiros anos, e as minhas memórias permanecem vivas. Foi a histeria da imprensa, da rádio e da televisão que mais me ficou na memória. Estas coisas deixaram cicatrizes que não se apagam com o tempo, e de certeza que não estou sozinho a este respeito. Esta histeria atingiu o seu ponto mais alto durante os anos cinquenta e parte dos anos sessenta. Os grandes diários e as cadeias de televisão deram a esse tempo a sua textura e o seu timbre. Trouxeram a Guerra Fria às nossas portas, aos rádios dos nossos carros, às nossas salas de estar. Definiram uma consciência. Disseram aos americanos quem eles eram e o que os tornava americanos e, em geral, o que fazia da América a América. Uma imprensa livre era fundamental para essa auto-imagem, e os americanos nutriam uma profunda necessidade de acreditar que tinham uma. Os nossos jornais e redes de televisão esforçavam-se ao máximo para dar essa aparência de liberdade e independência. O facto de isto ter sido um logro – de os meios de comunicação social americanos se terem rendido ao novo Estado de segurança nacional e às suas várias cruzadas da Guerra Fria – é agora uma questão aberta e evidente. Considero-o uma das verdades mais amargas dos últimos setenta e cinco anos da história americana."

Uma questão salta aos olhos. Estarão a Europa e América do Norte mergulhadas hoje numa nova guerra de propaganda, agora em relação à guerra da Ucrânia? Não tenho dúvidas de que assim é. Quantas verdades amargas sobre a história recente (o nosso presente) da Europa vão ser conhecidas nos próximos anos?

As questões mais gerais que os leitores menos intoxicados pela propaganda perguntam são estas. Os jornalistas acreditam nas notícias que dão e no que escrevem? Ou sabem que estão a falsear a verdade e a desinformar, mas essa é a única alternativa para manter o emprego? Estas questões põem-se com particular insistência a propósito do que os correspondentes de guerra ou enviados especiais noticiam sobre a guerra. É certo que a guerra de propaganda não funciona sem excepções. No caso da guerra da Ucrânia e com referência a jornalistas portugueses, é justo salientar o caso de Bruno Amaral de Carvalho. Mas, em geral, as respostas a estas questões, se alguma vez forem possíveis, só o serão daqui a muitos anos. Talvez por isso, e por agora, apenas nos reste dar notícia de jornalistas que foram correspondentes em guerras anteriores, que foram "incorporados" antes do termo existir, mas que mesmo assim tiveram a coragem de observar com maior independência o que viram e de publicar o que escreveram quando a censura o permitiu. Um caso muito especial é o de Curzio Malaparte (1898-1957) no seu livro *Kaputt*, publicado pela primeira vez em 1944, considerado um dos melhores livros sobre a guerra.

É um livro polémico e não é propriamente o relato de um correspondente de guerra. Malaparte começou por ser um adepto do fascismo italiano e entusiasta de Mussolini, mas rompeu com ambos em 1933 e foi várias vezes preso. A partir de 1941, passou a cobrir a Segunda Guerra Mundial ao serviço do *Corriere della Sera.* Esteve em várias frentes de guerra (por exemplo, na Ucrânia, então parte da União Soviética) acompanhando as tropas Nazis. Muitos dos artigos foram censurados e só mais tarde publicados. Apesar da ambiguidade da sua trajetória política, o seu livro é uma ilustração cruel da violência da guerra e da corrupção moral das elites europeias que a promoviam. É possível que os seus relatos não sejam totalmente fidedignos e que misturem facto com ficção. Mas, mesmo assim, as atrocidades cometidas ficam evidentes. Relata as cometidas pelos Nazis com quem convivia de perto, mas não se pode excluir que os aliados não as cometessem também.

Os prisioneiros russos na Ucrânia (então parte da União Soviética)

Reunidos numa *kolkhoz* perto da aldeia próxima de Nemyriv, os prisioneiros foram submetidos a um teste que consistia em avaliar quem sabia ler bem e quem era analfabeto ou semi-analfabeto. Tinham de ler o *Pravda*. Foi o seguinte o resultado do teste feito a 118 prisioneiros:

"O exame durou cerca de uma hora. Quando o último grupo de três prisioneiros completou os dois minutos de leitura, o coronel virou-se para o Feldwebel e disse: "Conta-os!" O Feldwebel começou a contar à distância, apontando para cada homem com o dedo: "Ein, zwei, drei...." À esquerda estavam oitenta e sete, à direita trinta e um que tinham passado com sucesso. Depois, a pedido do coronel, o Sonderführer começou a falar. Parecia um director de escola insatisfeito com os seus alunos. Diz que está desiludido, que tem pena de ter chumbado tantos, que preferia ter passado todos. Em todo o caso, acrescenta, os que não conseguiram passar no exame não têm razão de queixa, desde que trabalhem e demonstrem mais competência do que na escola. Enquanto ele falava, o grupo de prisioneiros bem-sucedidos olhava para os seus camaradas menos afortunados com um ar compassivo, e os mais novos encostavam os cotovelos às costelas uns dos outros e riam-se. Quando o Sonderführer acabou de falar, o coronel virou-se para o Feldwebel e disse: "Alles in Ordnung. Weg!" e dirigiu-se para o seu quartel-general, seguido pelos outros oficiais que, de vez em quando, olhavam para trás e trocavam sussurros.

"Ficarão aqui até amanhã e amanhã partirão para o campo de trabalhos forçados", diz o Feldwebel ao grupo da esquerda. Depois, virou-se para o grupo da direita, que tinha passado e ordenou-lhes severamente que se pusessem em fila. Assim que os prisioneiros formaram uma fila apertada, tocando nos cotovelos uns dos outros – pareciam satisfeitos e riam-se, olhando para os companheiros como se estivessem a gozar com eles –, o Feldwebel contou-os rapidamente, disse: "Trinta e um", e fez um sinal com a mão para um pelotão de homens das SS que esperava ao fundo do pátio. E ordena: "Para a direita, volver!" Os prisioneiros viraram-se para a direita, marcharam para a frente batendo com força os pés na lama e, quando ficaram frente a frente com o muro que rodeava o pátio, o Feldwebel ordenou: "Alto!" Depois, voltando-se para os SS que se tinham alinhado atrás dos prisioneiros e que já tinham levantado as pistolas Thompson, limpou a garganta, cuspiu para o chão e gritou: "Fogo!"

Quando ouviu o barulho das armas, o coronel, que estava a poucos passos do gabinete, parou, virou-se bruscamente; os outros oficiais pararam e viraram-se também. O coronel passou a mão pelo rosto como se estivesse a limpar o suor e, seguido pelos seus oficiais, entrou no edifício, passando por mim. "A Rússia tem de ser limpa de toda esta ralé culta. Os camponeses e os operários que sabem ler e escrever demasiado bem são perigosos. São todos comunistas".

As prostitutas judias da Roménia

As jovens judias romenas eram enviadas para a frente para servirem os soldados e os oficiais alemães durante vinte dias em bordéis. Malaparte visitou um deles em Soroca situada no rio Diniester, hoje parte da Moldávia. Era ao fim do dia e Malaparte conversou com algumas jovens.

"Oh, não! Depois de vinte dias de trabalho, não estamos aptas para nada. Eu vi-as, eu vi as outras". Ela interrompe-se e eu noto que os seus lábios estão a tremer. Nesse dia, teve de se submeter a quarenta e três soldados e seis oficiais. Riu-se. Já não consegue suportar a vida. O cansaço físico é pior do que o nojo. "Pior do que o nojo", repete sorrindo.

"Soube que dois dias depois foram levadas. De vinte em vinte dias, os alemães providenciavam uma mudança de raparigas. As que saíam do bordel eram enfiadas num camião e enviadas para o rio. Mais tarde, Schenck disse-me que não valia a pena ter tanta pena delas. Já não serviam para nada. Estavam reduzidos a trapos e, além disso, eram judias".

"Elas sabiam que iam ser fuziladas?", pergunta Ilse.

"Sabiam. Estavam a tremer de medo. Oh, elas sabiam! Toda a gente o sabia em Soroca".

Os suicídios na frente norte

Segundo Malaparte, em 1941, já muitos oficiais alemães estavam convencidos de que a Alemanha poderia perder a guerra. Na frente norte, tal como noutras frentes, o suicídio dos soldados começou a ser tão frequente que Himmler visitou a frente com um plano para reduzir o suicídio … punindo os suicidas. Relato de Malaparte:

"É horrível! Sempre a festejar, dia e noite, (os banquetes das elites) enquanto os suicídios entre oficiais e homens aumentam a um ritmo vertiginoso. Himmler veio pessoalmente ao norte para tentar pôr fim a esta epidemia de suicídios. Vai pôr os mortos sob prisão. Vai mandar enterrá-los de mãos atadas. Ele acha que pode acabar com os suicídios pelo terror. Ontem, mandou fuzilar três *Alpenjägers* por terem tentado enforcar-se. Himmler não sabe que estar morto é uma coisa maravilhosa". Olhou para mim com aquele olhar que os olhos dos mortos têm. "Muitos dão tiros na cabeça. Muitos afogam-se nos rios e nos lagos - são os mais jovens entre nós. Outros vagueiam pelos bosques a delirar."

São três histórias atrozes de guerra. Romanceadas? É possível, mas não totalmente inventadas. Quantas atrocidades destes ou de outros tipos terão sido cometidas na Coreia, no Vietname, no Iraque, no Afeganistão, ou estarão a ser cometidas hoje na Síria, no Iémen e na Ucrânia? Das primeiras, já sabemos muito, das últimas, só talvez daqui a muitos anos.

1932: e daqui a sete anos?

A quantos anos estamos de uma nova guerra mundial? 1932 não era um ano de paz. Pelo contrário, havia várias guerras no mundo: a guerra do Chaco entre a Bolívia e o Paraguai (1932-1935), a guerra de Letícia entre a Colômbia e o Peru (1932-1933), a invasão da Manchúria pelo Japão (1931-1932), a guerra entre o Tibete e a China (1930-1032), para além de muitas guerras civis. Mas o espectro de uma nova guerra mundial avançava no então centro do mundo, a Europa. Em 1932, o Instituto Internacional da Cooperação Intelectual da Liga das Nações lançou um apelo aos intelectuais para que trocassem opiniões sobre "os problemas que a civilização enfrentava". Um dos primeiros intelectuais contactados foi Albert Einstein, e este escolheu, para seu interlocutor, Sigmund Freud. Na sua carta, Einstein escolhe o problema da guerra e faz algumas perguntas. É possível livrar a humanidade da ameaça da guerra? Reconhecendo que a esmagadora maioria da população quer viver em paz, pergunta: como é possível que a vontade de uma pequena minoria se sobreponha à vontade da maioria? De que artifícios usa essa minoria para despertar o entusiasmo selvagem pela guerra ao ponto de justificar o sacrifício da vida? Como se dirigia a Freud, acrescentou ainda uma pergunta de natureza psicológica. É possível controlar a evolução mental de modo a neutralizar a psicose do ódio e da destruição? Porque é que camada culta, a chamada "intelligentsia", é a mais vulnerável a estas desastrosas sugestões colectivas?

Freud, que já abordara antes o tema da guerra, responde dois meses depois com uma longa carta. Tipicamente freudiana, a sua resposta é complexa: refere a relação dialéctica entre o direito e a violência, a impossibilidade de generalizar sobre a guerra, a precariedade das soluções, sejam elas pacíficas ou bélicas, a coexistência dos dois instintos contrários mas mutuamente necessários (o instinto erótico da preservação da vida e o instinto agressivo da destruição da vida). Depois desta "imagem desagradável da mente humana", e temendo que "o moinho moa o grão tão lentamente que a população morra de fome antes de a farinha chegar", Freud pergunta: "porque é que você e eu e tantos outros somos visceralmente contra a guerra?" A ciência não basta para responder. São os horrores da guerra que fazem com que ele e Einstein sejam pacifistas. Assumida esta posição ética, então a ciência pode ajudar: o progresso civilizatório (que para Freud é o mesmo que progresso cultural) conduz à deslocação e restrição dos instintos: fortalece-se o intelecto em relação ao governo dos instintos, ao mesmo tempo que a agressividade dos instintos é interiorizada. A guerra é a negação mais grosseira da civilização. Reconhecendo que a sua esperança é utópica (e talvez desesperada), Freud conclui que só o progresso da civilização poderá libertar a humanidade do horror da guerra.[21]

Quase cem anos depois, a conclusão a que somos forçados a chegar é uma de duas: não houve, entretanto, nenhum progresso de civilização, antes pelo contrário, houve retrocesso, tão delirante é a caminhada para a guerra; perversamente, é o próprio progresso deste tipo de civilização que mais e mais induz à guerra e à destruição. Em suma, o argumento civilizatório não nos ajuda.

[21] A troca de correspondência pode ler-se em *The Standard Edition of the Complete Psychological Works of Sigmund Freud.* Vol. XXII (1932-1936). Londres: The Hogarth Press, 1964, 197-215.

Daí o interesse em ouvirmos outras vozes que neste mesmo período se angustiavam com a possibilidade de uma nova guerra pouco tempo depois de outra ter terminado com o imenso rastro de destruição que deixara.

No mesmo período, Romain Rolland, que já se insurgira (quase sozinho entre os intelectuais franceses) contra a Primeira Guerra Mundial, vê no horizonte um novo perigo de guerra, na ideia de uma Pan-Europa que exclui a Rússia e caminha cega para a guerra, tal como em 1914. Num texto intitulado "Europe, élargis-toi, ou meurs!",[22] Rolland denuncia uma imprensa vendida aos interesses do capital e da guerra e ridiculariza os corifeus do hino "Europa, a minha pátria", onde podemos reconhecer os antecessores de Josep Borrel. Um novo tipo de nacionalismo emerge que, depois de ter humilhado a Alemanha em 1919 (Tratado de Versalhes), se quer construir sem a Rússia e se fecha contra o mundo emergente da Ásia. Ao ler Rolland, e ao analisar a actualidade, não podemos deixar de concluir que já vimos este filme. E, tal como Rolland há cem anos, se esta é a Europa em gestação, declaro-me eu hoje anti-europeu!

A sensação de impotência, bem patente na correspondência entre Einstein e Freud, está igualmente presente em Rolland quando ele lamenta que os intelectuais franceses, depois de um curto período de coragem cidadã durante o *Affaire Dreyfus* (1894-1906), se tenham remetido a um silêncio cúmplice, quando não à apologia da loucura oficializada como política europeia. Algumas décadas depois, a União Europeia começou por seduzir os intelectuais que se acomodaram a um silêncio celebratório. Hoje, se eles quiserem romper o silêncio, são silenciados.

Tal como hoje, o espectro da guerra estava associado ao espectro do fascismo. E também aqui as analogias entre os dois períodos, separados por quase um século, são assustadoras. O espectro do fascismo foi o que mais insidiosamente iludiu os intelectuais, incluindo os melhores. É esse o caso de Rabindranath Tagore, e a correspondência entre ele e Rolland é de novo

---

[22] Romain Rolland, *Quinze Ans de Combat (1919-1934)*. Paris : Les Editions Rieder, 1935,112-126.

iluminadora, uma correspondência prolongada (1919-1940), feita de admiração recíproca e de algumas divergências profundas.[23] Tagore visitou a Itália em Junho-Julho de 1926. Recebido com todas as honras de Estado e lisonjeado pelo acolhimento, Tagore declarou-se fascinado com Mussolini, que comparou a Napoleão ou a Alexandre, o Grande. Rolland, bem consciente de que os intelectuais confundem frequentemente amigos e admiradores com bajuladores e manipuladores, ficou tão angustiado com este "deslize" de Tagore que escreveu 50 páginas no seu diário a insurgiu-se contra o escândalo de Tagore ter sido convidado oficial de alguém "que incarna a mais brutal, mais opressiva e mais letal tirania". Foi por pressão de Rolland que Tagore publicou uma longa carta no *Manchester Guardian*, desfazendo o equívoco do seu suposto apoio a Mussolini. Em 11 de Novembro de 1926, Rolland escreve a Tagore: "Sinto-me culpado por perturbar a sua paz ao desviá-lo da fé que teve no seu anfitrião italiano. Mas o meu único interesse é proteger a sua glória que é mais preciosa para mim que a sua paz." E acrescentava pouco depois em carta a um assistente de Tagore: "Eu compreendo que a Europa de hoje – tão manchada de sangue – seja um território perigoso para um estrangeiro que a visita com curiosidade mas sem as suficientes precauções." A cem anos de distância, o que podemos dizer é que a Europa de hoje é um território perigoso para os próprios europeus e sobretudo para aqueles que procuram assinalar as devidas precauções.

Hoje de novo entre a guerra e o fascismo

A história não se repete, mas os humanos esforçam-se por isso. E esforçam-se tanto que conseguiram acrescentar aos espectros do século passado um novo que torna os outros dois ainda mais assustadores. Refiro-me à iminente catástrofe ecológica. É um

[23] *Bridging East and West: Rabindranath Tagore and Romain Rolland Correspondence (1919-1940)*, edited and French letters translated by Chinmoy Guha. Oxford: Oxford University Press, 2018.

triângulo de morte, um triângulo sem enigma nem esperança, ao contrário do triângulo maçónico (nenhuma propaganda à maçonaria). Ao prestar recentemente homenagem a um velho líder Nazi da Ucrânia, o Parlamento canadiano juntou a apologia do fascismo à apologia da guerra. Ao hipotecar o seu futuro numa guerra eterna que lhe foi encomendada, a Europa perdeu para sempre a liderança na transição climática. Pelo contrário, a Europa transformou-se num vasto laboratório de testes para novas tecnologias de guerra. Num artigo recente da revista do exército dos EUA sobre as lições da guerra da Ucrânia é feito um apelo a uma "inflexão estratégica" decorrente, entre outros factores, da falta de combatentes para substituir os que morrem.[24] Segundo os autores, calcula-se que haja 3.600 "ocorrências" por dia (entre mortos, feridos e doentes) e que a este ritmo será impossível manter um nível adequado de combatentes. A solução está no recurso à inteligência artificial, no combate terrestre com veículos não-tripulados. Será este o tipo de experimentação tecnológica que irá marcar o futuro da Europa? É bem possível, pois o autorizado *Wall Street Journal* noticiava em 26 de Setembro, num texto com o subtítulo "os fabricantes de armas estão a receber encomendas de armas para serem testadas no campo de batalha", que "a guerra na Ucrânia é uma feira gigante de armas". Tudo isto num contexto em que, segundo o *New York Times* de 28 de Setembro, a linha da frente pouco mudou desde o início do ano e as tropas russas terão conquistado mais 500 quilómetros quadrados que as tropas ucranianas! Tanta morte, tanta devastação para isto? E por quanto tempo mais? Uma nova guerra eterna como a da luta contra o terrorismo no coração da Europa? Ou outra aqui bem perto no Mediterrâneo Oriental onde Israel acaba de encontrar o pretexto que procurava para a "solução final" do povo palestiniano? "Aqui bem perto"? Não, no coração da Europa.

[24] Katie Crombe & John A. Nagl, "A Call to Action: Lessons from Ukraine for the Future Force", *The US Army War College Quarterly: Parameters,* 53: 3 (Autumn 2023) 21-31.

Gaza é Europa aqui e agora

Sem alma nem memória, a Europa é incapaz de ver a semelhança entre as imagens de morte e de destruição no gueto de Varsóvia, aquando do levantamento desesperado dos judeus em 19 de Abril de 1943, e as imagens que nos chegam hoje da Faixa de Gaza. E o destino que a Europa (e agora também os EUA) legitimam para os considerados sub-humanos é o mesmo: em Varsóvia foi a deportação para os campos de concentração e os crematórios; em Gaza é a faixa reduzida a escombros, terra queimada. Como não tem para onde ir, nem por terra nem por mar, o destino do povo de Gaza é o mesmo, a morte. Em última instância, esta política brutal é legitimada pelo que tenho designado de linha abissal, a linha que desde o início da expansão colonial separa os seres plenamente humanos dos seres sub-humanos. Não é por acaso que ouvimos autoridades israelitas falar dos palestinianos como animais.

Ao tempo de Varsóvia, a Europa estava dominada pelo nazismo e por governos fascistas. Hoje, a Europa está dominada por governos ditos democráticos e alguns até de esquerda. Que diferença faz? Qual é a cor política da indiferença? Por que razão se enchem os noticiários de vozes de indignação e horror quando um bombardeamento russo mata três pessoas na Ucrânia e se relata como resposta legítima arrasar prédios, mesquitas, hospitais e escolas com centenas de pessoas lá dentro, e sem pré-aviso? Porque os primeiros são europeus brancos e os palestinianos não? Mas, afinal, os judeus não eram também brancos e europeus?

Alguns noticiários (ecoando as suas fontes norte-americanas) ousaram caracterizar o ataque do Hamas como "não provocado", o mesmo tropo que têm utilizado na invasão da Ucrânia pela Rússia. Só este ano já tinham sido assassinados 245 palestinianos, incluindo mulheres e crianças, mas isso não é provocação "porque nada justifica a morte de civis israelitas". Para não recuar ao início, à declaração de Balfour de 1917 (primeira autorização para os sionistas se instalarem na Palestina), ou aos cerca de 60.000 judeus que chegaram à Palestina entre 1933 e 1936, depois de vários países europeus terem recusado receber os judeus que Hitler queria expulsar (não era ainda a solução final), ou ainda à fundação do Estado de Israel em 1948, que ocupou mais de 78% do território da Palestina, forçando 750.00 Palestinianos ao exílio na sua própria terra, destruindo 530 aldeias e matando 15.000 palestinianos. Basta começar em 2006, o ano em que Hamas ganhou as eleições para o Conselho Legislativo Palestiniano com 44.5% dos votos. Estas eleições foram livres e justas, de acordo com os observadores internacionais, e, como o mundo ocidental é o mundo das democracias em constante combate contra as autocracias, não havia qualquer razão para *regime change*. Acontece que este resultado não agradava ao Ocidente. Como aconteceu antes em tantas partes do mundo sob a influência ocidental, a vitória do Hamas não foi reconhecida, o conflito entre a Fatah e o Hamas foi internacionalmente instigado e o que resta da Palestina ficou dividido em dois governos a partir de 2007: o West Bank, controlado pela Fatah, e a Faixa de Gaza, controlada pelo Hamas. Foi então que Gaza se transformou gradualmente na maior prisão a céu aberto. Corre agora o risco de ser o maior cemitério ou a maior lixeira de resíduos humanos e não humanos do mundo.

Ao longo da minha vida fui cancelado por muitas (sem)razões. A primeira vez foi no Brasil, quando a *Folha de São Paulo* me cancelou depois que a Revista *Veja* publicou uma nota falsa em que me atribuía a afirmação de que Israel não tinha direito de existir como Estado. Misteriosamente, a minha página da wikipédia foi apagada e substituída por essa mentira. Bem ao contrário, nessa altura a minha posição era de estrita obediência às resoluções da ONU [UNGA Resolution 3314 (1974); UNGA Resolution 37/43 (1982)]. Defendia, portanto, a solução dos dois Estados. Disto decorria que se a política de Israel continuasse a negar a possibilidade do Estado Palestiniano, anexando mais e mais território que lhe não pertencia pelos tratados, então a conclusão era óbvia: ou há dois Estados ou não há nenhum. Nos quinze anos que se seguiram, o Estado de Israel foi-se expandindo, nesse processo inviabilizando a teoria dos dois Estados e vincando a sua natureza de Estado colonial e, portanto, ilegítimo. Está neste momento a ponto de culminar essa política de extermínio na boa tradição colonial de que o seu melhor aliado, os EUA, são o exemplo mais cruel com a solução final que impuseram aos indígenas norte-americanos. Suponhamos que o genocídio dos índios que ocorreu então estava a ocorrer agora, algum democrata ou pessoa de bom senso teria dificuldade em declarar os EUA como um Estado ilegítimo?

Se alguém de bom senso tinha dúvidas sobre o conceito de terrorismo de Estado, deve-as ter perdido ao ver a actuação do Estado de Israel. Mas como o bom senso tem hoje pouco a ver com o comportamento das instituições internacionais, é bem possível que o Tribunal Penal Internacional continue a ter dúvidas em acusar Israel por estar a "agir em legítima defesa". Isto significa que um país ocupante pode destruir o país ocupado se este resistir contra a ocupação. Esta é certamente a nova norma das relações internacionais assentes em regras, o sacrossanto credo pelo qual os EUA e a Europa continuam a pautar a sua política internacional. O seu isolamento internacional está bem patente quando observamos no mapa-mundo os países que estão a apelar à paz. O protagonista da paz mundial é hoje o Sul global (no sentido do conjunto de países, muitos deles antigas colónias europeias, que se opõem à política internacional dos EUA e da Europa). A única excepção é a Índia, hoje dominada por um primeiro ministro que, segundo Arundhati Roy, está a converter o país num regime fascista hindu cada vez mais inclinado a tratar os indianos islâmicos como Israel trata os palestinianos.

Gaza: o colonialismo do século XXI

É hoje quase consensual nas ciências sociais a ideia de que o colonialismo não terminou com as independências políticas das colónias europeias que ocorreram entre o início do século XIX e o final do século XX. O que terminou, mas nem sequer totalmente, foi uma forma de colonialismo, o colonialismo histórico caracterizado pela ocupação territorial por parte de um país estrangeiro. O colonialismo continuou sob muitas outras formas, já que a independência política (a soberania) foi muito condicionada por dependências económicas e financeiras, contratos desiguais, privilégios concedidos às empresas das antigas potências colonizadoras, expulsão de camponeses para dar lugar a mega-projectos de desenvolvimento, para além da continuidade de relações sociais assentes no princípio colonial da inferioridade etno-racial do outro, de que o colonialismo interno e o racismo são as expressões mais evidentes. A inferiorização e demonização do outro por via do racismo é uma constante da civilização ocidental (talvez de outras), tal como foi durante séculos o anti-semitismo e o anti-povo roma, e tal como é hoje a islamofobia. Mas mesmo o colonialismo histórico não desapareceu totalmente. Os dois casos mais próximos da Europa são o povo saharaui, sujeito ao colonialismo de Marrocos, e o povo palestiniano, sujeito ao colonialismo de Israel. Concentro-me neste último pela forma extrema de limpeza étnica que está a assumir.

A grande maioria dos israelitas vivem com naturalidade o *apartheid* da sociedade em que vivem. Nos meses anteriores a 7 de Outubro, era grande a agitação política em Israel causada pela reforma judicial proposta por Netanyahu, a qual muitos israelitas viam como um ataque brutal à democracia. Estava em causa "o futuro de Israel", uma decisão existencial entre um Estado secular, democrático, ou um Estado teocrático, autoritário, sem separação de poderes. No meio de tamanha agitação política, nenhum partido, independentemente da sua posição política, fazia qualquer referência aos palestinianos, à situação na Cisjordânia ou na faixa da Gaza. E se algum dos manifestantes o fazia era retirado de imediato. No mesmo período, muitos palestinianos a viver em Israel e, portanto, cidadãos israelitas, eram constantemente alvo de *gangs* de delinquentes que os agrediam e roubavam impunemente. Por outro lado, morriam diariamente palestinianos em ambas as zonas, e as arbitrariedades contra eles eram parte do quotidiano. Nada disto entrava na agenda política dos democratas israelitas em luta contra o autoritarismo fascizante de Netanyahu. Ou seja, a ocupação da Palestina não era um problema político; a sujeição dos palestinianos era um dado adquirido, e não era sequer um tema para programas partidários em tempos eleitorais. Era assim também no tempo do colonialismo, o histórico, sempre que os escravos ou os colonizados, em geral, não se faziam notar pela resistência activa.

Esta ausência é a chave de tudo o que está a acontecer, não desde 7 de Outubro de 2023, mas desde 9 Novembro de 1917, quando o Império Britânico prometeu aos judeus uma casa ("a national home") na Palestina, onde uma pequena minoria de judeus já vivia. Os direitos da grande maioria de palestinianos árabes e cristãos eram reconhecidos, mas desde o início lhes foram negados os princípios "universais" que os EUA estavam a propor no final da Primeira Guerra Mundial: o direito à auto-determinação e o direito à democracia. Obviamente que esses direitos estavam a ser negados em todo o mundo colonial e, no fundo, pelas mesmas razões. É que se houvesse auto-determinação e eleições, o colonialismo acabaria imediatamente. Trinta anos mais tarde a situação repete-se e agrava-se. No mesmo ano em que é firmada a Declaração Universal dos Direitos Humanos (1948), os novos direitos universais são de novo negados à Palestina e a todo o mundo colonizado. Mais grave ainda é que nesse ano são cometidos os dois atentados mais graves (para além dos que já existiam) contra tais princípios. O sistema do *Apartheid* é institucionalizado na África do Sul e o Estado de Israel é criado, prometendo reconhecer a Alemanha ocidental como um país civilizado (depois das atrocidades Nazis) se pudesse conquistar o máximo possível de território da Palestina. Começou então a Nakba, a grande catástrofe do povo palestiniano, a sua expulsão massiva do território que habitavam há mais de 2000 anos: 750.000 palestinianos expulsos de suas casas, 530 aldeias arrasadas, desertos criados onde antes havia jardins, milhares de mortos. Consolidou-se assim o carácter colonial do Estado de Israel: ocupar o máximo território e esvaziá-lo o mais possível de gente "estranha". E foi assim que Israel se portou até aos dias de hoje, não só desrespeitando as resoluções da ONU sobre os dois Estados, como, por último, declarando-se como um Estado Judaico, onde apenas há cidadania plena para os judeus.

A Palestina é, pois, uma das situações de colonialismo histórico que restam. A guerra que se trava é, por parte dos israelitas, uma guerra colonial e, por parte dos palestinianos, uma guerra de libertação anti-colonial. Mais que nenhum outro país europeu, os portugueses deviam entender isto bem, uma vez que há apenas cinquenta anos viviam a mesma situação. Numa guerra são cometidos actos terroristas sempre que são intencionalmente alvejadas populações civis, sejam eles cometidos pelos combatentes anti-coloniais ou pelos Estados (sendo que neste último caso se fala de terrorismo de Estado). Foi assim na guerra da Argélia, nas guerras da Guiné-Bissau, Angola e Moçambique. Há apenas cinquenta anos, em 1973, Amílcar Cabral (Guiné-Bissau e Ilhas de Cabo Verde) (até à sua morte), Agostinho Neto (Angola), Jonas Savimbi (Angola), Holden Roberto (Angola) e Samora Machel (Moçambique) eram terroristas, e assim abundantemente retratados na imprensa portuguesa. Um ano depois, eram heróis da libertação anti-colonial, e como tal festejados nos seus países e em Portugal. Por que razão não há heróis de libertação da Palestina, e há apenas terroristas? Porque o colonialismo continua a subjugar a Palestina. A transformação de terroristas em heróis não é, em geral, tão rápida quanto foi a do colonialismo português. Basta lembrar o caso de Nelson Mandela que, apesar de o *apartheid* ter terminado em 1994 e de nessa data ter sido eleito presidente da república da África do Sul, só foi retirado da lista norte-americana dos terroristas em... 2008.

Entendendo a situação da Palestina como uma situação colonial, entende-se por que há dois pesos e duas medidas na avaliação dos actos de guerra. O Norte global é constituído pelos países europeus colonizadores e pelas suas colónias que foram totalmente dominadas pela supremacia dos colonos brancos (EUA, Canadá, Austrália e Nova Zelândia). A sua memória histórica é colonialista, de ocupação territorial e de extermínio de quem se lhe oponha. O que Israel está a fazer foi o que os EUA fizeram. Europeus rejeitados (puritanos ou criminosos) foram ocupar territórios fora da Europa e, uma vez aí, fizeram limpeza étnica de quem se opunha à sua ocupação. Em face deste contexto, compreende-se (mas não se perdoa) que o Norte global imagine o Estado de Israel a agir em legítima defesa. Foi assim que o Norte global arrasou as populações nativas. Ao apoiar Israel, o Norte global está a legitimar a sua história.

O relativo anacronismo do colonialismo histórico praticado por Israel faz com que seja particularmente chocante a linha abissal ao fazer distinções aparentemente absurdas sobre um magma global e inerte de escombros e de cadáveres inocentes, muitos deles crianças. Já vimos que a legítima defesa nunca é justificada contra inocentes, populações civis, sobretudo crianças, e muito menos quando é exercida como punição colectiva indiscriminada na sua violência assassina. Nada disso impede que a linha abissal seja activada, distinguindo a boa violência da má violência, distinguindo a morte dos que morrem da morte dos que são assassinados. Do lado de cá da linha abissal, falamos de "nós", enquanto do lado de lá, se fala "deles". De um lado, os plenamente humanos, do outro lado, os sub-humanos. É por isso que os jovens israelitas que foram barbaramente assassinados quando assistiam ao festival Universo Paralello não achavam nada anormal que estivessem a celebrar o "amor e a harmonia" a dois quilómetros da rede que delimita a maior prisão a céu aberto do mundo onde estão sequestradas mais de dois milhões de pessoas. Nem os membros de um dos *kibutzim* que foram atacados sabiam que quem os atacava eram jovens da terceira geração de palestinianos que viviam na aldeia que foi roubada aos seus antepassados (uma das 530 aldeias) e destruída para construir aquele *kibutz*.

A linha abissal não permite ver duas brutalidades, dois terrorismos, mesmo que o sangue derramado seja todo da mesma cor. Nisto consiste a cegueira estrutural dos vencedores da história. Para eles, será sempre tarde demais ver o que está à vista. A única consolação dos palestinianos é saber que todos os colonialismos chegam ao fim. A sua tragédia é que o fim dos colonialismos depende sempre de alianças internacionais, e essas têm tardado no seu caso. Os palestinianos são árabes que foram separados do mundo árabe. Ao aceitar a solução final contra os palestinianos como um golpe colonial menor, o mundo árabe está a cortar na própria carne. Se a tragédia do povo palestiniano não for parte do problema árabe, tão pouco haverá solução para muitos outros problemas que o mundo árabe enfrenta.

A Europa agoniza em Gaza

A Europa é um pequeno canto de um vastíssimo continente chamado Eurásia que vai do Cabo da Roca até ao Cabo Dezhnyov – um continente vastíssimo com uma história riquíssima. E nesse pequeno canto, é ainda mais pequeno isto a que chamamos a Península Ibérica. Durante milénios, este foi um espaço menor a que nenhum possível conquistador deu grande importância. Era o fim do mundo ptolomaico, um beco sem saída. Os Romanos usaram este canto do mundo para enfraquecer os cartagineses e afastá-los da península itálica. Muitos séculos mais tarde, quando os visigodos dominavam por aqui, foram os muçulmanos vindos do Norte de África que vieram enriquecer culturalmente esta região marginal da Europa. Sem a riqueza multicultural do Al-Andaluz não existiria a cultural ocidental tal como a conhecemos.

A partir do século XV, a Europa começa a perder a prioridade dada aos seus laços multiseculares com a Eurásia e a invadir outras regiões do mundo, separadas por oceanos, e a expandir-se em novas direcções, por via marítima, para Oeste e para Sul, e para o longínquo Oriente. A história dos vencedores desta história é uma imensa sala de troféus. A história dos vencidos levou muito tempo a ser conhecida, e ainda hoje só muito parcialmente o é. É que o "modo de convivência" da Europa com esses novos mundos foi quase sempre caracterizado pela apropriação, a pilhagem e a violência, sempre em nome de ideologias nobres (cristianismo, civilização, progresso, desenvolvimento, direitos humanos, democracia). Sem serem pouco importantes, tais ideologias nunca tiveram força para contrariar a essência da convivência, a qual exigia a guerra permanente.

Menos conhecido é o facto de que este "modo de convivência" foi seguido tanto para uso externo como para uso interno. E é por isso que o maior período de paz que a Europa até hoje usufruiu durou escassos cem anos (1815-1914) e, mesmo assim, teve a guerra franco-prussiana pelo meio. O segundo período, que se iniciou em 1945, não parece ter condições para durar tanto tempo. A razão está no pecado original de a civilização europeia se considerar superior sem ter havido consenso sobre o critério de superioridade nem sobre quem tinha legitimidade para o definir e impor. Por esta razão, desde o século XV, a Europa não sabe definir-se senão por via de exclusões recíprocas. A Rússia ora foi Europa, ora o outro da Europa. E a Rússia ora viu a Europa como a sua casa ou como a casa do inimigo. O mesmo aconteceu com os Balcãs. A Europa de Leste era a barbárie para Hitler (os polacos não tinham *Kultur*) e a Europa do Sul era o quintal da Europa do Norte, meio-africanos por sangue e estilo de vida. A Irlanda, por sua vez, era uma colónia da Inglaterra, tendo sido sujeita a fomes tão duras como as que Estaline impôs à Ucrânia. Durante a Guerra Fria resolveu-se o problema da Rússia, não dividindo a Rússia, mas dividindo a Europa em dois blocos.

Terminada a Guerra Fria, começou a verdadeira derrota histórica da Europa. Mais uma vez, a Europa não foi capaz de se unir senão contra a Rússia. Desta vez, não foi por iniciativa própria (essa ia na direcção contrária, a *Ostpolitik* de Willy Brandt), mas sim por iniciativa dos EUA, dispostos a cobrar a dívida europeia contraída para com eles na Segunda Guerra Mundial. A não liquidação da NATO (e, pelo contrário, a sua expansão depois do fim do Pacto de Varsóvia) foi o instrumento usado para separar a

Europa da Rússia. O fim do colonialismo histórico tornara mais difícil o acesso barato e incondicional aos recursos naturais de que a Europa sempre carecera. Durante vinte anos, a partir do acesso ao poder de Vladimir Putin em 2009, essa dificuldade foi resolvida pela Rússia, que forneceu à Europa 35% do gás natural a preços que favoreciam a competitividade internacional das empresas europeias (sobretudo alemãs). Esta solução chegou ao fim com a explosão dos gasodutos em 26 de Setembro de 2022. Se os EUA não provocaram a explosão (muitos o afirmam), foram, pelo menos, quem mais beneficiou com ela, tornando a Europa muito mais dependente dos EUA, e em termos tais que fizeram perder competitividade à economia europeia.

A continuidade da guerra da Ucrânia, ou seja, a incapacidade da Europa de construir uma paz justa contra os interesses geoestratégicos dos EUA, tem sido a manifestação mais visível do declínio histórico da Europa. Não será certamente a última. O colonialismo é um fantasma que assombrará a Europa por muito tempo. A sua afloração mais recente é a criminosa solução final imposta por Israel ao povo mártir da Palestina. O sionismo tornou-se uma conveniência do império britânico para impedir a emergência de um Estado árabe forte no Médio Oriente e expandiu-se graças ao anti-semitismo europeu, uma longa e cruel história que vai da Inquisição do século XVI até ao Nazismo, passando pelos *pogroms* de 1881 na Rússia e pelo *Affair Dreyfus* na França (1894). Basta recordar que um dos livros fundadores do sionismo foi publicado em 1896 (*O Estado Judeu* de Theodor Herzl).

Hoje, o sionismo instalado no governo de Israel é uma mistura tóxica de duas das piores heranças da civilização europeia: o colonialismo e o fascismo. Israel é um Estado colonialista dividido por uma linha abissal: democracia para os judeus, fascismo para os palestinianos, sejam ou não cidadãos de Israel. No plano político, Israel continua a servir no Médio Oriente os interesses do imperialismo ocidental, desta feita, não do império britânico, mas do império norte-americano. No plano ético-ideológico, Israel é a Europa vista ao espelho cruel do pior da sua história, uma história que teima em não querer recordar as contas que não quer saldar com o mundo. Ao ver nas televisões e nas redes sociais as imagens de Gaza, o mundo que foi colonizado pela Europa tem a sensação do *déjà vu*. Lembra-se dos seguintes factos: a vida humana dos colonizadores vale imensamente mais que a dos colonizados; os colonizados, quando resistem com alguma eficácia, são terroristas, e para terroristas a solução é sempre concebida como final – extermínio; enquanto o colonizador actua por princípios, o colonizado actua com barbárie, por isso, a contradição entre os princípios do colonizador e a barbárie do colonizador nunca são tema de discussão; não interessa averiguar responsabilidades individuais porque a culpa e a punição são colectivas, já que o colonizado não é punido pelo que faz mas pelo que é (inferior, descartável); quando não são terroristas, os colonizados são obstáculos ao desenvolvimento e, por isso, pode ser preciso limpar o terreno para a alternativa à rota da seda (chinesa) chegar com segurança ao porto de Haifa; não vale a pena pedir ajuda a outros países colonizadores enquanto estes beneficiarem do trabalho sujo feito por outros.

O futuro dos nossos netos?

Desde que começou a guerra na Ucrânia, tenho dedicado muitos textos ao tema da guerra. A eclosão da mais recente fase da guerra colonial de Israel contra a Palestina expressou com mais intensidade a minha repulsa pela destruição massiva da vida humana, pelo horror da impunidade, pela duplicidade dos critérios assente na hierarquia entre vidas patenteadas (e por isso, protegidas) e vidas não patenteadas (e por isso, descartáveis), pela indiferença arrogante, pela cegueira malévola, pela banalização avassaladora da continuidade entre a solução final que os colonos europeus impuseram aos povos colonizados, os Nazis impuseram aos judeus e Israel impõe aos palestinianos. Perante tudo isto, algumas das pessoas que me lêem têm-me perguntado, com alguma ansiedade: qual o futuro dos nossos netos? A pergunta pressupõe um "nós" cujos netos são "nossos". Quem é esse "nós"? A pergunta tem uma dramaticidade própria de alguém que nunca fez antes a pergunta e nem sequer pensou que alguma vez teria de a fazer. Esse alguém não é a humanidade no seu conjunto, mas um pequeno canto do mundo (espalhado por todo o mundo) a que podemos chamar *Europa & descendência branca*. O "resto" do mundo, ou seja, o mundo que foi invadido pelos europeus a partir do século XVI e que no final do século XIX constituía cerca de 90% do território do planeta, há muito faz esta e muitas outras perguntas. Esta pergunta contém um mundo de pressupostos.

Tempo e qualidade de vida. Ao centrar-vos nos vossos netos, assumis que a sorte dos vossos filhos é tão problemática (ou não) quanto a vossa. Isto só é verdade em países onde a esperança de vida é bastante alta, como acontece no tal pequeno canto do mundo *Europa & descendência branca*. Em países onde a esperança de vida é bastante mais baixa (por exemplo, nos países africanos), o futuro dos filhos é bem mais premente que o futuro dos netos. Salvo quando os pais morrem muito jovens de sida e são os avós a cuidar dos netos. Assumindo que a *Europa & descendência branca* não é geneticamente superior, tereis de vos perguntar o porquê das diferenças tão grandes na esperança de vida e, sobretudo, o porquê da sua distribuição tão desigual no planeta terra. A *Europa & descendência branca* vive mais tempo porque os "outros" vivem menos tempo? Tendes uma dívida temporal para com eles? Se é claro que a *Europa & descendência branca* vive em média mais tempo, é menos claro que a sua qualidade de vida seja incondicionalmente superior à qualidade de vida dos que vivem menos tempo. Uma das atracções de algum tipo de turismo está relacionada com a visita a lugares e a comunidades que simbolizam qualidades de vida de que os turistas têm alguma nostalgia por nunca as terem vivido. São formas de consciencialização irresponsáveis ou superficiais. Basta pensar na pegada ecológica em que essas visitas incorrem para visitar lugares e modos de vida atractivos por não agredirem o meio ambiente.

Condições de vida. Ao vermos as lancinantes imagens da destruição de Gaza nestas semanas, do massacre de Wyriamu em Dezembro de 1972, do massacre de My Lay no Vietname em 16 de Março de 1965, ou ainda do bombardeamento de Dresden em Fevereiro de 1945, torna-se claro que a pergunta dos avós naquelas circunstâncias não seria a que me é feita. O futuro dos netos estava nos braços ensanguentados dos pais e avós sem saberem se chegariam a um hospital ou se o hospital não fora já bombardeado. Só a estabilidade relativa do presente permite pôr a questão do futuro. As perguntas desconfortáveis são sempre feitas a partir de algum conforto para que não se tornem destrutivas.

O futuro de quem? O futuro dos vossos netos será o presente deles, não o vosso, e a opinião que eles podem ter a respeito do vosso presente (o passado deles) pode ser bem diferente daquela que vós tendes. Os vossos netos dispensam a vossa preocupação sobre o futuro deles que só eles viverão como presente. Poderão, no máximo, e com alguma condescendência, entender a vossa preocupação como o resultado de uma certa resignação vossa em não vos revoltardes em relação ao vosso presente. Transferis para eles um problema que é vosso e só vosso. Ao assumir que o futuro deles pode ser pior que o vosso, estais a separar-vos de todos os outros habitantes da terra cujos futuros foram destruídos para que o vosso fosse garantido. Até agora! E aqui é que está a raiz da vossa angústia. Pela primeira vez na história, sentis que estais todos no mesmo barco e que os barcos salva-vidas não chegam para todos. Mas verdadeiramente sentis que estais no mesmo barco, ou apenas no mesmo mar? Ao perguntar pelo futuro dos netos estais a pressupor que o vosso presente, se não é bom, é o melhor possível ou o mal menor. A vossa previsão é que daqui para o futuro vai piorar. Ora, ninguém seduz ninguém com essa postura que tem tanto de resignação como de imprudência. Os vossos netos sabem que o presente é horrível para a maioria da população. Só a vossa inconformidade ante a continuidade da separação entre o "nós"- *Europa & descendência branca* e o "nós"- humanidade pode devolver alguma credibilidade à vossa preocupação.

Os vossos netos estão preocupados, mas as suas preocupações pouco têm em comum com a dos avós. As preocupações dos avós são mais esclarecedoras das angústias dos avós do que das dos netos. Acredito que alguns e algumas avós não se conformem com esta realidade e se proponham conversar com os netos. Se o fizerem com o propósito de lhes ensinar alguma coisa, esse será o primeiro passo em falso. Conversar só fará sentido se a aprendizagem for recíproca. Mas para isso tereis de desaprender muito do que vos foi ensinado. Os vossos netos têm outras prioridades, pensam que o que vos pudessem ensinar seria para vós irrelevante, se é que entenderíeis, e, no pior dos casos, não imaginam que possais aprender alguma coisa. Mesmo assim, têm muito a ensinar-vos sobre o vosso presente porque eles e elas são, afinal, vossos contemporâneos. Talvez nem digam nada, e é precisamente pelo silêncio, pelo isolamento, pela arrogância ou pelos pedidos de ajuda que vos poderão fazer pensar. Trata-se de um diálogo que, para não ser um diálogo de surdos, deverá ser conduzido com a mesma paciência com que as árvores crescem.

Ocasiões para conversar. Entre os povos indígenas é comum ouvir-se que os avós e sobretudo as avós são a fonte da sabedoria. Nas longas noites de inverno, nas festas, nos trabalhos do campo, houve sempre tempo para contar uma história, aprender uma nova poesia ou uma nova técnica. No pequeno canto da *Europa & descendência branca,* os avós, ou deixaram de saber contar histórias, ou os netos deixaram de as querer ouvir. Os avós deste pequeno canto do mundo são máquinas de uso manual para transportar os netos, sintonizar o *tablet*, dar comida pré-preparada, e responder por monossílabos para não perder o fio da telenovela. São extremamente úteis aos pais. Fazem perder pouco tempo aos netos, para eles próprios perderem o mínimo tempo. Mas admitindo que uma conversa seria possível, menciono dois possíveis temas, um em que os avós seriam mais professores que alunos, e outro em que o contrário ocorreria.

O que podeis ensinar: olhar o futuro virados para o passado. As sociedades contemporâneas estão divididas entre os que não querem recordar e os que não podem esquecer. A pergunta que me foi feita obriga quem a faz a perguntar-se de que lado está: do lado dos que não querem recordar, ou do lado dos que não podem esquecer? A *Europa & descendência branca* tem pertencido ao grupo dos que não querem recordar, enquanto os povos que foram sujeitos ao colonialismo europeu têm pertencido ao grupo dos que não podem esquecer. Porque esta pertença durou tantos séculos tornou-se parte da "nossa identidade". Não há "nós" eurocêntrico sem esquecimento. Mas não se trata de uma fatalidade. Já desde o longínquo *Pela Mão de Alice* defendo que as identidades são identificações em curso. Por isso, a resposta à pergunta que me é feita exige que seja respondida previamente outra pergunta: estais dispostos a substituir o "nós"- *Europa & descendência branca* pelo "nós"- humanidade? Só podereis ter a pretensão de ensinar algo aos vossos netos se a resposta for positiva e se os ajudardes a sentir-se parte do "nós" mais amplo. A vontade de ampliar o "nós" significa uma decisão existencial, um processo de desidentificação, de desaprendizagem e de reaprendizagem, que não é fácil nem isento de riscos por ser feito à beira do abismo. Muito do niilismo que hoje prospera assenta numa má solução da desidentificação, no ficar a meio do caminho ou perdido nas encruzilhadas. Desaprender de não querer lembrar e aprender a não poder esquecer é um processo pessoal e histórico, psicológico e político, corporal e mental, material e espiritual, imanente e transcendente. Descolonizar a história é fundamental, mas não basta; é preciso descolonizar as mentes e os corpos, a sociabilidade e a política, os sentidos e a imaginação. O que está em causa é descentrarmo-nos do mundo eurocêntrico e das mil provas de superioridade civilizatória que nos foram inculcadas desde a infância, e começar a pensar que houve e continua a haver outras civilizações com diferentes visões do mundo e da vida, e que disponibilizarmo-nos para aprendizagens recíprocas será um bom começo. Só os vencedores da história consideram o passado fechado porque ratifica a sua vitória. Daí o provérbio africano de que a história de África tem sido sempre escrita pelo caçador, e não pelo leão. Reabrir o passado é transformá-lo em denúncia e tarefa: a denúncia reside em saber que o passado não passou, o que se considerava irremediavelmente passado (sobretudo o que de mais sinistro há nesse passado) é parte do nosso presente. É uma tarefa difícil porque, mais que uma tarefa de resistência, é uma tarefa de re-existência. Se puserdes em causa o vosso passado, poreis em causa o vosso presente.

O que os netos vos poderão ensinar: a natureza não nos pertence; nós é que pertencemos à natureza. Sobretudo os jovens da *Europa & descendência branca* vivem intensamente a crise ecológica. Vivem muito desconfortavelmente na vossa dita zona de conforto, e mais do que podeis imaginar. Para eles, o que está em causa é o fim da humanidade como espécie, uma espécie entre os milhões de espécies que emergiu no planeta Terra há trezentos ou duzentos mil anos e que nada garante que não se extinga. Como a vida humana é 0.01% da vida total do planeta, é fácil imaginar que o planeta pode continuar florescendo sem a presença dos humanos. Os netos saberão explicar-vos as consequências da iminente catástrofe ecológica a que chegámos. E certamente concluirão com uma pergunta que vos calará e vos fará ter vergonha da pergunta que me fizestes (e que a mim não me ofendeu): Por que nada foi feito para impedir que chegássemos a este ponto?

As diferentes faces do fascismo

Dizia Primo Levi que cada época tem o seu fascismo. Qual é o fascismo da nossa época? Defino fascismo como a condição sócio-política de concentração de capital que, sem controlo democrático, legitima a total indiferença pela humanidade do outro. Portanto, o fascismo é um fenómeno próprio das sociedades capitalistas. Tenho vindo a fazer uma distinção entre fascismo societal (quando um grupo social detém o direito de veto sobre a vida de outro grupo) e fascismo político (um tipo de regime autoritário). Hoje, penso que estamos a caminhar para assemblagens fascistas em que se combinam componentes anteriormente distintos (culturais, económicos, sociais e políticos). O fascismo da nossa época tem as seguintes faces: neo-darwinismo social, religião política, extrema-direita tradicional, guerra jurídica, individualismo acedioso. Qualquer delas é compatível com a democracia, desde que esta não seja muito mais que um jogo de aparências.

Neo-darwinismo social. O neoliberalismo, enquanto política económica, é um dispositivo de concentração de riqueza por via de transferências das classes pobres e médias para as classes altas através da redução das liberdades propostas pelo liberalismo à liberdade económica. Enquanto política social, o neoliberalismo traduz-se num neo-darwinismo social: sacralização da autonomia individual em paralelo com a negação das condições para se ser efectivamente autónomo, o que leva a defender a incapacitação do Estado para minorar as desigualdades de oportunidades; glorificação da ordem, da segurança e da tranquilidade garantidas pela repressão policial e pelo encarceramento massivo dos descontentes ou inconformistas; conversão da riqueza e do poder económico em critérios privilegiados de dignidade humana; cooperação e altruísmo são anti-naturais; os meios são sempre mais contingentes e descartáveis que os fins; a produção da morte é um dano colateral na luta pelo êxito ou pelo poder.

Religião política. O nazismo, o fascismo e o próprio comunismo soviético ou chinês têm sido vistos por alguns dos seus ideólogos e opositores como religiões secularizadas. No sentido aqui proposto, religião política é a conversão de um credo religioso convencional em ideologia política anti-secularista e anti-pluralista. Esta conversão reside na mobilização da crença, da fé e do ritual religiosos para criar uma comunidade de eleitos cuja missão é salvar a humanidade de um ameaçador e iminente apocalipse. Esta conversão pode ou não estar associada às ideias de superioridade racial ou de povo eleito, mas a sua vocação é sempre anti-democrática. Quando domina o Estado, tende a transformar-se numa teocracia. A religião política apresenta-se hoje em três versões principais: o neopentecostalismo, o sionismo e o islamismo radical.

Embora o termo seja controverso, o neopentecostalismo nasceu de uma "renovação carismática" do protestantismo sobretudo nos EUA e, por influência destes, em toda a América Latina, em particular a partir do final da década de 1960. Sendo um fenómeno heterogéneo, as suas manifestações dominantes caracterizam-se pelo forte investimento emocional dos crentes (transes e glossolália), idolatria da prosperidade económica e culpabilização individual da pobreza, concepção empresarial das igrejas (a mais-valia sagrada convertida em mega-igrejas multinacionais) e envolvimento político activo conservador e ultra-conservador, nomeadamente através da criação de partidos religiosos, do proselitismo homofóbico e sexista e da demonização das políticas de esquerda convertidas em fantasmas do comunismo, ou seja, da perdição apocalíptica. Financiado por organizações ultra-conservadoras e mesmo de extrema-direita, o neopentecostalismo, quando não rejeita a democracia, tem dela uma concepção instrumentalista: aceita-a na medida em que a pode pôr ao serviço da sua "missão".

O sionismo nasceu como um movimento judaico nacionalista (o primeiro congresso sionista realizou-se em Basileia em 1897 e o seu inspirador foi Theodor Herzl) com o objectivo de criar um Estado judaico na Palestina onde os judeus, sempre perseguidos apesar de (ou por) serem o povo eleito, pudessem viver em segurança. A ideologia política original era predominantemente socialista (sionismo trabalhista) e muito minoritária dentro do judaísmo, criticado tanto pela esquerda judaica (bundistas) como pela direita (ortodoxos e ultra-ortodoxos). O holocausto produziu uma profunda alteração ideológica no sionismo, e a construção do Estado de Israel por via da expropriação dos palestinianos e de tudo o que se seguiu até hoje mostra até que ponto o sionismo se transformou num movimento de direita e de extrema-direita e, nessa medida, passou a ser apoiado por forças políticas convergentes, ainda que não judaicas (o sionismo cristão), e com grande poder económico, sobretudo nos EUA. Do horror do holocausto ao horror de Gaza vai uma diferença estatística que nunca é decisiva perante a "sacralidade da vida", para usar uma expressão de Hannah Arendt. As ideias de privilégio ontológico, seja a do povo eleito ou a da superioridade da raça ariana, quando transformadas em ideário político, tendem às "soluções finais" para os inimigos.

O islamismo radical ou fundamentalista é uma versão do Islão apostada na recusa da cultura ocidental e do colonialismo e do imperialismo que a veiculou no mundo islâmico a partir do século XV (não contando com o tempo das cruzadas) até hoje.

Internamente muito heterogéneo, manifesta-se, em geral, pelo profundo anti-colonialismo, pela recusa do secularismo e pela aplicação da lei islâmica (*sharia*) tanto na esfera privada como na pública. A sua expansão nos últimos cem anos decorre do fracasso da esquerda secular e dos movimentos liberais nacionalistas considerados cúmplices das frustrações do desenvolvimentismo, do secularismo e da modernização promovidos pelos países capitalistas ocidentais e pelo reformismo islâmico. O islamismo radical é um fenómeno das sociedades capitalistas, enquanto resistência contra a modernidade ocidental e contra o capitalismo, embora algumas das suas versões (*wahhabismo* da Arábia Saudita) convivam com as formas mais predatórias de capitalismo. Na sua versão política mais radical, aspira a ser uma teocracia que só admite formas muito truncadas de pluralismo e de democracia. É patriarcal e reprime o próprio feminismo islâmico.

Extrema-direita tradicional. É herdeira do fascismo e do nazismo da primeira metade do século XX. Depois da derrota histórica destes regimes políticos, permaneceu como ideologia e prática de pequenos grupos, por vezes clandestinos, com actos criminais de carácter racista e xenófobo. Nos últimos quinze anos teve uma expansão notável, decorrente em grande medida da crise da social-democracia induzida pelo neoliberalismo, pela globalização auto-(des)regulada do capital financeiro e pelo aumento dos movimentos migratórios. Tal como o fascismo e o nazismo, a extrema-direita tem uma concepção instrumentalista de democracia, que vê como um meio de ascender ao poder. Uma vez no poder, não o exerce nem o abandona democraticamente, como ficou bem patente nos casos de Donald Trump e de Jair Bolsonaro. É nacionalista, racista e xenófoba, mas aceita a globalização neoliberal, razão pela qual tende a ser financiada pelo grande capital, tal como aconteceu com Hitler.

Guerra jurídica. Esta face do autoritarismo fascizante é a mais recente e está em contradição com a tentativa oposta de governos conservadores de limitar a independência dos tribunais

(Polónia, Hungria, Israel). A partir da década de 1970 ocorreram duas mudanças na teoria democrática que, em geral, visaram eliminar a capacidade de a soberania popular pôr limites à acumulação capitalista. Esta debilitação da democracia pode parecer estranha, uma vez que foi nessa década e na década seguinte que muitos países puseram fim a ditaduras e adoptaram regimes democráticos (Portugal, Espanha, Grécia, Brasil, Argentina, Chile). A verdade é que todos eles tiveram de enfrentar duas mudanças em curso. A primeira consistiu em eliminar a ideia de que a democracia pressupõe condições económico-sociais para funcionar eficazmente. Em vez disso, a democracia, entendida na versão liberal menos densa (direitos cívico-políticos), passou a ser a condição para o desenvolvimento sócio-económico. A segunda consistiu numa manipulação complexa e insidiosa dos órgãos de soberania no sentido de libertar a governação do controlo democrático efectivo. Ocorreu em duas fases. A primeira consistiu em transferir poder político real do parlamento para o poder executivo, considerado menos vulnerável à pressão cidadã popular. A segunda, consiste em transferir o poder real do executivo para o poder judicial, o órgão de poder mais imune ao controlo e pressão democrática. Esta mudança atingiu sobretudo a forma de "golpes brandos", assim chamados por aparentemente ocorrerem dentro dos marcos constitucionais, para afastar do governo, por via judicial, forças políticas potencialmente mais hostis ao neoliberalismo (luta selectiva contra a corrupção). Esta mudança tornou-se patente nos golpes nas Honduras em 2009, no Paraguai em 2012, no Brasil em 2016, seguido pela Operação Lava-Jato. A guerra jurídica, um termo de origem militar, consiste na activação agressiva do sistema judicial, não para se fazer justiça, mas para neutralizar inimigos políticos[25]. Envolve normalmente violações do direito processual criminal e usa como arma principal a comunicação social hostil ao governo. Trata-se de uma forma de fascismo gota a gota.

[25] Dedico a este tema um capítulo no meu livro *Law and the Epistemologies of the South*. Cambridge: Cambridge University Press, 2023.

Individualismo acedioso. A acédia é uma condição sócio-psicológica de exaustão emocional, de indiferença, da desistência de procurar alternativas gratificantes para além do corpo individual concebido como território primordial e do pequeno mundo previsível e reconfortante de amizades virtuais[26]. O indivíduo-fortaleza, feito de (in)consciente fraqueza ante um mundo hostil e irreformável, torna-se mais permeável a exclusões defensivas do que a inclusões arriscadas, à preferência por mini-certezas em vez de grandes dúvidas, à clareza do ódio contra a ambiguidade da fraternidade. Pode parecer estranho incluir uma condição sócio-psicológica entre as novas faces do fascismo quando a acédia nada tem a ver com o fascismo no sentido aqui adoptado. Temo, no entanto, que esta condição, se generalizada, se transforme num campo fértil de recrutamento para experiências de inconformismo e de ruptura anti-sistémica, aparentemente fáceis e radicais, que a extrema-direita e os fundamentalismos anunciam. É como se o novo fascismo começasse no mais íntimo da condição humana a que o capitalismo neoliberal e predatório da natureza sujeita os indivíduos. Um auto-fascismo.

---

[26] Ver o meu texto sobre a acédia no *Jornal de Letras, Artes e Ideias*, 17 a 25 de Janeiro de 2022.

O terror dos aterrorizados

Na Europa, a região do mundo em que me encontro, no prazo de trinta anos (entre 1914-1945) provocaram-se duas guerras mundiais de que resultaram setenta e oito milhões de mortos e, pelo menos, um horrível genocídio, o genocídio arménio; no prazo de oitenta anos cometeram-se mais dois horríveis e bem conhecidos genocídios, um cometido contra os judeus pelos Nazis alemães e aliados (croatas, húngaros, búlgaros, etc.) entre 1941 e 1945 e outro, cometido por Israel contra palestinianos, desde 1948 até hoje. É isto a civilização judaico-cristã ocidental? É, e tudo começou muito antes e de modo igualmente horrível. Obviamente que não é só isto. É isto e o seu contrário. Basta um exemplo particularmente dramático desta contradição. A abolição da escravatura ocorreu em França em 1794, no período mais radical da Revolução Francesa (o período Jacobino entre Junho de 1793 e Julho de 1794), ou seja, no período de maior violência política contra "inimigos da revolução" e "agentes estrangeiros" e de maior actividade da guilhotina. Robespierre, considerado durante muito tempo a maior autoridade moral da Revolução, terminou a sua carreira como assassino até ele próprio ser assassinado.

Os povos que foram colonizados pelos europeus conhecem esta história desde o século XVI, tal como a conhecem os judeus de Lisboa assassinados no *pogrom* ou Matança da Páscoa de 1506. As soluções finais dos indígenas das Américas, dos povos da Argélia sob domínio da França (825.000 argelinos mortos desde 1830), do povo herero da actual Namíbia às mãos de colonizadores alemães, dos povos que habitavam a colónia do Congo (depois Congo Belga) são apenas alguns dos actos mais dramaticamente bárbaros de uma civilização que assentou a sua legitimidade nas ideias da igualdade, liberdade, fraternidade, soberania popular, direitos humanos, nacionalismo, secularismo, democracia, liberalismo, individualismo, ordenamento racional do mundo e da vida, progresso, a modernidade como ideal de vida burguesa, hostil aos extremismos, controlo civil do poder militar.

É importante ressaltar que estas ideias, longe de serem puras armadilhas para enganar incautos, foram genuinamente adoptadas e seguidas por muitos e por vezes com resultados que honram a humanidade. Mas é igualmente importante ter em mente que foram aplicadas muito selectivamente, que foram interpretadas e combinadas das mais diversas formas e que conviveram com um cinismo assombroso com as ideias contrárias. A norma e a excepção foram a regra, tal como foram a distância entre a teoria e a prática, e coexistência entre a paz e a guerra, a lei e a impunidade, igualdade entre povos e povos eleitos, a vítima perfeita a transformar-se no assassino perfeito. Acima de tudo, vigorou o deslize sempre iminente da convivência humana em raiva canibal e sacrifício humano.

Não sei se sempre foi assim em todas as civilizações nem pretendo retirar conclusões especulativas sobre a natureza humana. Apenas sei que desde o século XVI se instaurou um modo relativamente novo de confrontar a vida com a morte, a racionalidade com o horror irracional. Seria longo dar uma explicação. Por agora, quero tentar pôr-me na pele daqueles que neste momento organizam o mais grotesco e repugnante genocídio, o Estado de Israel. Não para o condenar, porque já o fiz em múltiplas ocasiões, mas para especular sobre o seu futuro e com base no que muitos israelitas podem estar a pensar.

Na forma que actualmente tem, o Estado de Israel é um anacronismo histórico. É um Estado colonial e de colonialismo de povoamento, ou seja, caracterizado por ocupação territorial de um território estrangeiro (a Palestina) e pela substituição e/ou eliminação de toda ou de parte da população nativa. O colonialismo tradicional da metrópole quase desapareceu depois das independências das colónias africanas no século passado. Há alguns remanescentes, por exemplo, a ocupação colonial de Marrocos sobre o povo saharaui. Mas Israel é neste momento o caso mais saliente e de longe o mais violento. Ora, se a história nos serve de algo, serve para nos advertir que o colonialismo histórico acabará algum dia porque tem sido essa a tendência histórica. Isto sugere que um dia a Palestina será livre e independente e os terroristas de hoje serão os heróis de amanhã, e haverá rua e estátuas com os seus nomes, e os livros escolares contarão a história heróica desses homens e dessas mulheres que deram a sua vida pela libertação do seu país. Em face disso, os israelitas estão em pânico.

Numa carta datada de 4 de Setembro de 1870, Friedrich Engels escrevia sobre o "Reino do Terror" durante a Revolução Francesa (1793-1794): "Pensamos que é o reinado de pessoas que inspiram o terror; pelo contrário, é o reinado de pessoas que estão elas próprias aterrorizadas. O terror consiste sobretudo em crueldades inúteis perpetradas por pessoas assustadas para se tranquilizarem." A intenção de exterminar os palestinianos transformou-se na razão de ser do Estado de Israel. Como sabem que nunca o conseguirão, temem com razão que o Estado de Israel se transforme no Estado mais perigoso do mundo. Os israelitas estão em pânico e o pânico justifica as mais extremas e irracionais atrocidades. Estão mesmo possuídos por um instinto genocida que, aliás, se estende a alguns judeus fora de Israel.

Perante esse perigo iminente, suspeito mesmo que um êxodo gota a gota começará a partir de agora. E aqui reside a grande perversão da Modernidade eurocêntrica. O sionismo foi um movimento nacionalista que não representava nem representa o judaísmo – mesmo porque hoje muitos sionistas não são judeus, o sionismo cristão, com objectivos religiosos e políticos próprios (extrema direita) – visou antes de tudo dar aos judeus o território que fosse seu, onde se sentissem protegidos das cruéis perseguições de que foram vítimas ao longo da história, apesar de (ou talvez por) serem o povo eleito. O destino mítico do povo eleito é ser alvo de todos e ter legitimidade para atacar todos.

A dor dos palestinianos é dor de hoje, a dor dos israelitas é a dor de amanhã. James Baldwin escreveu de forma bem eloquente: "Imagino que uma das razões por que as pessoas insistem em odiar é por pressentirem que, uma vez desvanecido o ódio, têm de confrontar-se com a dor". Essa dor imensa que atravessa o corpo colectivo dos israelitas e de todos os judeus que adoptaram a causa sionista. O genocídio que os Israelitas cometem em Gaza denota um pânico paranóico em que só o sangue do inimigo atenua a dor e purifica a alma. O delírio reside em sentir que só matando quem os podia salvar (uma vida de convivência pacífica com vizinhos) é que se salvam. É suicídio em forma de homicídio.

Perante isto, todos aqueles como eu que sempre defenderam as causas judias e lutaram contra os anti-semitas, estão numa posição difícil de ter de imaginar propostas que não podem ser entendidas por quem está em estado de delirante pânico. Podem, no entanto, ser discutidas por quem se lhes seguirá já que os assassinos políticos muitas vezes têm o destino que cruelmente impuseram aos outros. Em primeiro lugar, tudo leva a crer que o ciclo histórico do sionismo chegou ao fim. E como nos lembra a maior coligação da sociedade civil palestiniana, o BDS (Boicote, Desinvestimento e Sanções), a tarefa prioritária, além de pôr fim ao genocídio actual em Gaza, é que se cumpram três pontos mínimos reconhecidos pelo direito internacional: o fim da ocupação, o fim do *apartheid*, e o direito de retorno da população palestiniana refugiada. Depois, e perante isto, só são imagináveis duas soluções. A primeira, e a mais desejável, é a criação de um Estado intercultural, plurinacional na Palestina-Israel em que os judeus israelitas – o colectivo hoje privilegiado pelo sistema de *apartheid* vigente – e palestinianos convivam em paz e com direitos iguais e horizontalmente diferenciados. Haverá por vezes tensões de governabilidade, mas não mais graves do que as que frequentemente ocorrem entre flamengos e valões na Bélgica ou entre brancos e negros na África do Sul. Não será fácil, mas será muito menos horrível que o genocídio que temos visto nestas semanas. Deduz-se daqui que, ao fim de 75 anos de fracasso, a solução dos dois Estados, não só não é possível, como nunca foi uma solução justa.

A segunda solução é a Europa (agora acompanhada pelos EUA) expiar e reparar, ainda que tardiamente, o seu crime. Trata-se de cumprir o dever que não quis cumprir em 1933-1936 de acolher os judeus que Hitler queria expulsar da Alemanha. De igual modo que devem ser acolhidos os descendentes dos mouriscos expulsos e de quaisquer outras pessoas migrantes, os judeus deverão ser recebidos de modo correspondente à expiação por parte da Europa do horrendo crime de ter perpetrado ou consentido o holocausto. Seria uma dupla justiça histórica, tanto para os judeus, como para os palestinianos a quem uma Europa ainda imperial impôs o custo e a pena do crime que ela própria tinha cometido. Os portugueses e os espanhóis teriam nesse regresso um papel especial já que foram dos primeiros a privar-se do talento dos judeus e cristãos-novos vítimas da Inquisição. Constituiria uma revolução magnífica na filosofia e na política portuguesa poder reivindicar Espinosa como o fundador da filosofia e da política portuguesa modernas e tirar daí as consequências!

Para além das duas soluções não vejo outras que defendam esta região do mundo de um novo ciclo de fascismo. É perturbador que um ministro do actual governo de Benjamin Netanyahu, Bezabel Smotrich, tenha declarado no passado mês de Janeiro que era um "fascista homófobo". Ressoam em mim as palavras de Primo Levi: cada época tem o seu fascismo. O nosso, só não vê quem não quer ver.

2024

A terceira guerra mundial, os BRICS e a salvação do planeta

Faço a mesma pergunta que o grande intelectual comunista português, Bento Jesus Caraça, fez em 1932 e subscrevo o mesmo prognóstico. Depois de afirmar que perante a proximidade da Primeira Guerra Mundial, "os intelectuais (com excepção de Romain Rolland na França, e eu acrescentaria, Karl Kraus na Áustria), em vez de lançarem na balança todo o peso do seu prestígio para procurarem evitar o desencadeamento da catástrofe e pôr ordem num caos de loucura, usaram desse mesmo prestígio para activar a fogueira, para aumentar a desordem. Onde deviam elevar-se, aviltaram-se, ao desempenho de uma missão nobre e humana preferiram a traição". As perguntas são: terá, ao menos, a situação mudado no presente? Vêem-se, porventura, sinais claros e precisos de um propósito de resgatar um passado escuro? A resposta de BJC é inequívoca: "a verdade é - não! Existem, sem dúvida, núcleos apreciáveis de 'homens firmes', de 'homens de boa vontade' que, na luta contra a guerra, põem o melhor da sua inteligência e da sua actividade, mas, infelizmente, a maioria, a grande maioria dos intelectuais apresta-se para uma nova renegação do espírito. Se uma guerra estalar, e nunca estivemos tão perto dela, veremos de novo surgir, por esse mundo, milhares de fáceis heróis de escrevaninha, a bolsar as mesmas torrentes de mentiras que levem à frente da batalha – os outros… e lhes assegurem a eles cómodas situações à retaguarda."[27] Dez nos antes, Karl Kraus escrevia, em *Os Últimos Dias da Humanidade,* "O humor não é senão a acusação lançada a si próprio por alguém que não enlouqueceu ante a ideia de ter suportado testemunhar as coisas deste tempo no seu perfeito juízo".[28] E desabafava: "uma tão plena confissão de culpa de pertencer a esta humanidade há-de ser bem-vinda em algum lugar, e alguma vez há-de ter utilidade".

Tal como Caraça, Rolland e Kraus, não me conformo com que uma nova guerra mundial aconteça, agora pela terceira vez. E certamente a última, se for, como é previsível que seja, uma guerra nuclear. "Não, em meu nome!" O papel do intelectual é juntar-se à cidadania activa pela paz, aos partidos políticos e aos movimentos sociais que genuinamente querem a paz e denunciam as forças globais que promovem a guerra como meio de perpetuar o seu poder. Mas a experiência mostra-nos que essa luta, para ser eficaz, tem de ter uma dimensão organizativa. É dela que falarei neste texto.

Desde há cem anos, a Europa vive a caminho de uma guerra enquanto cura as feridas da guerra anterior. De cada vez, as razões são diferentes, mas têm tido em comum o facto de, embora terem aqui nascido, arrastarem o mundo consigo e, nessa medida, serem globais. Temos, pois, vivido entre-guerras. É talvez pouco conhecido que mal terminara a Segunda Guerra Mundial, já as forças conservadoras, sobretudo católicas e camponesas, se perguntavam voluntariosamente quando ia começar

[27] Bento de Jesus Caraça, *Conferências e Escritos*. Lisboa, 2ª edição, 1978, 216.
[28] *Os Últimos Dias da Humanidade.* Tradução de António Sousa Ribeiro. Lisboa: Antígona, 2023, 17-19.

a nova guerra, agora contra a Rússia. A retórica da emergente Guerra Fria excitava os ânimos, e estes só arrefeceram quando o Ocidente assistiu passivamente ao esmagamento soviético da revolta Húngara de 1956. A paz estava para durar. A paz que durou foi a tornada possível graças à Guerra Fria e às muitas guerras quentes regionais em África, no Médio Oriente e na Ásia. O que há de novo agora?

Se analisarmos os debates internos nos EUA antes da intervenção destes nas duas primeiras guerras mundiais, verificamos que os EUA começaram por se declarar neutrais; a intervenção posterior a favor dos aliados foi de algum modo relutante e contra a ideologia do isolacionismo que tivera basta popularidade até meados do século XX. Ao contrário, a terceira guerra mundial em gestação é um projecto dos EUA. A Europa é apenas um aliado subalterno. Porquê? Nas duas primeiras guerras, o imperialismo norte-americano estava numa fase ascendente e as guerras foram usadas apenas para consolidar essa posição globalmente dominante. De cada guerra os EUA saíram reforçados. Basta recordar que em 1948 o PIB dos EUA era quase metade do PIB global (em 2019 era 24%). Neste momento, os EUA estão em declínio e a guerra foi a opção tomada desde o tempo do presidente Clinton para travar o declínio, porque é no complexo militar-industrial que os EUA têm a mais inequívoca superioridade em relação aos poderes rivais. Basta recordar as mais de 800 bases militares espalhadas pelo mundo.

De facto, os EUA têm estado de guerra permanente desde a sua fundação, mas as guerras nunca são as mesmas, e apenas têm em comum o facto de terem lugar muito longe das suas fronteiras. Hoje, trata-se de uma guerra de hegemonia; se até algum tempo a opção nuclear era radicalmente excluída, hoje passou a ser um dos cenários possíveis. A gravidade da situação decorre de o declínio dos EUA não se manifestar apenas na política e na economia globais. É hoje flagrantemente visível a nível interno. No país mais rico do mundo, mais de três milhões de crianças morrem de fome todos os anos.[29] Dos jovens delinquentes (idades entre 10 e

[29] Ver: https://catholicconnect.care/facts-about-child-hunger-in-america/

17 anos) internados em instituições de detenção, 42% são negros apesar da percentagem de jovens negros na população jovem dos EUA ser de 15%.[30] Em 2023, houve 630 massacres (*mass shootings*, em que mais de 4 pessoas foram mortas). Quase 50.000 pessoas morreram com armas de fogo em 2021, sendo que mais de metade foram suicídios.[31] Em 2023, havia 653.100 pessoas sem abrigo, um aumento de 12% em relação a 2022.[32] As eleições de 2024 serão certamente livres, mas não serão equitativas, dada a presença de *dark money* no financiamento das campanhas, e podem mesmo não ser pacíficas.[33]

Em face deste declínio multidimensional, os EUA concentram cada vez mais energia na guerra de hegemonia. A guerra de hegemonia é a que pretende concentrar e manter o poder no Estado hegemónico em cujo interesse a ordem internacional é estabelecida, uma ordem, por natureza, unipolar. A dualidade de critérios na "ordem baseada em regras" (compare-se a Ucrânia com a Palestina) é a característica principal da ordem hegemónica. Com o colapso da União Soviética e o fim do Pacto de Varsóvia (1991), a guerra de hegemonia pareceu ganha para sempre. Mas como o desenvolvimento do capitalismo global é desigual e combinado, os desafios à hegemonia dos EUA foram surgindo, em grande medida originados pelo desenvolvimento da China. A China comunista começou em 1949 a preparar-se para um século de fortalecimento que reponha a China no lugar cimeiro do sistema mundial que manteve até 1830, ainda que desde o século XVI numa certa multipolaridade com a Europa imperial.

Como afirma Xulio Ríos em *A metamorfose do Comunismo na China*, Mao Tse Tung pôs a China de pé, Deng Xiaoping desenvolveu-a e Xi Jinping personifica o último impulso para tornar a China um país poderoso com uma posição central no

[30] Ver: https://www.sentencingproject.org/fact-sheet/black-disparities-in-youth-incarceration/

[31] Ver: https://www.bbc.com/news/world-us-canada-41488081

[32] Ver: https://nlihc.org/resource/hud-releases-2023-annual-homeless-assessment-report

[33] Ver: https://www.brookings.edu/articles/the-risk-of-election-violence-in-the-united-states-in-2024/

sistema global, culminando em 2049[34]. Enquanto Mao pôs de lado a cultura tradicional confucionista e Deng deu prioridade ao desenvolvimentismo em detrimento do marxismo, o Xiismo busca uma síntese das três ideologias fundadoras com a ideia do "socialismo com as peculiaridades chinesas na nova era". Porque, durante o tempo da globalização, a China foi a parceira que ajudou a disfarçar o declínio económico dos EUA, os alarmes da guerra hegemónica só começaram a soar no tempo de Bill Clinton.

Rapidamente os neoconservadores (um grupo ideológico que vai de Hillary Clinton a Victoria Nuland e seu marido, para quem não se deve negociar com os rivais da hegemonia dos EUA; deve-se antes destruí-los) assumiram o controlo da política externa dos EUA. Os rivais têm elos fracos e é por aí que se deve atacar. A China tem dois: o seu principal aliado, a Rússia, e Taiwan. A guerra da Ucrânia foi desde o início uma estratégia de *regime change* (não na Ucrânia e sim na Rússia). O objectivo era desgastar os líderes políticos russos (sobretudo Putin), tal com se fizera na década de 1980 até que chegasse um duplo de Gorbatchov que transformasse a Rússia num amigo dos EUA, e, portanto, num inimigo da China, o que de imediato provocaria o confinamento da China à Ásia.

Como é hoje evidente, o objectivo falhou, a Rússia fortaleceu-se e a sua presença multisecular na Eurásia ampliou-se ainda mais. O povo mártir da Ucrânia e o povo europeu manipulado por uma guerra de propaganda sem precedentes, estão a pagar um alto preço por esta estratégia. Como Volodymyr Zelensky sabe pouco de relações internacionais, não conhecia a frase de Lord Palmerston com os olhos nos EUA: "as nações não têm amigos ou aliados permanentes; só têm interesses permanentes". Se não puder ser substituído, Zelensky pode vir a ter um acidente fatal nos próximos tempos.

O outro elo fraco da China é Taiwan e é aí que a guerra de hegemonia se pode vir a travar com mais violência. Será uma

[34] *A Metamorfose do Comunismo na China, Unha historia do PCCH (1921-2012).* Pontevedra: Kalandraka, 2021, 282.

nova Ucrânia, mas onde os EUA aprenderão com os erros cometidos na Europa.

Como os senhores da história têm desprezo pela impertinência desta sua serva, não previram a resistência anti-colonial do povo palestiniano, liderado pelo Hamas. A guerra de Israel contra a Palestina é qualitativamente diferente da guerra da Rússia contra a Ucrânia por três razões principais. Por um lado, a primeira é uma guerra colonial de extermínio, a segunda é uma guerra de contenção. Por outro lado, os EUA não são um aliado de Israel. Os EUA *são* Israel, porque o lobby pro-Israel controla tanto a política interna como a política externa dos EUA. Finalmente, a guerra de Israel, longe de ser uma perversão do mundo ocidental, é o seu espelho mais cruel e fidedigno: uma civilização que desde o século XVI cria e celebra a humanidade, desumanizando a maior parte dela. Do outro lado, estão os derrotados históricos do expansionismo europeu, o mundo islâmico. A possibilidade de uma escalada global da guerra é neste caso qualitativamente muito maior. Daí o desinvestimento imediato na Ucrânia. Também no Médio Oriente os neoconservadores procurarão encontrar o elo fraco das alianças da China. Este elo é, sem dúvida, o Irão. Será ele provavelmente o próximo alvo.

A resistência contra a Terceira Guerra Mundial

A história é sempre contingente por mais que alguns factores pareçam determiná-la. A terceira guerra não é inevitável. As forças de resistência e da paz não estão na Europa, o continente mais violento do mundo. É certo que no pós-Segunda Guerra surgiu na Europa um poderoso movimento pela paz cuja maior (e última) manifestação foram os protestos contra a guerra no Iraque em 2003. Este movimento foi particularmente forte na Alemanha que, no entanto, desde a guerra da Ucrânia voltou às suas perigosas pulsões bélicas. A resistência está no Sul global.

Neste texto entendo por Norte global, a Europa dos antigos projectos imperiais (sem a Rússia), assim como o Japão e as ex-colónias onde dominaram o racismo e o nacionalismo brancos (EUA, Canadá, Nova Zelândia e Austrália); por sua vez, o Sul global são todas as outras ex-colónias europeias e países que, não tendo sido colónias europeias, estiveram dominadas pela Europa (caso da China depois das guerras do ópio). É possível que esta designação seja transicional e não dure muito, uma vez que é subsidiária da mais recente fase da globalização colonial-capitalista que, como sabemos, tem vindo a perder terreno. O outro problema desta designação e da dicotomia que ela comporta é homogeneizar as diferentes realidades sócio-históricas incluídas em cada um dos polos da dicotomia. Uma análise histórica não eurocêntrica mostrará a grande heterogeneidade tanto do Norte global como do Sul global. Basta ter em mente que o Norte global inclui potências europeias coloniais e algumas da suas ex-colónias. Por outro lado, dentro da Europa sempre houve assimetrias típicas do colonialismo interno, da Europa do Norte em relação à Europa do Sul, da Europa Central em relação à Europa de Leste, das cidades italianas e suas plantações em Chipre com trabalho escravo eslavo (eslavos que Hitler, séculos mais tarde, designará como *Untermenschen*, sub-humanos), para não falar dos Balcãs cuja pertença à Europa foi recorrentemente posta em dúvida.

A mesma (ou maior) diversidade se observa no que é hoje o Sul global. As temporalidades, as lógicas de intervenção e de interacção e as economias políticas do extractivismo colonialista do Atlântico Norte, do Atlântico Sul, do Índico e do Mar da China foram muito distintas, para além de neles se incluírem países que não estiveram sujeitos ao colonialismo europeu. Não temos hoje a "inocência" inaugural do princípio do século XX europeu quando todos os avanços da sociedade industrial e das comunicações eram vistos como factores de homogeneidade. Obviamente, que homogeneização e convergência tiveram e continuam a ter lugar, mas, contraditoriamente, também se vincaram diferenças, desencontros, reinvenções de passados distintos, vocações ético-políticas divergentes. As dicotomias têm, pois, de ser usadas com a máxima cautela e a sua utilidade é sempre provisória e limitada.

Com todos estes *caveats*, o Sul global conta hoje com um actor privilegiado, a China, e com uma rede densa de cooperações regionais e temáticas impressionante em que se destaca os BRICS+[35]. A China é comunista? A China é imperialista? Qual a orientação que a China dará ao Sul global enquanto seu actor privilegiado? Qualquer destes temas suscita debate. A China é governada por um partido comunista altamente centralizado com cerca de noventa milhões de militantes; no plano económico é hoje uma economia mista: uma base capitalista – a grande maioria das empresas (61.2%) e do emprego (82.1%)[36] pertence ao sector privado e rege-se pelas regras do mercado – com uma excepcionalmente grande participação de empresas públicas e com um excepcionalmente grande e activo papel do Estado na direcção da economia e no controlo financeiro. Esta estrutura, combinada com as relações exteriores da China (contratos de benefício mútuo), parece indicar um padrão de comportamento que não coincide com o padrão imperialista (dominação e extracção por via de contratos desiguais, tutela militar ou violência). Independentemente desta avaliação, o que deve ser realçado é que a China opera em articulação com muitos outros países de desenvolvimento intermédio e com forte consciência da sua soberania. A organização BRICS+ é hoje a forma organizativa mais densa e operacional do Sul global.

Como não se trata de uma nova edição do Movimento dos Não-Alinhados, os quais procuravam modelos de desenvolvimento nem capitalistas ocidentais nem socialistas soviéticos, há que perguntar qual é o princípio orientador do Sul global e em que medida é que ele pode ser um factor de paz e de prevenção da terceira guerra mundial.

Em meu entender, o Sul global visa uma alternativa que é talvez mais radical que a alternativa entre capitalismo e socialismo.

---

[35] O acrónimo designa os países que originalmente fundaram a organização (Brasil, Rússia, China e África do Sul) mais os países candidatos a entrar na organização.

[36] Números de 2018. Ver Zhongjin and David M. Kotz, "Is China Imperialist? Economy, State, and Insertion in the Global System", *Review of Radical Political Economics*, Volume 53, Issue 4, December 2021, 600-610.

Trata-se da possibilidade de um capitalismo sem colonialismo. A ideia de Leon Trotsky de que o desenvolvimento global do capitalismo é desigual e combinado assenta precisamente nas variações da combinação entre capitalismo e colonialismo nas diferentes regiões do mundo. Tenho defendido que desde o século XVI a dominação moderna é constituída por uma tríade: capitalismo, colonialismo e patriarcado. Tenho também defendido que as três formas de dominação actuam em permanente articulação e que nenhuma delas é sustentável sem as outras. Ou seja, não imagino uma sociedade capitalista que não seja colonialista e patriarcal. O capitalismo histórico (ocupação territorial por um país estrangeiro) ainda não terminou, como nos mostra o horror diário do genocídio do povo de Gaza, e não podemos também esquecer o colonialismo a que está submetido o povo saharaui. Mas hoje o colonialismo prossegue sob muitas outras formas, tais como o racismo, a pilhagem dos recursos naturais, o desmatamento das florestas e o envenenamento dos rios, o *land grabbing,* a deslocação forçada de populações, o crescente número de refugiados ambientais, o encarceramento massivo da população negra em alguns países, os contratos desiguais, as fronteiras-fortalezas de arame farpado e cimento, etc. A razão da permanência do colonialismo e do patriarcado está em que o capitalismo não se sustenta sem que uma fracção maior ou menor do trabalho seja sobre-explorado ou não seja pago, ou, ainda, pura e simplesmente descartável. O colonialismo e o patriarcado, ao gerarem populações racializadas ou sexualizadas, são as dominações que tornam possível essa sobre-exploração e esse roubo do trabalho. E é no Sul global que prevalecem com mais intensidade.

O Sul global é hoje uma vasta e complexa rede de práticas e de ideologias que reivindicam o fim da dualidade entre o capitalismo aparentemente civilizado das metrópoles do Norte e o capitalismo bárbaro das colónias e neocolónias. Ou seja, o capitalismo sem colonialismo a nível global. Suspeito que se tiverem êxito, o que emergir da sua vitória não será o capitalismo tal como o conhecemos, mas algo diferente que, por agora, podemos designar como pós-capitalismo. A versão bélica do imperialismo neoconservador norte-americano representa um esforço desesperado para que tal êxito não aconteça. No entanto, o poder económico que o Sul global hoje detém (a grande diferença em relação ao Movimento dos Não-Alinhados) pode obrigar os EUA e seus aliados do Norte global a negociar. Os BRICS+ representam hoje mais de 30% do PIB global. A negociação é a única forma de evitar a terceira Guerra Mundial. Nela reside a nossa esperança.

A negociação salvará o mundo?

No início de 2024 o mundo enfrenta quatro problemas fundamentais: a guerra global, a desigualdade social, o colapso ecológico, o futuro da ONU e a falta de alternativas credíveis. Vejamos como os BRICS+ podem contribuir para resolver estes problemas.

A paz. Ao longo deste texto tentei mostrar que a única possibilidade de travar a iminente terceira guerra mundial reside na capacidade de os BRICS+ forçarem o imperialismo norte-americano a negociar. É evidente que, além dos BRICS, existem outras organizações, como a Organização de Cooperação de Shanghai (Shanghai Cooperation Organisation), que podem contribuir para o mesmo objectivo. Penso, no entanto, que os BRICS são a organização que reúne mais diversidade política e cultural e que, por isso, está em melhores condições para mobilizar as suas populações contra a guerra. A dificuldade reside em que o continente onde essas condições estão mais claramente presentes, a América Latina, é o continente mais dependente dos EUA e, portanto, onde a força desestabilizadora das organizações públicas e privadas ao serviço do imperialismo mais eficazmente se exercerá sobre os governos moderadamente transformadores. Basta lembrar o que se passa na Argentina (por culpas próprias e alheias) ou a desistência do presidente Gabriel Boric de dar satisfação às reivindicações populares tão exemplarmente manifestadas no movimento que conduziu à primeira Assembleia Constituinte do Chile (2020-2022). O

Brasil está sob constante observação imperial e o presidente Lula da Silva enfrenta um Congresso hostil constituído, nas palavras de Roberto Amaral, por homens brancos e maioritariamente ricos, quando 55% da população se declara de cor parda ou preta, quando 51% da população é constituída de mulheres que ocupam apenas 8% das cadeiras na Câmara dos Deputados e quando 37% da população passa fome. Pode suceder que o petróleo dos países do Médio Oriente que tencionam aderir aos BRICS seja mais eficaz em pressionar a negociação, o que será bom para a paz, mas mau para todos os outros problemas.

Desigualdade social. Entre os BRICS contam-se os países onde é maior a desigualdade social (de novo o Brasil, com uma das maiores concentrações de rendimento do mundo). Defendo neste texto que a combinação entre capitalismo e colonialismo é parcialmente responsável pelas condições nacionais e internacionais que impedem uma distribuição mais equilibrada da riqueza tanto a nível nacional como a nível internacional. As organizações internacionais são o espelho fiel dessa dupla capitalismo-colonialismo, sejam elas a ONU – e as suas várias entidades, da Organização Mundial de Saúde (OMS) ao Alto Comissariado para os Direitos Humanos, ou ao Alto Comissariado para os Refugiados – o Banco Mundial, o FMI ou a OMC. Na medida em que os BRICS lutarem com êxito pela refundação dessas organizações ou pela sua substituição por outras, é possível que se criem condições para uma distribuição mais equilibrada da riqueza. Até onde pode ir esse equilíbrio depende do que será essa nova formação pós-capitalista. Como até hoje não existiu capitalismo sem colonialismo, ninguém pode garantir que tal seja possível. Nem o contrário.

Colapso ecológico. Este é, sem dúvida, o grande problema e o grande desafio do nosso tempo, e também o único verdadeiramente novo enquanto problema político. Pode mesmo argumentar-se que o terror que suscita a possibilidade de uma guerra nuclear não é nada comparável ao que pode resultar do aquecimento global de 2° C acima dos níveis pré-industriais. A frustrante experiência internacional dos últimos vinte anos no sentido de impedir que tal ocorra faz prever o pior. Tenho defendido uma refundação radical dos conceitos de progresso, de desenvolvimento, de natureza, de direitos humanos para poder fazer frente a este desafio. Tal como o grande ecologista Giuseppe De Marzo, defendo que a libertação dos seres humanos não é possível sem a libertação da Terra mãe, a que indevidamente a cultura ocidental designa por natureza.[37] E como não é possível pensar o novo senão a partir do velho, tenho vindo a propor a ideia dos direitos da natureza como parte integrante de uma futura declaração (verdadeiramente) universal dos direitos humanos, já que a distinção entre vida humana e vida não humana deixou de ter qualquer sentido para efeitos de preservar a vida no planeta terra.[38] Faço-o na retaguarda da filosofia ancestral dos povos indígenas e camponeses e dos movimentos ecologistas orientados pela ideia de uma ecologia integral. Não há justiça social sem justiça natural. O nosso corpo é a miniatura fidelíssima da Mãe-Terra. Por isso, não podemos reivindicar uma vida sã num planeta doente, como nos lembrou recentemente o Papa Francisco.

Em face disto, e a julgar pelas posições de alguns países dos BRICS+ nas conferências da ONU para o meio-ambiente, suspeito que os BRICS serão mais parte do problema do que da solução. O único líder político de relevância internacional que tem uma consciência profunda dos desafios que enfrentamos neste domínio é o presidente Gustavo Petro da Colômbia, um país que não pertence aos BRICS.

O futuro da ONU. Tal como a sua antecessora, a Liga das Nações, fundada em 1920, a ONU nasceu no fim de uma guerra mundial e com o objectivo de prevenir a ocorrência de outra guerra. Tal como a Liga das Nações, a ONU foi criada para consolidar a vitória dos Aliados. No entanto, enquanto ao tempo da Liga das Nações o isolacionismo ainda dominava o Congresso norte-americano, o

---

[37] Ver *Ecologia Integrale.* Roma: Castelvecchi, 2021.

[38] Ver *Law and the Epistemologies of the South.* Cambridge: Cambridge University Press, 2023, 622-676.

que fez com que os EUA não aderissem à organização, no caso da ONU os EUA foram o seu promotor fundamental, o financiador principal, tendo até oferecido Nova Iorque para sede da ONU. As marcas da guerra estiveram bem presentes na institucionalidade das duas organizações (à semelhança do que acontece com os membros permanentes do Conselho de Segurança da ONU, no caso da Liga das Nações os membros do Conselho Executivo foram a Inglaterra, a França, a Itália e o Japão). A Liga da Nações teve de confrontar-se com a protecção das minorias dadas as inúmeras deslocações de populações que tiveram lugar no final da Primeira Guerra, tanto na Europa de Leste como nos Balcãs. O fracasso da Liga foi-se aprofundando à medida que se foi revelando a sua incapacidade para prevenir ou resolver os conflitos que iam surgindo entre Estados, nomeadamente a invasão da Manchúria pelo Japão em 1933 e a invasão da Etiópia pela Itália em 1935. Enfraquecida pela ausência dos EUA desde o início, a Liga das Nações foi-se debilitando com a saída da Alemanha em 1933 e do Japão e Itália nos anos seguintes. Com a eclosão da Segunda Guerra, a Liga das Nações passou a ser uma formalidade inconsequente.

No caso da ONU, o seu debilitamento vem de longe e por razões semelhantes às que ditaram o fracasso da Liga das Nações, ainda que os actores e os temas sejam agora diferentes. Sobreviverá a ONU ao primeiro genocídio de um povo (o povo palestiniano) transmitido em directo pelas televisões de todo o mundo? As marcas da Segunda Guerra estão bem presentes na actual institucionalidade da ONU e a sua desadequação às realidades actuais é cada vez mais óbvia. No caso da Liga, os países mais fortes responderam às frustrações com a saída. No caso da ONU, os BRICS+ são um facto novo e potencialmente influente pelas razões que invoquei acima. Se se transformarem num actor colectivo coerente, os BRICS+ têm suficiente poder e influência para seguir uma de duas estratégias: ou criar instituições multilaterais que vão esvaziando a intervenção da ONU e forçando a opção pelo multipolarismo ou promover uma profundíssima reforma da ONU que envolverá a organização no seu conjunto (o Tratado

Fundador, a Declaração Universal dos Direitos Humanos, etc.), as suas agências regionais e temáticas, a sua sede e o seu financiamento. Os EUA boicotarão por todos os meios qualquer destas soluções. Se o conseguirão ou não, depende de muitos factores, sobretudo da resolução da guerra civil interna que neste momento domina de modo latente a vida política norte-americana.

Alternativas credíveis

Nos últimos cem anos, as lutas contra as desigualdades, as injustiças e discriminações foram de dois tipos principais: as lutas entre esquerda e direita e as lutas pela libertação/autodeterminação das colónias europeias. Nem sempre se distinguiram claramente, pois que, por vezes, as lutas pela autodeterminação anti-colonial foram também designadas como lutas entre esquerda e direita, como, por exemplo, no caso da Argélia. No caso das democracias liberais, as lutas entre esquerda e direita começaram por ser lutas entre projectos de sociedade e de economia política (capitalismo *versus* socialismo ou comunismo); mas depois de Segunda Guerra Mundial passaram a ser lutas entre diferentes concepções de capitalismo (capitalismo liberal, capitalismo social-democrata) segundo a teoria da regulação e democracia (democracia liberal, social-democracia, democracia representativa, democracia participativa, democracia popular). Nos últimos dez anos, com a reemergência política da extrema direita e do fascismo, a dicotomia entre esquerda e direita passou a designar a luta entre a democracia e a ditadura ou democracia "truncada" ou "musculada". As lutas anti-coloniais começaram por visar a independência política das colónias e depois passaram a incluir as lutas anti-racismo e as lutas anti-patriarcais. Hoje, sobretudo depois da emergência dos BRICS+, parecem visar uma segunda independência, a independência económica ou o capitalismo sem colonialismo, como mencionei acima.

Neste momento vivemos um estado de bifurcação na vida das lutas sociais por uma sociedade mais justa e nenhum dos tipos de luta que identifiquei acima fornecem orientação política adequada. A bifurcação é entre a manutenção da distinção entre humanidade e natureza ou uma nova epistemologia e uma nova política que parta da simbiose entre humanidade e natureza. No primeiro caso, nem as lutas entre esquerda e direita, nem as lutas anticoloniais ou anti-patriarcais oferecem alternativas credíveis. A razão fundamental reside em conduzirem lutas fragmentadas contra a dominação moderna, lutas que, ora são economicistas contra o capitalismo, ora são culturalistas e identitárias contra o racismo e o sexismo. O neoliberalismo, nas suas múltiplas dimensões político-económicas, sócio-psicológicas, culturais e religiosas, é uma fábrica incessante de não-alternativas e de falsas alternativas. No segundo caso, a simbiose da vida humana e não humana (o fim da dicotomia entre humanidade e natureza) obriga a uma refundação, tanto das categorias de esquerda e de direita, como das categorias de autodeterminação e de libertação.

Conclusão

A resposta à pergunta sobre se a negociação com o imperialismo norte-americano salvará o mundo é não. Poderá, quando muito, adiar a sua destruição. Tal negociação é, contudo, fundamental para ganhar tempo, a fim de permitir a emergência e consolidação de forças políticas orientadas pela ideia da refundação epistémico-política que permita escutar a Madre-Terra e curar as suas feridas, que, afinal, são as nossas feridas.

Porque cresce o fascismo? Como travá-lo?

Para entender o surgimento e o crescimento de partidos de extrema-direita por todo o mundo e sobretudo na Europa é preciso recuar ao final da Primeira Guerra Mundial e analisar o turbulento percurso da democracia liberal desde então. A democracia liberal saiu triunfante da Primeira Guerra, mas o triunfo foi de pouca dura. A força da esquerda foi fatalmente atingida pela divisão entre socialistas e comunistas; a dissolução da assembleia constituinte russa em 1918 por Lenine, apesar de o partido bolchevique ser minoritário, pôs fim à esperança numa democracia não capitalista (a grande amargura de Rosa Luxemburgo). No final da década de 1920, os debates políticos já eram dominados pela direita, uma direita que desde 1918 fora sempre mais anti-comunista que democrática. Para isso, contribuíram a preeminência e o divisionismo dos parlamentos, a instabilidade política e a incapacidade de tornar efectivos os novos direitos sociais em face da ideologia económica liberal dominante, do domínio dos grandes financeiros privados e da persistente crise económica. Se o poder real estava nos patrões e nos sindicatos, a conclusão popular era que os parlamentos serviam para muito pouco.

Depois do grande trauma da guerra, a população queria paz, segurança e melhoria das condições de vida; os camponeses queriam a reforma agrária. Mas a democracia liberal trouxera sobretudo polarização social. A democracia foi sendo desertada, quer por aqueles que não a viam contribuir para a sua melhoria de vida, quer por aqueles, sobretudo jovens, para quem o liberalismo perdera o contacto com o mundo contemporâneo. Em 1934, o ditador português António Salazar (que manteve apenas um vestígio de parlamentarismo) afirmava que dali a vinte anos não haveria assembleias legislativas de tipo liberal na Europa. Duas propostas rivais suscitavam entusiasmo: o comunismo e o fascismo/nazismo (este último, por vezes combinado com um catolicismo conservador, cujo colectivismo consistia na defesa da família). Ambos propunham uma "Nova Ordem" e um "Homem Novo". Mas a sua atracção decorria sobretudo do fracasso da democracia, da fraqueza do Estado liberal e do aparente suicídio do capitalismo (hiper-inflação, desemprego, Grande Depressão). As propostas ultraliberais (mais tarde designadas como neoliberais) dos economistas austríacos Friedrich Hayek e Ludwig von Mises eram muito minoritárias e até ridicularizadas e só viriam a ser reabilitadas quarenta anos mais tarde, no Chile de Pinochet (1973), tendo-se convertido desde então na ortodoxia económica dominante. Na década de 1930, o liberalismo glorificava o individualismo egoísta e descurava o sentimento comunitário e as exigências de uma nova era colectivista. Uma atmosfera autoritária dominava a Europa e dizia-se que a época de democracia terminara – um tema recorrente.

No final da Segunda Guerra Mundial, a democracia regressou, de novo triunfante, ainda que agora numa Europa dividida, no contexto de Guerra Fria, entre o bloco capitalista ocidental e o bloco comunista soviético. É bom lembrar que a desnazificação foi muito mais eficaz no bloco soviético que no bloco ocidental e que os governos conservadores ocidentais foram muito mais duros contra a extrema-esquerda (alguns partidos comunistas ilegalizados e todos vigiados) do que contra a extrema-direita (os partidos neonazis foram ilegalizados, mas muitos nazis, sobretudo técnicos, foram integrados nos novos governos alemães ou foram contratados por agências norte-americanas). Entretanto, a democracia era agora diferente: orientada para o bem-estar dos cidadãos (Estado de Bem-estar), com forte intervenção do Estado na economia, tributação elevada e progressiva, negociação colectiva, e o crescimento económico e a prosperidade como palavras-chaves para fazer esquecer a luta de classes. A nova sociedade de consumo representava uma certa americanização da Europa, mas a intervenção do Estado na economia e os direitos sociais distinguiam o capitalismo europeu do capitalismo norte-americano. Obviamente, ambos eram colonialistas.

A partir da década de 1970, tudo começou a mudar. O *laissez faire*, que parecera enterrado na Primeira Guerra, e a dupla Hayek-Mises voltaram para ficar, a luta de classes reacendeu-se, mas desta vez como luta dos ricos contra os pobres e as classes médias. O anti-estatismo surgiu combinado com a mentalidade autoritária (do Estado protector ao Estado repressor), a direita passou a dominar a opinião pública e a fomentar a polarização social e a democracia voltou a entrar em crise. É neste contexto que estamos.

A história nunca se repete. São várias as diferenças importantes da Europa em relação ao mundo de há cem anos e essas diferenças repercutem-se de modo diverso no Sul global, sobretudo naquele mais dependente, política e culturalmente, do Norte global.

O fim da alternativa comunismo-fascismo/nazismo

A primeira diferença é que das duas alternativas que entusiasmavam a juventude dos anos 1920-30 – comunismo e fascismo/nazismo – só a segunda parece estar na agenda política dos desejos. Esta diferença tem um significado enorme. Não quer dizer que não haja hoje alternativas ao capitalismo em nome de democracias mais transformadoras que a democracia liberal. Mas tais alternativas não são, por enquanto, capazes de formulações sintéticas e agregadoras, nem são mobilizadoras de grandes massas de jovens, excepto eventualmente no tema ecológico.

Ao longo do século XX, a extrema-direita sempre teve duas versões distintas. Nos anos de 1920-30, a mais importante, de longe, era o fascismo propriamente dito, assente em líderes carismáticos, nacionalista, racista, combinado, por vezes, com o cristianismo conservador (o valor da família), impulsionado por um populismo de destruição dirigido contra o individualismo e a debilidade do Estado, uma extrema-direita que pretendia adquirir a dinâmica do partido de massas. Era um populismo diferente do actual, mas igualmente orientado para a destruição. As versões actuais são, por exemplo, o "anti-sistema" nos EUA, a "anti-imigração" na Espanha e noutros países do Norte Global, a "limpeza" em Portugal, ou a "motosserra" na Argentina. O populismo de construção era mais abstracto e vago, a "Nova Ordem" de Mussolini ou de Hitler imposta por um Estado autoritário tal como hoje, "Make America Great Again" de Trump, ou "Tornar a Espanha grande de novo", do partido Vox.

A segunda versão da extrema-direita, apesar de muito minoritária nas primeiras décadas do século XX, propunha-se substituir a força do Estado pela força do mercado. Era uma extrema-direita hiper-liberal, transcrita das propostas neoliberais da dupla Hayek-Mises, que via no Estado um custo a minimizar, nos impostos, um roubo, e na privatização, a solução para tudo o que pode dar lucro; era uma ultra-direita internacionalista, anti-carismática, individualista, hiper-moderna, elitista, que via a pobreza como uma questão individual que nada tinha a ver com o empobrecimento resultante de políticas económicas e sociais. Enquanto a primeira versão se afirmava socializante (nacional-socialismo) e queria um Estado forte, a segunda, apesar de residual, estava presente, era hiper-capitalista e pretendia converter o mercado no regulador principal das relações económicas e sociais, ou seja, pretendia um Estado mínimo centrado em manter a ordem.

Estas duas versões visavam o mesmo objectivo: usar o descontentamento popular perante a ineficácia da democracia como estratégia de poder e afirmação do capitalismo contra o comunismo. O fascismo tradicional usava a democracia para chegar ao poder, mas, uma vez no poder, não o exercia democraticamente nem o abandonava democraticamente. Isto é tão verdade de Adolf Hitler como de Jair Bolsonaro (Brasil) ou de Donald Trump (EUA). A versão neoliberal da extrema-direita admitia o colapso da democracia como um dano colateral das suas políticas económicas, cuja implementação era de longe o mais importante. Hayek, por exemplo, escreveu ao diário alemão *Frankfurter Allgemeine Zeitung* em 1977 a protestar contra a crítica injusta feita no periódico contra o regime de Pinochet no Chile; considerava o Chile de Pinochet como um milagre político e económico e invectivava contra a *Amnesty International,* considerando-a "uma arma de difamação da política internacional"[39]

Consciente dos seus interesses, o grande capital sempre se sentiu atraído por ambas as propostas de extrema-direita, e neste domínio as coisas não mudaram muito nos últimos cem anos. A grande diferença reside em que nas décadas de 1920-30 a ameaça do comunismo era real e as duas versões da extrema-direita eram ambas consideradas antídotos eficazes ao que então se adivinhava como suicídio do capitalismo ante a crise e a contestação social potenciadas pela atracção do comunismo. Ora, como

[39] Ver: https://jacobin.com/2023/09/neoliberalism-human-rights-democracy-dictatorship-chile-chicago-hayek-friedman-pinochet

hoje o comunismo não está na agenda política, as forças de extrema-direita têm de o inventar, considerando comunismo toda a intervenção do Estado na redução das desigualdades sociais. Para isso, constroem a ideologia do anti-comunismo assente em dois pilares: o quase completo controlo dos *media* corporativos e das redes sociais; e a religião política conservadora, sobretudo evangélica, mas também católica e sionista, que volta a construir o apocalipse à volta do comunismo e o transforma no anti-Cristo. Esta diferença em relação ao início do século passado torna o futuro da democracia ainda mais problemático.

A normalização do fascismo

A segunda diferença em relação às décadas de 1920-30 é a capacidade do fascismo para se normalizar como alternativa democrática, deixando, por isso, de ter de recorrer a golpes de Estado (como aconteceu com Hitler, Mussolini, Salazar e Franco). O caso paradigmático contemporâneo é o actual governo italiano dirigido por Georgia Meloni. Presidente desde 2014 do partido neofascista Fratelli d'Itália, Meloni dirige um país cuja Constituição proíbe a apologia do fascismo. Tal apologia, porém, foi feita da maneira mais frontal durante a conferência anual do seu partido (Atreju, 2023). Centenas de camisas negras reuniram-se em formação militar em frente da sede do partido neo-fascista que emergiu depois da guerra (Movimento Social Italiano), fazendo a saudação fascista. Meloni impediu qualquer repressão contra esta manifestação. No fundo, a normalização decorre da aproximação entre as políticas de direita e de extrema-direita na Europa. No caso das políticas de anti-imigração e anti-minorias, por exemplo, não existem diferenças entre as posições de Meloni e de Rishi Sunak, primeiro ministro do Reino Unido. A normalização é, por vezes, o resultado de propaganda subliminar. Por exemplo, o slogan fundamentalmente de esquerda do "orgulho Gay" é agora usado para promover "orgulho italiano". A normalização pressupõe um apoio dos *media* corporativos que não tem faltado a Meloni, como não faltou a Berlusconi (são os mesmos canais de televisão) e inclui a criminalização de jornalistas e políticos dissidentes, sem que tal faça soar algum alarme. Roberto Saviano, o grande lutador contra as máfias, tem sido alvo de perseguição criminal. A normalização atinge um novo patamar quando vai para além da classe política e se integra no quotidiano, como, por exemplo, quando um restaurante imprime na factura da conta o rosto do Duce.

O Estado de Bem-Estar

A terceira diferença entre as duas épocas parece, pelo contrário, afastar o perigo do fascismo, por agora. No caso da Europa, as condições são agora muito diferentes e não parecem favorecer extremismos. O Estado de Bem-Estar que se construiu na Europa depois da Segunda Guerra mundial e, em Portugal, Espanha e Grécia depois das transições democráticas da década de 1970, tem mostrado uma certa robustez apesar de todas as suas crises e tem contado com o apoio popular. Margaret Thatcher procurou destruí-lo no Reino Unido e não conseguiu. O Estado de Bem-Estar contribuiu para criar amplas classes médias pouco afectas ao extremismo. Não surpreende, pois, que a extrema -direita na Europa não invista hoje directamente contra as políticas sociais (só nos EUA a extrema-direita vê nestas políticas o fantasma do comunismo). Investe contra os impostos que as financiam e a corrupção do Estado (por vezes, real), esperando assim, de modo insidioso, chegar mais facilmente aos seu objectivos. Na medida em que as forças políticas progressistas consentirem na destruição do Estado de Bem-Estar, por exemplo, através da privatização dos cuidados de saúde, da educação ou do sistema de pensões, estarão a abrir o caminho ao fascismo do século XXI. Mais perigosas ainda são as privatizações disfarçadas tal como as parcerias público-privadas na saúde, os *vouchers* escolares no caso da educação ou o plafonamento no sistema de pensões.

A internet e as redes sociais

A quarta diferença entre as duas épocas é mais ambivalente no que respeita ao futuro da democracia. Refiro-me às redes sociais e à internet que não existiam há cem anos. Os *media* corporativos estão a perder o controlo da opinião pública para as redes sociais e essa perda representa uma clivagem geracional. É hoje consensual que as forças conservadoras sabem usar melhor as redes sociais que as forças progressistas, entre outras razões, porque dispõem de financiamentos vultuosos que as forças progressistas não têm. Mas as redes sociais criam lealdades voláteis e não sustentam mitos por muito tempo. Aliás, podem protagonizar mudanças de direcção bruscas, tanto da esquerda para a direita (veja-se o caso do Brasil em 2013, da reivindicação do transporte gratuito para o *impeachment* da Presidenta Dilma Rousseff) como da direita para a esquerda (no caso da Colômbia, do plebiscito de 2016 que a direita, usando *fakenews,* ganhou contra os acordos de paz, até ao movimento dos estudantes e depois de outros movimentos sociais, indígenas, de mulheres, sindicais que levaram ao poder Gustavo Petro em 2022). Obviamente, os dois movimentos não têm o mesmo peso, dada a natureza proprietária (privada) das redes e a falta de regulação democrática. Veja-se como a mudança da propriedade do *twitter* determinou de imediato a mudança em relação ao candidato à presidência dos EUA, Donald Trump. A ambivalência das redes reside em que estas são mais úteis no assalto ao poder do que na sustentação do poder.

Os movimentos sociais

A quinta diferença em relação às décadas de 1920-30 é a emergência dos movimentos sociais pós-colonialistas (indígenas e anti-racistas), feministas e ecologistas. É ela também uma diferença ambivalente para o futuro da democracia. Logo depois da

Primeira Guerra Mundial, o movimento operário era um gigante actor político e a questão da reforma política estava na agenda. À democracia liberal, então dita burguesa, opunha-se a democracia operária. Os conflitos entre socialistas e comunistas e a repressão estatal (policial e judicial) contra os adeptos da democracia operária enfraqueceram o movimento operário, e o que restava dele foi destruído pelas ditaduras que se seguiram.

Os movimentos sociais de hoje aceitam mais ou menos acriticamente a ideia de que só há um tipo de democracia, a democracia liberal, uma ideia que, até à década de 1970, estava longe de ser consensual. Com esta limitação, os movimentos sociais de hoje são, em geral, uma garantia da preservação da democracia e mesmo do aprofundamento desta, uma vez que lutam por que os direitos individuais e colectivos sejam ampliados e efectivamente cumpridos. Estes movimentos são geralmente hostilizados pela extrema-direita, mas a luta contra eles tem usado estratégias que podem neutralizar o potencial democratizante dos movimentos sociais.

No caso do movimento feminista, a estratégia da extrema-direita tem consistido em ser condescendente (por vezes, apoiante activo) para com as agendas dos feminismos brancos e de classe média porque estes não questionam a ordem capitalista. O identitarismo, ou seja, a identidade de género (ou racial) concebida como objectivo principal e exclusivo de luta social, isola as reivindicações destes movimentos das lutas pela redistribuição da riqueza e pela justiça social. Ao isolarem-se e ao não questionarem o conteúdo de classe da dominação capitalista moderna, estes movimentos são neutralizados no seu potencial transformador, e, por vezes, acabam por se encontrar no mesmo lado das lutas protagonizadas pela extrema-direita. Os feminismos do Sul global (feminismo negro, indígena, árabe) quando se manifestam nas metrópoles do Norte global através de imigrantes, por vezes nacionais de duas gerações, questionam a ordem capitalista e por isso são abertamente hostilizados, não só pela extrema-direita, como pelas outras forças políticas conservadoras.

No caso dos movimentos anti-racistas, a extrema-direita é abertamente hostil e, por vezes, violenta. O racismo está na matriz da extrema-direita ainda que hoje se manifeste por formas indirectas, por exemplo, na luta contra a imigração, no carácter altamente repressivo do controlo das fronteiras, no punitivismo desproporcionado com que investe contra indivíduos, comunidades e públicos racializados, na defesa privilegiada das reivindicações das forças policiais e na trivialização da brutalidade policial.

No que respeita ao movimento ecologista, a estratégia da extrema-direita é o negacionismo. A crise ecológica é considerada uma invenção da esquerda para impedir o desenvolvimento do capitalismo. O movimento ecologista, apesar de muito diverso, tem hoje potencialidades para questionar a tripla dimensão da dominação capitalista moderna – classe, raça e género – e, nesse sentido, fazer propostas anti-sistémicas em suas múltiplas dimensões (económicas, sociais, políticas e culturais). Na medida em que enveredarem por esse tipo de luta, estarão a defender a democracia no seu mais amplo sentido, incluindo na democratização da vida a democratização das relações entre a vida humana e a vida não humana. Serão certamente hostilizadas, não só pela extrema-direita, mas por todas as forças políticas institucionais.

Em conclusão

O fascismo cresce a) porque as políticas sociais do Estado de Bem-Estar têm vindo a ser cada vez mais subfinanciadas, resultando daí o aumento das desigualdades sociais e a polarização social que pode suscitar e à qual o Estado apenas responde com políticas repressivas; b) porque os movimentos sociais, ao deixarem de questionar o capitalismo (injustiça social, luta de classes), contribuíram para normalizar e banalizar as mais grotescas desigualdades sociais como se elas não fossem anti-democráticas; c) porque o fascismo se disfarça de luta pela democracia com o apoio dos *media* corporativos que lhe são em geral favoráveis, nomeadamente ampliando as reivindicações fascistas anti-imigração, a xenofobia, a promoção das polícias, a corrupção do Estado de Bem-Estar e a redução dos impostos; d) porque as outras forças políticas, quer de direita quer de esquerda, não têm tido a capacidade de desobedecer à ortodoxia neoliberal em vigor que impede a ampliação das políticas sociais, o que, a prazo, transformará a democracia em política de mal-estar que não merece o enorme custo de a manter em vigor; e) porque o fascismo tradicional aparece hoje como parte de uma família hiper-conservadora muito ampla, em que se inclui, a religião ultra-conservadora, sobretudo evangélica, sionista, islamista; f) porque a guerra jurídica por parte de um sistema judicial conservador contra as políticas e os políticos progressistas, ao aumentar a instabilidade social, tem sido uma alavanca eficaz (por na aparência não ser política) para promover a extrema-direita; g) finalmente, o fascismo cresce porque o consumismo e as redes sociais transferiram as preocupações dos indivíduos da vida pública para a vida privada; a justificação da apatia perante a democracia (não merece a pena votar porque as políticas são sempre as mesmas) transforma-se rapidamente na justificação entusiástica do anti-sistema.

Em face disto, travar o avanço do fascismo – um imperativo de todos os democratas – é uma tarefa política complexa e difícil, sobretudo porque tem de ser levada a cabo a vários níveis e em diferentes esferas da vida social e não apenas na esfera política. É, no entanto, possível porque nada está determinado de antemão. A mãe de todas as condições é que a democracia tenha um conteúdo concreto material, um impacto positivo na vida das classes populares (pessoas, famílias e comunidades) que lhes devolva a esperança na possibilidade de uma vida mais digna, uma sociedade mais justa e mais equitativa com a natureza. Para que tal seja possível, a pré-condição a curto prazo reside em que as políticas sociais públicas se mantenham, se diversifiquem, se ampliem e se articulem com as práticas de solidariedade, de reciprocidade e de cuidado que existem na sociedade e nas comunidades. Só assim se poderá evitar que se aprofundem as desigualdades e as discriminações sociais em sociedades cada vez mais complexas e culturalmente mais diversas. Dada a deriva fascizante em curso, penso que só alianças amplas e pragmáticas entre as diferentes forças políticas de esquerda poderão garantir a sobrevivência da democracia a médio prazo.

E Portugal, actualmente em período eleitoral?

Portugal e a Espanha são os países europeus com a experiência ditatorial fascista mais longa. A Primeira República Portuguesa foi um período de extrema instabilidade fortemente condicionada pela Primeira Guerra Mundial. Entre 1910 e 1925 teve oito presidentes, muitos governos e várias tentativas de golpe. Seguiram-se quarenta e oito anos de ditadura – convencionalmente dividida em dois períodos: ditadura militar (1926-1933) e Estado Novo (1933-1974) – a que a Revolução do 25 de Abril de 1974 pôs termo. Celebramos este ano os cinquenta anos do 25 de Abril.

À luz da análise precedente sobre a dinâmica do fascismo nas décadas de 1920-30, podemos dizer que, enquanto partido político, a extrema-direita tradicional fascista ou fasciszante renasce em Portugal com o partido Chega em 2019. É assim que o considera o prestigiado GPAHE (Global Project Against Hate and Extremism), acrescentando que a organização da juventude do partido (Chega Juventude) é ainda mais extremista que o próprio partido[40]. O Chega corresponde ao que designámos como extrema-direita tradicional, assente em líderes carismáticos, um partido nacionalista, racista, xenófobo, impulsionado por algum cristianismo conservador (o valor da família) e com aspirações a ser um partido de massas. Referi também que ao lado desta extrema-direita existia uma outra, pouco mais que residual, a qual, inspirada por Hayek-Mises, pretendia substituir o Estado pelo mercado como o grande regulador social. Essa extrema-direita afirma-se democrática, mas, tal como vimos nas declarações de Hayek sobre o Chile de Pinochet, admite a ocorrência da ditadura

[40] Ver: https://globalextremism.org/post/chega-youth/

como dano colateral. Ora, nas condições de hoje, propor privatização das políticas sociais públicas (a destruição do Estado de Bem-Estar), já de raízes bastante fracas no contexto europeu, como faz o partido Iniciativa Liberal, é ter de conviver com a possibilidade de a prazo a convivência democrática se tornar impossível.

Isto é tanto mais grave para a democracia quanto o facto de a direita tradicional, moderada, ter perdido o brilho e a cor (PSD, Aliança Democrática). Se esta direita se julgar na situação de querer chegar ao poder agora e a todo custo (confiante em que os portugueses se vão esquecendo da Troika), terá de concluir que só com duas bengalas anti-democratizantes chegará ao poder (Chega e IL). Se aceitar seguir esse caminho, terá de saber que será um caminho sem regresso. A "limpeza" começará dentro de casa.

No que respeita às forças políticas de esquerda, tenho vindo a teorizar e a analisar as virtualidades e os limites das alianças entre partidos de esquerda. Tenho vindo a defender que nas condições portuguesas, só as alianças entre forças políticas de esquerda poderão garantir a médio prazo a sobrevivência da democracia. Considero que a aliança que teve lugar entre 2016 e 2019 (designada por "geringonça") foi uma experiência muito positiva, apesar do seu fim lento e degradante que se consumou com a reprovação do orçamento de Estado para 2022. A tragédia multisecular que assombra o país, de estar nos tempos e nos lugares fora do tempo e do lugar, pode fazer com que no momento em que as vontades políticas de esquerda mais se dispõem a renovar as suas alianças, o tempo para elas tenha, por agora, passado. Haverá que esperar com paciência e, quando a oportunidade ocorrer, não a desperdiçar. A unidade das esquerdas é o único garante de que os portugueses do futuro celebrarão os 100 anos do 25 de Abril em democracia.

Europa, Israel e EUA: o triângulo da culpa

Em 1947, Karl Jaspers publicou um pequeno livro intitulado *A Questão da Culpa* (*Die Schuldfrage*)[41]. Era o tempo de uma Alemanha devastada no corpo e na alma, um povo pária, desonrado perante todo o mundo, vergonha da humanidade, governado de modo autoritário e militar pelos Aliados vencedores. Jaspers propõe quatro tipos de culpa: culpa criminal, culpa política, culpa moral e culpa metafísica. A culpa criminal é a dos que violam a lei nacional ou internacional e que devem ser julgados pelos tribunais (no caso, o tribunal de Nuremberga). A culpa política é a de todos os cidadãos de um Estado que cometeu tamanhas atrocidades, independentemente do papel activo ou passivo que tiveram na sua ocorrência. A culpa moral é a culpa de cada indivíduo perante a sua consciência, uma culpa que não se apaga pelo mero facto de ter obedecido ordens, a co-responsabilidade por nada ter feito para impedir tanta

[41] Karl Jaspers, *The Question of German Guilt.* Translated by E.B.Ashton. Nova Iorque: Fordham University Press, 2000.

monstruosidade, tanta barbárie, mesmo que fazer algo envolvesse risco de vida. Finalmente, a culpa metafísica (um conceito particularmente controverso) é a culpa de ter sobrevivido a tanta morte injusta, de ter presenciado tanto crime, mesmo sendo inocente; é, em última instância, a culpa perante Deus.

Apesar de muito rica, a distinção entre modos de culpa proposta por Jaspers não inclui um modo de culpa que me parece crucial na modernidade ocidental. Falo da culpa histórica, a culpa de um povo ter participado ou consentido no extermínio parcial ou total de outro povo. Pode dizer-se que a barbárie nazi visou um povo distinto, o povo judeu, mas a verdade é que visou também homossexuais, ciganos, deficientes, eslavos e que os judeus eram tão alemães quanto os seus assassinos, ainda que fossem também exterminados judeus polacos, ucranianos, russos, húngaros e muitos outros. A culpa histórica é o lastro existencial que fica no âmago de um povo que beneficia objectivamente do sacrifício injusto de outro povo, mesmo que tal sacrifício tenha ocorrido há muito. Na modernidade ocidental, o colonialismo e todas as atrocidades que o acompanharam (genocídios, escravatura, trabalho forçado, deportações, roubo de terras e de bens culturais) são o lastro principal da culpa histórica e, por isso, o que mais notoriamente justifica reparações.

Não me pronuncio sobre a culpa metafísica de Jaspers porque não me reconheço nos pressupostos religiosos que a sustentam, mas todas as outras, mais a culpa histórica, têm toda a relevância para entender e julgar o genocídio em curso do povo palestiniano. Comecemos pela culpa histórica. De modo diferente, mas convergente, a Europa, os EUA e Israel partilham o mesmo tipo de culpa. É uma história profundamente imbricada e cheia de cumplicidades e antagonismos. A Europa protagonizou o colonialismo moderno e justificou-o em nome de um princípio que foi adoptado em múltiplas situações até ao presente, o princípio da superioridade civilizacional ancorado em superioridade racial. Esse princípio teve três manifestações principais: o princípio do povo escolhido dos colonialistas norte-americanos, do povo racialmente superior dos alemães nazis – o povo dos senhores (o

Herrenvolk) – e o povo escolhido do Deus hebraico. A especificidade desta última manifestação reside em que o povo judeu tanto foi vítima da superioridade racial nazi como se transformou em carrasco do povo palestiniano ao assumir a forma de Estado sionista. A partir da sua imensa tragédia como vítima, foi criada a oportunidade para se transformar em agressor. Ou seja, a criação do Estado de Israel é o duplo resultado do crime hediondo contra o povo judaico (reduzido a metade em resultado do holocausto) cometido pelos alemães no período nazi. E resultado também do colonialismo europeu, que tornou possível a criação do Estado de Israel num protectorado colonial inglês, o território da Palestina, uma criação e ocupação tipicamente coloniais (colonialismo de povoamento), feitas sem consulta dos povos que aí viviam.

Mas a imbricação recíproca das múltiplas refracções do colonialismo e do racismo não terminam aqui. Israel e EUA partilham a mesma pulsão genocida que subjaz ao colonialismo europeu. Os EUA têm a sua origem numa colónia que, ao tornar-se independente de Inglaterra, se transformou num Estado colonial e, como tal, possuído pelo ADN genocida. Os EUA são o país que hoje conhecemos graças ao genocídio dos povos indígenas, tal como o Estado de Israel é, desde o início, um Estado colonial em cuja matriz está inscrito o genocídio do povo palestiniano, um genocídio cometido gota a gota desde 1948, e agora em vias de ser consumado com a mais selvática brutalidade.

O Estado de Israel, qualquer que seja o desfecho das atrocidades em curso, está a ser considerado um Estado pária por muitos países e por boa parte da opinião pública do mundo. Tal como o foi a Alemanha após a derrota do nazismo. Aqui levantam-se duas questões.

A condição de Estado pária

A primeira questão consiste em saber porque é que os EUA, apesar de estarem igualmente assentes num genocídio (o genocídio dos povos indígenas), nunca foram considerados um Estado pária. Certamente o foram pelas autoridades indígenas, tão escandaloso era o atropelo dos tratados-armadilha celebrados entre os colonialistas e os povos originários, mas a voz destes raramente foi ouvida. Aliás, para além de todas as conveniências políticas, para além de os interesses do Estado de Israel terem uma presença bem instalada no interior do Congresso norte-americano, para além de não se saber qual dos dois Estados é cliente do outro, a dificuldade em os EUA condenarem Israel reside, em última instância, no facto de ambos partilharem a mesma condição do genocídio original. Ao deslegitimar Israel, os EUA estariam a pôr em causa a sua própria história.

A razão pela qual os EUA não foram considerados pela comunidade internacional como Estado pária é porque, ao tempo da sua fundação, mais de noventa por cento do planeta Terra estava sob domínio (efectivo ou indirecto) do moderno colonialismo europeu. Estávamos no auge da orgia colonial europeia. Hoje, pelo contrário, estamos a viver a agonia de uma ordem internacional que foi precisamente criada depois do holocausto para que mais nenhum crime desse tipo fosse cometido.

Ao mencionar a culpa criminal, Jaspers considera que o tribunal de Nuremberga, apesar de todas as limitações jurídicas e de representar a justiça dos vencedores contra os vencidos, significava o embrião de uma nova ordem internacional onde de novo fosse possível falar de humanidade como um todo e da igual dignidade de todos os seres humanos. Essa ordem viria, de facto, a emergir pouco depois com a criação da ONU e com todas as convenções e tratados que se seguiram para impedir a repetição de tamanha atrocidade. A própria NATO não foi criada apenas contra a União Soviética. Foi criada também contra a Alemanha. O embrião dessa ordem internacional tinha surgido depois da Primeira Guerra Mundial com a criação da Liga das Nações e, apesar de esta ter sido arruinada em grande medida pelo expansionismo nazi, foi em nome dos seus princípios que a Alemanha derrotada foi considerada um Estado pária.

Como previa Jaspers, "o mundo vai desconfiar de nós durante muito tempo" (2000: 10); e acrescentava que isso era o que caracterizava a condição de Estado pária. A ordem criada em 1948 tem vindo a ser subvertida desde 1991 (fim da União Soviética) pelo país que a protagonizou, os EUA. É em nome dessa ordem que Israel corre o risco de se transformar num Estado pária. Se essa ordem soçobrar, o que virá depois pertence ao reino da máxima incerteza. Com a cumplicidade dos EUA, Israel está a desferir contra si próprio um golpe que lhe pode ser fatal.

Vitória ou derrota?

A segunda questão diz respeito ao significado político da acção militar israelita em Gaza. A Alemanha foi considerada um Estado pária porque foi derrotada. Em 1938, o *Times* de Londres publicava uma carta aberta de Churchill a Hitler em que Churchill, entre outras coisas, escrevia: "Se a Inglaterra tivesse sofrido um desastre comparável ao que a Alemanha sofreu em 1918, eu rezaria a Deus para que nos enviasse um homem com a sua [de Hitler] força de espírito e de vontade" (2000: 88). Está Israel a vencer esta guerra ou a ser derrotado? No plano do campo de batalha, é difícil responder, mas no plano do julgamento da comunidade internacional, pode já hoje concluir-se que Israel foi já moralmente derrotado. A ordem internacional erigida em 1948, apesar de recheada de retórica dos valores universais, foi uma ordem imperfeita e injusta. Não condenou o colonialismo e, no mesmo ano em que foi criada a ONU e proclamada a Declaração Universal dos Direitos Humanos, foi criado o Estado colonial de Israel e institucionalizado o sistema de Apartheid na África do Sul. Apesar de tudo isso, a nova ordem apelava ao reconhecimento da humanidade como um todo, composta de povos, comunidades e indivíduos dotados de igual dignidade, e à solução pacífica dos conflitos. Esse lado positivo ainda está presente no espírito de alguns líderes políticos e no imaginário da opinião pública global. São disso testemunho a corajosa queixa da África do Sul contra Israel no Tribunal Internacional de Justiça, secundada por outras queixas convergentes por parte de outros países. Igualmente corajosa foi a afirmação do Presidente Lula da Silva em 17 de Fevereiro de 2024 na abertura da 37ª Cúpula da União Africana contra as operações militares de Israel em Gaza e toda a turbulência internacional que suscitou.

Esta ordem internacional tem vindo a ser violada impunemente pelos EUA, e tudo leva a crer que Israel siga esse exemplo, fazendo prevalecer os seus interesses. Será possível, nessas condições, falar de derrota? Segundo Immanuel Kant, a guerra deve ser conduzida de modo a que seja possível a reconciliação no fim das hostilidades (2000: 48). É sabido que Hitler conduziu a guerra em clara contravenção da sabedoria de Kant. Não é possível reconciliação com um povo exterminado ou com cadáveres esquartejados. É esse o modo como as forças armadas israelitas estão a conduzir a guerra em Gaza, cometendo rotineiramente crimes de guerra e crimes contra a humanidade. Certamente argumentarão que os vencedores dispensam a reconciliação. Mas, no mundo de hoje, que ousa pensar em humanidade no seu todo e na igual dignidade da vida humana, todos somos Palestina. Com essa Palestina em sentido amplo, a reconciliação com Israel nunca será possível, ganhe ou perca a guerra no campo de batalha. A grande vitória da Palestina foi transferir o critério que decide vitória ou derrota do campo de batalha para o campo da ética internacional. E neste campo Israel está definitivamente derrotado. Como dizia amargamente Jaspers a respeito do seu país, o mundo vai desconfiar de Israel durante muito tempo.

Esta desconfiança não é uma desconfiança como as outras. É uma desconfiança em relação à estrutura política que diz representar um povo que foi vítima da brutalidade de Hitler e que todos os democratas do mundo defenderam contra o vírus do anti-semitismo que precedeu em muito o extremismo de Hitler e que continuou depois de Hitler no pensamento e nas acções de grupos de extrema-direita. Como é possível que essa extrema-direita domine hoje a política de Israel e a sua propaganda internacional invista contra todos os que defenderam a causa judaica? Nós, que sempre lutámos contra o anti-semitismo, não nos enganámos. Israel está tragicamente enganado. É crucial que não confundamos o povo judeu com o Estado judaico de Israel. É crucial que os democratas do mundo se preparem para duas lutas dificílimas. Por um lado, continuar a defender o povo palestiniano, certos de que, com excepção dos EUA, os Estados coloniais nunca venceram, e os povos colonizados conseguiram, à custa de muito sangue inocente, conquistar a sua libertação. A Palestina vencerá. Por outro lado, acolher os cidadãos de Israel, judeus e não judeus, que no fim da guerra (ela sempre terá fim) sentirão que apenas características negativas os unem: a culpa política, moral e metafísica (para os crentes) de terem consentido ou sobrevivido a tanta crueldade selvagem; a desconfiança do mundo futuro em relação a um povo que, tendo sofrido tanto, julgávamos incapaz de causar o genocídio de outro povo; o sentimento de perdição de serem vistos como uma não-comunidade depois de séculos a lutar por uma identidade comum.

Condeno firmemente as acções violentas do Hamas contra a população civil, mas recuso-me a considerar o Hamas uma organização terrorista[42]. Israel é um Estado colonial e a história ensina-nos que os povos colonizados procuraram sempre uma solução pacífica para o fim da dominação colonial. Recorreram à luta armada como último recurso. Ainda me lembro bem de como a imprensa portuguesa em 1973 considerava Amílcar Cabral (Guiné-Bissau), Samora Machel (Moçambique) e Agostinho Neto (Angola) como perigosos terroristas perturbadores da paz e da ordem nas "nossas províncias ultramarinas", a designação usada pelo colonial-fascismo para se referir às colónias portuguesas. Um ano depois, esses mesmos "terroristas" eram celebrados nos seus países como heróis libertadores. Graças ao papel que

[42] O uso de túneis contra o opressor foi igualmente usado pela resistência judaica, por exemplo, no *guetto* de Varsóvia e no *guetto* de Novogrudok (hoje Bielorrússia). Consultar Colin Miazga, Paul Bauman, Alastair McClymont, and Chris Slater, "Geophysical investigation of the Miła 18 resistance bunker in Warsaw, Poland", *First International Meeting for Applied Geoscience & Energy Expanded Abstracts,* (https://doi.org/10.1190/segam2021-3594939.1); Eran Zohar, "Jewish subterranean operations in major east European ghettos", *Holocaust Studies A Journal of Culture and History,* Volume 26, 2020 - Issue 1,1-37; Betty Brodsky Cohen, "The Warsaw Ghetto Uprising and the Novogrudok Tunnel Escape", *The Jerusalem Post,* 19 de Maio de 2022.

as lutas anti-coloniais tiveram no derrube do regime fascista, os novos heróis eram igualmente celebrados em Portugal, finalmente libertado pela Revolução dos Cravos (25 de Abril de 1974) da ditadura de Salazar, que durara 48 anos. Foi *apenas* há cinquenta anos. A história tem uma paciência que excede a paciência dos humanos.

A Revolução do 25 de Abril cinquenta anos depois

Desde há quarenta anos que escrevo um artigo sobre cada década da revolução do 25 de abril de 1974. A análise das prioridades interpretativas ou prospectivas mostra que ao longo dos anos me fui enfrentando com dois ressentimentos, um principal e outro secundário, aos quais fui respondendo, sem ressentimento, mas com argumentos e justificação de opções políticas. Refiro-me ao ressentimento da oportunidade perdida e ao ressentimento do passado perdido. No decurso deste longo período, os dois ressentimentos mudaram as suas posições de relevo relativo. O primeiro ressentimento dominou nas primeiras três décadas e o segundo tem vindo a dominar desde então.

Há dois tipos de ressentimento: o histórico-ideológico e o interpessoal-comunitário. Em ambos os casos, trata-se de emoções ou sentimentos que dramatizam danos considerados injustos pela via ético-moral e, portanto, não política. Implicam sempre a existência e celebração das vítimas. Os dois tipos de ressentimento demonizam o agressor, e, no caso do ressentimento histórico-ideológico, o arrependimento ou reparação é muito mais difícil senão mesmo impossível. Nos ressentimentos em que abunda a sociedade contemporânea encontramos componentes dos dois tipos de ressentimento, mas é sempre possível detectar nuances e prevalências. Neste texto trato exclusivamente do ressentimento histórico-ideológico.

O ressentimento da oportunidade perdida.

A revolução do 25 de Abril de 1974 desencadeou duas energias políticas extraordinárias porque combinadas: democracia e socialismo. Depois de 48 anos de ditadura a democracia estava no cerne da revolução. Ocorria uns anos depois do movimento estudantil de 1968, que teve em Coimbra um percursor em 1962, e um ano depois do golpe de Pinochet contra o regime socialista democrático pretendido por Salvador Allende. Sem dúvida que no campo socialista surgiram posições extremistas que não queriam a democracia representativa por a considerarem burguesa; dividiam-se entre os adeptos do sistema soviético, albanês ou chinês. Verdadeiramente hegemónica era a ideia do socialismo democrático. Foi consagrado na Constituição de 1976 e os próprios partidos que hoje são de direita se consideravam defensores do socialismo. A ideia do socialismo democrático estava inscrita nas aspirações populares, mesmo que não se soubesse bem em que consistia. Recordo-me de que em 1980 – nessa altura eu fazia a ligação entre a Universidade de Coimbra e o Movimento dos Capitães (MFA) de Coimbra, comandado pelo tenente-general Franco Charais – o Reitor me pediu para visitar a Jugoslávia a fim de conhecer o sistema socialista autogestionário, que era antissoviético, mas sobre o qual se sabia pouco, e escrever um relatório sobre o assunto. Passei um mês nesse país e também na Albânia (para contrastar), mas quando voltei o interesse pelo socialismo havia murchado.

Em 1985, escrevia eu: "A sociedade portuguesa vive hoje uma atmosfera de reservada expectativa. Os últimos dez anos foram o desenrolar de um processo de transformação social muito complexo cujas implicações não são ainda plenamente visíveis. Teme-se e, ao mesmo tempo, deseja-se que o futuro seja diferente dos muitos passados recentes de que resultou o nosso incerto presente. Tudo ou quase tudo começou com o 25 de Abril de 1974, sem dúvida o acontecimento mais marcante da história contemporânea do nosso país. Conhecer em profundidade o que então (e depois) se passou e porque se passou constitui a chave para compreender muitas das nossas interrogações de hoje e é, portanto, um desafio para os cientistas sociais e, em geral, para todos nós, cidadãos comprometidos com o devir histórico do nosso país[...] lançar um debate científico, com o já possível recuo histórico a partir deste momento [1985], sobre esta importante data da nossa contemporaneidade, um processo social rico e complexo que percorreu (profundamente? superficialmente?) a realidade portuguesa com modelos de desenvolvimento e planos políticos, com projectos de acção e programas de futuro, que foram outras tantas linhas com que se coseram as rupturas e as continuidades entre a sociedade emergente e a sociedade antiga que lhe foi resistindo com a força feita dos anos". Não se problematizava a democracia, que se tinha como um bem incondicional e irreversivelmente adquirido, mas o socialismo já era algo longínquo, substituído pela sua versão capitalista –passe a contradição – da social-democracia. Os temas principais de reflexão eram "a cultura e os novos modos de vida; as transformações no direito e na administração da justiça; a luta pelo controlo da produção; os movimentos populares pela melhoria das condições de vida".

Quase trinta anos depois, em plena crise financeira-existencial que a intervenção da Troika (União Europeia-Banco Central Europeu-Fundo Monetário Internacional) significava, eu escrevia em 25 de Abril de 2011: "Vivemos o mais sombrio 25 de Abril depois daquele que há 37 anos, qual milagre profano, nos interpelou: levantai-vos e caminhai. Assim fizemos aos trancos e barrancos, vencendo desafios, caindo em armadilhas, até chegarmos a estes dias em que um deus estranho, porque trinitário mas sem graça, nos ordena: ajoelhai-vos e rastejai. É também um imperativo estranho, ainda que não inédito na nossa história, porque nos oferece a salvação a troco de perdermos a alma.

Estamos a assistir ao desenvolvimento do sub-desenvolvimento do nosso país e aparentemente assistimos passivamente. Como se o país fosse um lugar distante, habitado por gente que conhecemos mal, por quem não temos especial estima e que certamente merece o fardo que lhe cabe carregar. Ouvindo ou lendo alguns comentadores dá a impressão de que são alemães a falar do nosso país. Dissecam a realidade nacional como se fossem médicos legistas, esquartejando o cadáver, como se não fossem parte dele. Outros, super-ricos, a quem o dinheiro dá direito à sabedoria encartada, declaram-se revoltados com a pobreza e as pensões de miséria, como se a pobreza fosse um pecado de que a sua riqueza está inocente. E quase todos flagelam o país, como se as causas da nossa crise financeira não fossem sistémicas e, portanto, em parte, estranhas à nossa acção, por mais desastrada que esta tenha sido. A auto-flagelação é a má consciência da passividade e não é fácil superá-la num contexto em que a passividade, quando não é querida, é imposta. A chegada a Lisboa da trindade UE-BCE-FMI constitui simbolicamente um activismo de alta intensidade que contrasta com a nossa incapacidade de agir. Estamos a ser agidos. Nosso é apenas o nome em nome do qual outros agem para o bem que só é nosso se for também deles. Para agirmos temos de desviar os olhos desta paisagem e caminhar no escuro por alguns momentos até chegarmos às suas traseiras para ver os andaimes que a sustentam, observar a azáfama que por lá vai e identificar os lanços vazios à espera da nossa acção. Não precisamos de capitães, mas precisamos da lucidez e da coragem que alguns deles tiveram, há 37 anos, para agir sem temer as reacções dos mercados ou as notas das agências de rating".

Este texto era parte de um livro, Portugal: ensaio contra a autoflagelação (Almedina 2012), que, apesar de analítico, representava o fim da ideia (e do ressentimento) da oportunidade perdida. A partir daí dominaria outro ressentimento.

O ressentimento do passado perdido

A última década tem sido caracterizada globalmente pelo crescimento da extrema-direita enquanto expressão politicamente organizada. Em Portugal a sua organização foi mais tardia e chegámos a atribuir isso à força da revolução de 1974. Mas as eleições de Março passado mostraram que Portugal, não só não estava imune a essa onda, como a cavalgava com mais ousadia que outros países europeus. Há pontos de convergência tanto nas causas deste fenómeno global como nas formas que assume. As manifestações mais comuns da extrema direita são: nacionalismo xenófobo e anti-imigrante; anti-sistema, que engloba mais do que o sistema político e abarca as relações sociais; racismo e sexismo; a ideia de que todo o uso do poder é abuso de poder, excepto quando se trata das forças de repressão e de segurança, onde todo o abuso de poder é uso legítimo de poder; uso instrumental da democracia com a subversão da separação de poderes e a banalização progressiva das violações dos procedimentos democráticos liberais; naturalização das desigualdades sociais; Estado de proteção social mínimo ou só para "nós" e Estado repressivo forte e só para "eles".

No caso português a extrema direita assume a forma de ressentimento de dois passados perdidos: o colonialismo, como expressão de grandeza e de civilização, e a ditadura de Salazar como tempo de ordem e de expectativas à medida das limitadas possibilidades do país. Como se vê, são dois passados assentes em duas ideias contraditórias da identidade do país. Uma, invocando grandiosidade desafiante, ousadia desproporcional às possibilidades reais e, por isso, bem-sucedida; outra, invocando mediania, humildade, contenção, argúcia no manejo das limitações e, por isso, bem-sucedida. É próprio deste tipo de ressentimentos que os passados, quaisquer que tenham sido, foram melhores que o presente. As contradições só se notam quando se sai do universo do ressentimento.

A revolução do 25 de Abril implicou uma ruptura profunda com os dois passados. A ruptura com o passado colonial foi irreversível porque, em boa medida, não dependeu dos portugueses e sim dos movimentos de libertação anti-colonial. À revelia do que sustenta o ressentimento colonialista, as relações com o mundo ex-colonial continuaram e diversificaram-se, mas obviamente expurgadas da violência colonial e orientadas para benefícios recíprocos e multilateralmente estabelecidos. Por sua vez, a ruptura com o passado ditatorial também se pretendeu irreversível, até porque o regime fascista tinha depositado o seu futuro na manutenção das colónias. Mas a irreversibilidade da democracia sempre foi menos certa que a do fim do colonialismo, não só porque dependeu apenas dos portugueses, como também porque cedo cortou o cordão umbilical com o socialismo que a sustentou no início. A questão da irreversibilidade toma a democracia liberal como uma entidade fixa e inequívoca, o que é desmentido pela realidade todos os dias. O que vale uma concha de ostra sem uma ostra dentro? O que será a democracia se os cidadãos e as cidadãs votarem maioritariamente em partidos de extrema-direita que usam a democracia para chegar ao poder, mas, uma vez no poder, não o usam nem aceitam perdê-lo democraticamente?

Tanto para o caso português como para o fenómeno global tem-se dito que a nova extrema-direita, ao contrário da do século passado, não recorre ao fascismo de partido único. No plano formal assim parece ser, mas a realidade é bem mais complexa. O neoliberalismo do pós-queda do Muro de Berlim constitui um novo estádio de luta de classes que visa eliminar a relativa distribuição de riqueza que as lutas sociais das classes trabalhadoras conseguiram a muito custo ao longo do século passado. Tal como os direitos humanos, a democracia tem vindo a ser celebrada ao mesmo tempo que é esvaziada de conteúdo material na vida concreta das famílias. Nas actuais condições, o custo político de eliminar as políticas sociais em democracia é muito mais baixo do que o fazer em ditadura. Mas ninguém pode prever até quando.

É que o outro pilar do neoliberalismo foi globalizar o poder político-financeiro real (centrado num círculo pequeno de países dominantes), mantendo os conflitos políticos democráticos a nível nacional. Esta descoincidência, combinada com o controlo da opinião mediatizada, políticas sofisticadas de vigilância e mudanças tecnológicas na organização do trabalho, desarmou quase por completo as lutas sociais por uma sociedade mais justa. Se não for possível reconstruir essas lutas, a própria democracia será desarmada sem ser eliminada. O Presidente Julius Nyerere da Tanzânia disse certa vez que os EUA também eram um regime de partido único, só que com a especificidade de serem dois. A democracia, mesmo que esvaziada, é sempre melhor que a ditadura, mas só para aqueles que podem beneficiar dela. E são cada vez menos. As máscaras do ressentimento colonialista e fascista escondem a cara de gente simples e sem voz que tem a sensação de ter perdido o pouco que tinha e nenhuma esperança de o reaver.

Neste ano, mais do que nos anteriores, "o que faz falta é animar a malta", para lembrar José Afonso. E para o fazer são precisas políticas e governos que ataquem o ressentimento sem ressentimento.

Os fantasmas da Alemanha

Um pouco de história bastará para se concluir que a Alemanha é há mais de um século um problema para a Europa. Os maiores ataques à paz da Europa vieram da Alemanha. Não esqueçamos que a OTAN foi criada para defender o "mundo livre" tanto da União Soviética, como da agressividade autoritária da Alemanha. Nessa altura, a Alemanha estava derrotada e dividida, mas o perigo que esse *statu quo* se viesse a alterar era latente. A criação da União Europeia foi dominada pela mesma desconfiança em relação à Alemanha. Os dirigentes alemães do pós-guerra tudo fizeram para dar credibilidade à ideia da Alemanha como um país pacífico e a UE beneficiou muito da reconstrução económica da Alemanha, transformada em relativamente pouco tempo no motor económico da Europa. Além da sua prosperidade económica, a Alemanha afirmou-se com um país ético. A política inicial de Angela Merkel sobre a onda de imigração foi uma lição de responsabilidade histórica memorável. Tudo isso ocorreu sem nos darmos conta de que dois fantasmas assombram a Alemanha.

O primeiro fantasma é a Rússia e a derrota infligida pela Rússia (então União Soviética) à Alemanha na Segunda Guerra

Mundial. Com a *Ostpolitik* de Willy Brandt, esse fantasma parecia neutralizado para sempre, mas bastou a guerra da Ucrânia para se verificar que assim não era. Os objectivos geoestratégicos dos EUA, que incluem a neutralização da Rússia para atingir a China, encontraram na Alemanha a adesão mais entusiástica ou mais subserviente. O genuíno desejo de paz desapareceu rapidamente e a Alemanha começou a preparar-se para uma guerra que vai muito para além do fornecimento de armas à Ucrânia. A recente revelação dos planos militares alemães para a Crimeia são sinais disso mesmo e o Ministro da Defesa Boris Pistorius disse há pouco que "a UE deve estar preparada para a guerra antes do fim da década". A Alemanha convenceu-se de que estava bem acompanhada, tendo como aliada uma das potências que a derrotou na Segunda Guerra Mundial. A vitória seria certa e por isso os Acordos de Minsk 1 e 2 foram fogo de vista para dar tempo à Ucrânia para se preparar para a guerra. Afinal a previsão falhou e, pese embora toda a propaganda em contrário, a Rússia está a ganhar a guerra e as condições que no pós-guerra garantiram a prosperidade da Alemanha levarão muito tempo a reconstruir, se é que isso ocorrerá. Os EUA sairão da Ucrânia quando lhes convier, tal como fizeram no Afeganistão, no Iraque, na Síria e na Líbia, mas a Alemanha e a Europa ficarão reféns das consequências dessa saída. A Alemanha pensou que finalmente estava do lado certo da história e ainda não se apercebeu de que, para o bem e para o mal, a história rumou de novo ao Oriente, onde aliás esteve mais tempo na longa duração da história. A Alemanha e a própria Europa só acordarão deste desvario quando tiverem que explicar aos seus cidadãos que defender militarmente Taiwan faz parte da segurança europeia.

O segundo fantasma é o holocausto. O que se passa na Alemanha depois de 7 de Outubro é algo muito estranho. Compreende-se que a culpa histórica pelo horrendo crime que cometeu há apenas noventa anos a obrigue a inequivocamente afirmar o direito de Israel de se defender, e até a afirmar que a segurança de Israel é a *raison d'être* da Alemanha. Afinal, a existência de Israel é o resultado desse crime. O que não se compreende é o extremismo com que o faz. Qualquer crítica a Israel é considerada anti-semitismo, o Chanceler alemão repete à exaustão, contra toda a violência diariamente televisionada, que o comportamento de Israel se pauta "pelos princípios mais humanitários", qualquer protesto contra o genocídio (palavra proscrita) de Gaza é proibido, os próprios judeus alemães que se manifestam contra a política de Israel são censurados, os imigrantes, muito deles originários da região desestabilizada em boa parte devido à política agressiva de ocupação territorial por parte de Israel em contravenção com as resoluções da ONU, correm o risco de ser deportados se se manifestarem a favor da Palestina, visitantes estrangeiros que participem em colóquios onde o problema da Palestina seja abordado com alguma imparcialidade são proibidos de entrar ou banidos.

A luta contra o anti-semitismo é mais do que legítima e necessária, mas defendê-la desta forma é alimentar o autoritarismo, a xenofobia e a islamofobia e, em última instância, o anti-semitismo. É pactuar com o senso comum do Estado de Israel de que os palestinianos são seres inferiores, "animais humanos" que não merecem outra coisa senão extermínio, limpeza étnica. É passar um cheque em branco a um Primeiro-Ministro altamente impopular em Israel que, em face dos crimes de que está acusado, vê na continuidade e no alargamento da guerra a condição da sua sobrevivência.

A cumplicidade com o genocídio de Gaza está a ser levada a um extremo tal que nos faz observar, noventa anos depois, que os alemães estão de novo a normalizar um crime horrendo contra seres que reputam inferiores, crime desta vez não cometido por eles, mas pelas suas ex-vítimas de que se consideram incondicionais aliados. A perplexidade é tal que o extremismo alemão nos leva a perguntar se o apoio ao genocídio de Gaza se explica menos pelo desejo de expiar um crime horrendo do que por uma insidiosa e inconsciente vontade de o justificar. O inconsciente colectivo tem razões que a razão desconhece.

O não-alinhamento hoje

Já atrás me referi ao não-alinhamento. Agora analiso-o de um outro ângulo. O movimento original do não-alinhamento nasceu em 1961 no seguimento da Conferência de Bandung (Indonésia) realizada em 1955 em que participaram 29 países quase todos recentemente libertados do colonialismo europeu. Somavam 54% da população mundial, mas o seu peso na economia mundial era quase nulo.

Em 1955, não-alinhamento significava querer decidir sobre o modelo de desenvolvimento nacional sem ter de aderir a nenhum dos dois modelos rivais então vigentes: o bloco soviético, comunista, e o bloco ocidental, capitalista. O conceito de Terceiro Mundo decorre desta aspiração. As rivalidades entre eles começavam a cristalizar-se na Guerra Fria. As diferenças entre os dois modelos eram tão grandes que apontavam para dois modelos civilizacionais. De facto, a ideia do "homem novo" emergira desde o início do século XX na Europa como uma ideia civilizadora nova, tanto na versão soviética como nas versões fascista e Nazi, e apontava para algo ideologicamente muito distinto da norma capitalista que, depois de 1918, era crescentemente ditada pelos EUA. São conhecidas as divergências entre os participantes. O uso da força e do recurso à guerra para resolver conflitos, que dominara a política internacional desde o século XIX, era o tema que congregava mais unanimidade. O bloco soviético tinha uma vantagem comparativa, uma vez que, desde o Congresso dos Povos do Leste realizado em Baku (Azerbeijão) em 1920, reconhecera o papel dos movimentos de libertação colonial na luta contra o capitalismo e o imperialismo. O não alinhamento era sobretudo um estado de espírito, o espírito de Bandung. O jornalista Afro-Americano Richard Wright presente em Bandung descreve assim o ambiente de Bandung: "Só os homens morenos, pretos e amarelos que, sob os rigores do domínio colonial, há muito se tinham tornado conscientes da sua raça e da sua religião, poderiam ter sentido a necessidade de um tal encontro. Havia qualquer coisa de extra-político, extra-social, quase extra-humano; cheirava a ondas gigantescas, a forças naturais. E a convocatória para a reunião não tinha sido feita em termos de ideologia. A agenda e o tema tinham sido escritos durante séculos no sangue e nos ossos dos participantes. As condições em que estes homens viviam tinham-se tornado a sua tradição, a sua cultura, a sua razão de ser".

Os então jovens países do que hoje se designa por Sul global queriam fazer valer os seus interesses nacionais por via da cooperação de modo a focarem-se neles e não nos interesses que lhes eram ditados pelo Norte global. Entre tais interesses estavam o anti-colonialismo, o anti-racismo, sair do sub-desenvolvimento, ampliar as áreas de paz.

O Movimento dos Não-Alinhados foi desde o início contestado pelos EUA, já que para os EUA as ideias de neutralidade, neutralismo ou não-alinhamento eram anátema, enquanto a URSS foi fazendo pressão no sentido de intensificar a orientação anti-imperialista. Com isso, as divergências foram aumentando e o movimento foi perdendo relevância, o que se agravou com o fim da Guerra Fria.

Em 2024, a situação geopolítica e económica do mundo é muito diferente da de 1955. Que sentido faz hoje falar de não-alinhamento? Não alinhamento entre quê e para quê? Uma breve síntese da situação geopolítica actual ajuda-nos a definir os possíveis conteúdos políticos do não-alinhamento. Antecipo que o novo não-alinhamento é tão necessário hoje como em 1955, ainda que com conteúdos político-ideológico muito diferentes. Distingo entre um não-alinhamento fraco e um não-alinhamento forte.

O contexto geopolítico

Vivemos num mundo multipolar (ou mesmo bipolar) ainda que muito distinto do de 1955. Os dois polos de atracção geopolítica são os EUA e a China e as rivalidades entre eles estão a intensificar-se. Desenha-se uma nova Guerra Fria muito diferente da que existiu entre a União Soviética e os EUA. São três as diferenças principais entre 1955 e 2024.

1. Enquanto as diferenças entre os dois polos eram enormes em 1955, um comunista e o outro socialista, ao ponto de apontarem para diferentes opções civilizacionais, hoje essas diferenças são muito menores. É certo que os discursos e a auto-descrição dos regimes apontam para realidades muito distintas, mas na realidade dos factos as diferenças atenuam-se consideravelmente. Basta recordar que até há muito pouco tempo a China era considerada um parceiro estratégico dos EUA, algo que nunca acontecera com a União Soviética. Embora haja um debate sobre a natureza do regime económico da China (comunismo, socialismo, capitalismo de Estado?), a evolução da China nos últimos trinta anos e o papel que tem desempenhado na globalização da economia torna cada vez mais evidente que estamos perante duas variantes do mesmo modelo capitalista, de um lado, um capitalismo das multinacionais com o capital financeiro globalizado (EUA) e do outro, um capitalismo de Estado com o controlo estatal do sector financeiro (China). Vistos desta perspectiva, os dois sistemas têm mais em comum do que se pensa. As diferenças são importantes, mas ocorrem dentro do mesmo modelo de desenvolvimento económico capitalista. A opção socialista tal como era pensada em

1955 desapareceu. E com ela, desapareceu igualmente do léxico económico o seu contrário: hoje não se fala de capitalismo, mas de economia de mercado como se os mercados, que sempre existiram, tivessem sido sempre capitalistas. Uma ocultação tanto mais grave quanto, como tenho defendido, o capitalismo prevalece na medida em que se articula com o colonialismo (que continuou, sob outras formas, depois das independências políticas das colónias) e o patriarcado.

2. A segunda diferença em relação a 1955 é que nessa época havia uma diferença radical entre países democráticos (porque multipartidários) e países autocráticos (porque de partido único) ainda que estes reivindicassem para si próprios um outro tipo de democracia: democracia popular, democracia desenvolvimentista. Hoje as diferenças são muito mais ténues dado a degradação das democracias liberais nos últimos trinta anos. Não é arriscado dizer que enquanto a China é uma autocracia de partido único, os EUA são uma autocracia de dois partidos únicos. Aliás, isto mesmo foi afirmado com uma premonição extraordinária pelo Presidente Julius Nyerere em 1991: "Os Estados Unidos são uma democracia segundo algumas definições e não segundo outras. É uma plutocracia, mas o nativo tem direito a voto; portanto, é uma democracia! Mas os Estados Unidos têm muita sorte. Existem dois partidos; mas na realidade são um só partido! Ambos os partidos estão de acordo quanto aos objectivos nacionais básicos. A nível interno, ambos são altamente capitalistas. A nível externo, ambos são imperialistas. Por isso, as suas políticas não diferem muito. Não foi Kennedy que planeou a Baía dos Porcos. Foi planeada por Eisenhower e Kennedy levou-a a cabo, ou seja, tentou levá-la a cabo. Portanto, basicamente estão de acordo"[43].

Obviamente as diferenças de regime político entre os EUA e a China são muito significativas, sobretudo no plano interno, mas

[43] *Empowering People: Building Community, Civil Associations and Legality in Africa: Proceedings of an International Conference of Civil Associations Held in Arusha, Tanzania, August 1991*. Edited by Richard Sandbrook and Mohamed Halfani. Toronto: Centre for Urban and Community Studies, University of Toronto, 1993, p. 27.

em termos de geopolítica da democracia traduzem-se na diferença entre uma autocracia monolítica e uma autocracia pluralista.

3. A terceira diferença em relação a 1955 é a emergência da questão ecológica. Nessa altura o tema não passava de especulações filosóficas no Norte global e quando era tratado pelos países do sul Global tinha outras designações como, por exemplo, luta pela terra, pela reforma agrária, pelo controlo das explorações mineiras. A situação modificou-se radicalmente desde então e hoje só a China é responsável pela segunda maior percentagem de emissões de dióxido de carbono, a seguir aos EUA. Por sua vez, os países do Sul global têm concentrado as suas exigências na responsabilidade histórica dos países do Norte global e se não se distinguem por serem mais activos nos processos de transição ecológica é porque são muitas vezes vítimas desses processos quando adoptados pelo Norte global, o chamado colonialismo energético. Em suma, também neste domínio, os dois polos parecem mais semelhantes que distintos. O não alinhamento entre os dois polos pode não significar mais do que escolher entre a tempestade e a inundação. Em face disto, o novo não alinhamento tem hoje muitas dimensões todas elas urgentes. Distingo duas principais que designo, por falta de melhor termo, não-alinhamento fraco e não-alinhamento forte.

O não-alinhamento fraco

Como dei a entender na síntese que fiz acima, o mundo multipolar de hoje é um só sistema com duas variantes principais. Entre elas está a crescer uma Guerra fria, que, por não ser regulada (como aconteceu com a anterior), pode a qualquer momento deslizar em guerra quente. O não-alinhamento fraco é o que ocorre no interior deste sistema sem o contestar na globalidade. Mas não se pense que as opções são fracas ou não envolvem riscos, bem pelo contrário. O não-alinhamento fraco ou intra-sistémico tem duas características principais:

Neutralidade activa. Não apoiar e tudo fazer para prevenir a eclosão da guerra entre os dois blocos. Neutralidade activa é o que dantes se designava por neutralismo. Não se trata apenas de ficar fora dos conflitos de modo isolacionista e sem tentar intervir neles. Implica, pelo contrário, accionar políticas de intervenção activa para promover soluções pacíficas e prevenir a ocorrência de guerras. Dada a globalização e interdependência da economia e do mundo, a neutralidade activa será mais eficaz se ocorrer de modo regional e não em nome de países isolados. A neutralidade activa é assimétrica. Ninguém no Sul global acredita que a China deseja uma guerra com os EUA. A história ensina-nos que os impérios ascendentes avançam criando zonas de influência através de benefícios desiguais, mas recíprocos. A *Belt and Road Initiative* (BRI) é hoje a mais pujante afirmação disso. Ninguém no Sul global acredita que a Rússia seja um país militarmente expansionista. Pelo contrário, foi vítima do expansionismo europeu já que desde o século XIX foi invadido duas vezes por duas potências europeias, a França de Napoleão e a Alemanha de Hitler. A Rússia está a defender-se de uma nova forma de expansionismo, desta vez euro-norteamericano, a NATO. Aliás, a guerra da Rússia-Ucrânia, tal como a guerra Israel-Palestina, têm o mesmo objectivo de travar o grande rival dos EUA, a China, neutralizando os seus aliados mais importantes, sejam a Rússia ou o Irão. Os impérios em declínio, como é caso dos EUA, afirmam-se pela guerra, quando não são mesmo dominados pela máquina da guerra permanente alimentada pelo complexo industrial-militar. Os EUA têm hoje oitocentas bases militares espalhadas pelo mundo.

A neutralidade activa é muito similar ao que dantes se designava por neutralismo. Exige a não participação em pactos militares sejam eles promovidos pelos EUA ou pela China. Exige marcar distância em relação a qualquer deles no plano militar e promover, sobretudo a partir de uma base regional, seja ela a África ou a América Latina, iniciativas de intermediação e negociação pacíficas. O poder económico de alguns dos países do Sul global pode ser suficiente para ter algum impacto em travar a vertigem de guerra que se aproxima.

Não-alinhamento activo. Este conceito foi recentemente cunhado num livro de Carlos Fortin, Jorge Heine e Carlos Ominami, (Eds), *Latin American Foreign Policies in the New World Order: The Active Non-Alignment Option* (Anthem Press, 2023). Antes de tudo, é preciso salientar que a neutralidade activa e o não-alinhamento activo são duas políticas interdependentes porque quanto mais intensa e tensa for a rivalidade militar entre os EUA e a China menor é o espaço de manobra para os países do Sul global levarem a cabo políticas de não-alinhamento activo.

Tomando como centro da sua análise a América Latina, os autores salientam que o adjectivo activo tem um significado forte porque implica a política de uma região que tem hoje um peso significativo na economia mundial e fortes relações tanto com a China (principal investidor) como com os EUA. Na linha do que argumento aqui, o não alinhamento activo obrigaria a América Latina a sair dos acordos militares com os EUA porque estes vão ser cada vez mais orientados para forçar a América Latina a um alinhamento activo com os EUA e em todos os domínios, militares, económicos, instituições internacionais, etc.

Dois temas complexos emergem. No plano económico a situação é dilemática, pois enquanto os EUA continuam a advogar a pertinência económica do neoliberalismo apesar de todos os fracassos e a emergência de versões extremistas (Javier Milei, Argentina, Daniel Noboa no Equador, Nayib Bukele em El Salvador), a China propõe um capitalismo não neoliberal com forte intervenção do Estado e controlo estatal do capital financeiro. Neste domínio é difícil antever uma terceira via. No plano político, os EUA exigem neste momento não apenas alinhamento, mas vassalagem, tanto na Europa como na América Latina. Acresce que depois de Hugo Chávez, a América Latina não voltou a ter um líder interessado numa política autónoma do continente. A esperança agora reside em Lula da Silva, Presidente do Brasil, sem dúvida um dos líderes mais respeitados do mundo. Mas Lula está obrigado a centrar-se nos problemas internos do país dado o nível de destruição e de degradação institucional durante o período bolsonarista e o facto de ter contra si a maioria do poder legislativo e apenas uma tolerância insincera por parte de largos sectores das Forças Armadas.

No que respeita à neutralidade activa, talvez o continente africano tenha vantagens sobre a América Latina (apesar da crescente presença militar dos EUA em África), enquanto a América Latina tem vantagens no não-alinhamento activo. Uma articulação entre África e América Latina pode ser promissora neste domínio. Por sua vez, a Índia estará atenta a esse desenvolvimento e se se envolver activamente, a proposta do não-alinhamento activo (talvez combinada com a neutralidade activa) terá outra força.

O não-alinhamento fraco contém uma tensão que, com o tempo, tenderá a aumentar. Tal como no não-alinhamento original o bloco soviético oferecia vantagens difíceis de rejeitar, o mesmo sucede agora com a China. Aliás, a ideia do não-alinhamento aparece muitas vezes associado a Sul global e a mais consistente organização deste espaço geopolítico são os BRICS+ onde precisamente se inclui a China e onde esta tem grande protagonismo. Em que medida é possível falar de não-alinhamento? De algum modo, a Índia, sem deixar de pertencer aos BRICS, está a revelar uma autonomia que poderá ser seguida por outros países. No campo do não-alinhamento fraco caminhamos para uma solução assimétrica de maior proximidade com a China, mas mantendo distâncias determinadas por interesses nacionais ou lealdades regionais. Se, no fundo, se tratar de um alinhamento condicional, estou certo que a China o aceitará. Já o mesmo não aconteceria com os EUA que hoje, mais do que nunca, exigem alinhamentos incondicionais.

O não-alinhamento forte

O não-alinhamento forte assenta na ideia de que vivemos num tempo de transição entre paradigmas civilizacionais, entre o paradigma da civilização ocidental cujo domínio global começou com a expansão colonial europeia e um ou mais paradigmas emergentes ainda por determinar. Estamos, pois, num tempo de interregno no sentido que lhe deu Antonio Gramsci: o velho paradigma ainda não morreu completamente e o novo ainda não se mostrou de modo credível, um tempo de monstros ou de fenómenos mórbidos, como Gramsci acrescentava. Desta perspectiva paradigmática vivemos numa sociedade capitalista globalizada em que as rivalidades oficialmente reconhecidas visam a perpetuação do sistema mediante a mudança de protagonistas. As mudanças são de tempo longo, seculares, mas também podem resultar de catástrofes que aceleram os processos históricos.

A especificidade do não-alinhamento forte é a questão epistémica. No fundo, trata-se de saber que tipo de conhecimento deve orientar a compreensão do paradigma actual e estabelecer os quadros da sua transformação. O não-alinhamento forte exige novas epistemologias que eu tenho designado por epistemologias do Sul, em que o Sul não é geográfico nem sequer geopolítico. É sobretudo epistémico e está presente nas lutas sociais que ocorrem tanto no Sul geográfico como no Norte geográfico. Muito sucintamente, as epistemologias do Sul são constituídas por processos de validação de outros conhecimentos para além do conhecimento científico, conhecimentos nascidos nas lutas contra a dominação ocidental moderna – uma dominação capitalista, colonialista e patriarcal – por parte dos grupos sociais que mais sofreram com essa dominação: operários, povos colonizados, povos indígenas, camponeses, mulheres, etc. Em suas lutas, sempre circulou uma pluralidade de conhecimentos, incluindo conhecimentos científicos, mas também conhecimentos ancestrais, populares, vernáculos. Esses conhecimentos não-científicos foram desprezados, suprimidos, proibidos pelas epistemologias do Norte global, o que designo por epistemicídio. As epistemologias do Sul consideram que a ciência é um conhecimento válido, mas não é o único conhecimento válido e que, por isso, deve saber dialogar com outros conhecimentos. Visam recuperar esses conhecimentos na medida em que eles nos podem ajudar a pensar e a legitimar o novo paradigma civilizacional. Não se trata, pois, da adopção incondicional, romântica ou de celebração de alguma idade de ouro do passado. Trata-se de tornar possível um futuro mais justo nas relações entre os humanos e mais equitativo entre os humanos e a natureza.

Propostas para um não-alinhamento forte

1. Temos o direito a ser iguais quando a diferença nos inferioriza; temos o direito a ser diferentes quando a igualdade nos descaracteriza.
2. Não há direitos sem deveres. Os deveres devem existir na proporção da capacidade para impedir a violação dos direitos humanos e devem ser exigidos na proporção das consequências que podem resultar dessa violação. Os deveres não se podem limitar ao plano ético. O seu cumprimento deve ser exigido pelas ordens jurídicas existentes e a construir.
3. São reconhecidos os direitos da natureza entendida como princípio vital que sustenta a vida humana e não humana no planeta. Os deveres correspondentes incumbem ao Estado e aos cidadãos. As violações mais graves destes direitos constituem um novo crime contra humanidade/natureza: o ecocídio.
4. O respeito pela vida e pela dignidade implica o reconhecimento da diversidade infinita dos modos de conhecer e viver (n)o mundo e conceber a vida, a dignidade, o viver bem e o conviver bem.
5. O direito à educação deve ser entendido como o direito à diversidade dos conhecimentos sobre direitos e deveres entre os seres humanos e nas suas relações com a natureza. A educação, em geral, e a universidade, em especial, devem ser reformadas para intervir eficazmente na disputa das narrativas sobre a transição paradigmática que se vai seguir.
6. Os diferentes modelos de desenvolvimento, incluindo os modelos de desenvolvimento alternativo, devem dar lugar às alternativas ao desenvolvimento: desmercantilizar,

descolonizar, despatriarcalizar e democratizar. Fica proibida a obsolescência programada dos produtos industriais.

7. Os bens comuns são todos os bens que devem ser compartilhados por todos os seres humanos, homens e mulheres, sem discriminação, por serem essenciais para que a vida floresça e a dignidade prevaleça. É reconhecido o direito de livre acesso a bens comuns fundamentais como a água, o ar, o espaço, as florestas, os rios, os mares, as sementes, o espaço público, a cultura, a educação, a saúde, a electricidade, a informação, a comunicação, a internet.
8. A soberania alimentar deve ser um dos princípios orientadores da política agrícola. Os povos indígenas, povos descendentes de escravos, camponeses, têm direito aos seus territórios ancestrais ao seu sub-solo.
9. O rendimento básico universal é um dos instrumentos importantes para combater a crescente vulnerabilização dos trabalhadores e suas famílias, sobretudo tendo em vista o impacto da inteligência artificial nos processos produtivos.
10. A saúde é um bem público e não um negócio. As vacinas são um bem comum, público e universal. Devem ser produzidas tendo em atenção os interesses dos povos e disponibilizadas para serem de livre e universal acesso.
11. Deve assegurar-se a relocalização industrial de bens necessários para garantir a protecção da vida nas emergências recorrentes que previsivelmente vão caracterizar as próximas décadas. Pela mesma razão, o pequeno comércio e o comércio de proximidade devem ser as formas principais de distribuição de produtos ao consumidor.
12. Devido à sua pegada ecológica, a indústria internacional do turismo deve ter cada vez menos relevância na criação de riqueza e na geração de emprego.
13. O direito à urbanidade é tão válido quanto o direito à ruralidade. É urgente um novo tipo de relações entre o campo e a cidade. O rural não é anterior à cidade nem esta representa um estágio superior de convivência em

relação ao rural. As cidades devem ser redimensionadas e redignificadas.

14. Deve ser anulada a dívida pública dos países periféricos sempre que o peso desta impeça os países de cumprir os objectivos acima indicados. A partir do momento em que é declarada a existência de uma pandemia ou uma emergência de igual gravidade, ficam anulados todos os embargos e sanções económicas que impeçam os países atingidos de proteger a vida dos seus cidadãos.

Conclusão

Sem um horizonte pós-ocidental, as lutas do não-alinhamento não impedirão que o capitalismo se torne cada vez mais violento para com os humanos e para com a natureza. Trata-se de redistribuir de modo mais equitativo o medo e a esperança. Nos nossos dias, as grandes maiorias têm muito medo ante as vicissitudes do seu quotidiano e muito pouca esperança de que as coisas possam melhorar, enquanto uma pequeníssima minoria tem demasiada esperança que o mundo lhes continue a garantir os privilégios e muito pouco medo que isso não aconteça, por estarem convencidos que eliminaram ou cooptaram os inimigos. O não-alinhamento forte parte do princípio de que não será possível devolver a esperança às grandes maiorias sem incutir medo às pequeníssimas minorias.

Carta aberta aos jovens sobre a Terceira Guerra Mundial

Dirijo-me aos jovens na condição de alguém que pela idade não vai combater na próxima guerra mundial (Terceira Guerra Mundial) e talvez nem assista ao seu início. Queria apenas transmitir-lhes as seguintes ideias, que tenho por fundamentadas: estou convencido de que se aproxima uma Terceira Guerra Mundial; ao contrário das anteriores, o campo de batalha será todo o planeta e, pela primeira vez, incluirá o território dos EUA; por mais sofisticada que seja a tecnologia militar e a Inteligência Artificial que a suporta, vão ser necessários soldados no terreno que irão morrer aos milhões, juntamente com populações civis inocentes. Mais do que em qualquer guerra anterior; esses soldados serão os jovens e não os senhores da guerra, sejam eles os políticos (que nunca submeterão a referendo a decisão de fazer a guerra), sejam os empresários e accionistas das empresas do complexo industrial-militar; a única certeza que temos sobre a guerra é que sabemos quando começa, mas não quando acaba; a especificidade da Terceira Guerra Mundial é que, quando terminar (todas as guerras terminam), estará em risco, pela primeira vez, não apenas a sobrevivência da espécie humana, mas a vida não humana do planeta. É uma previsão distópica, mas suficientemente realista para que proliferem hoje religiões centradas na ideia do apocalipse. Ao contrário da delas, a minha mensagem é espinosiana, isto é, assenta na dialéctica do medo e da esperança. Eu sei que a maioria dos jovens, quando olha para o futuro, tem muito medo e pouca esperança. Se quiserem ter mais esperança é preciso estarem preparados para incutir medo aos poderosos deste mundo que, aparentemente, deixaram de ter medo dos seus inimigos e vivem numa orgia de esperança. Antes de prosseguir, quero afirmar aos jovens que, apesar de ter nascido na Europa, falo a partir do Sul global com as lentes das epistemologias do Sul. E, por essa razão, o que disse acima é apenas meia-verdade. Vista do Sul global, a Terceira Guerra Mundial já começou (basta ter em mente o Iraque, Afeganistão, Líbia e Síria). Quando falo da futura Terceira Guerra Mundial, quero apenas significar que a escala da guerra existente vai aumentar exponencialmente e que ela atingirá também os países do Norte global, a condição *sine-qua-non* para que algo se torne global, seja uma guerra ou uma pandemia.

O interesse em promover a guerra

Em todas as guerras há um país ou império particularmente interessado em promover a guerra. Na Primeira Guerra Mundial, o mais agressivo era o império alemão; na Segunda Guerra Mundial, a Alemanha de Hitler. Ninguém no Sul global acredita que a Rússia ou a China estejam interessados em promover a guerra. Os impérios ascendentes preferem relações soma positiva a relações de soma zero (como, por exemplo, a guerra). A sua ascensão e incremento da sua influência assentam em proporcionar vantagens reais aos novos aliados ainda que sujeitas a condições de subordinação. Por isso, privilegiam a diplomacia e o multilateralismo. Pode parecer estranho dizer que a Rússia não está interessada na guerra, quando foi a Rússia que invadiu a Ucrânia em 2022. Todos os activistas da paz, entre os quais sempre me incluí, condenaram essa invasão embora dissessem desde o início (o que se confirmou depois) que essa invasão fora provocada pelos EUA com preparativos que datavam desde o fim da União Soviética em 1991. O objectivo foi desde o início enfraquecer a Rússia e provocar o seu desmembramento. Em 1997, o político norte-americano de origem polaca Zbigniew Brzezinski propunha a divisão da Rússia em três grandes unidades. Foi a mesma lógica de enfraquecimento pelo desmembramento que presidiu ao bombardeamento em 1999 da Jugoslávia (ou Sérvia), aliada da Rússia, tornando assim possível instalar uma enorme base militar dos EUA-NATO no Kosovo. Nos meios estratégicos tem-se discutido muito a chamada armadilha afegã (*Afghan trap*), ou seja, os meios utilizados pelos EUA (de novo, na era Brzezinski) para induzir uma invasão do Afeganistão por parte da União Soviética em Dezembro de 1979 com o objectivo de a enfraquecer. Os detalhes não interessam para este texto, mas com base neles é possível suspeitar que a invasão da Ucrânia por parte da Rússia foi uma nova versão da *Afghan trap*, a *Ukraine trap*, com os mesmos propósitos, ainda que o desfecho possa ser muito diferente. A armadilha ucraniana começou a ser construída logo depois do fim da União Soviética, com a permanência da NATO depois do fim do Pacto de Varsóvia e com o projecto de inclusão da Ucrânia na NATO, ao lado de outros países que servissem de escudo contra a base naval da Rússia na Crimeia. Além da Turquia, que era membro da NATO desde 1952, juntaram-se à aliança a Roménia e a Bulgária (2004), faltando apenas a Geórgia, o que terá de passar primeiro pela estratégia de *regime change* (a mesma que foi utilizada na Ucrânia em 2014).

Quem promove a guerra não quer negociações reais de paz, mas encena sucessivos shows de propostas de paz sem a participação de uma das partes em guerra para que o ónus da continuação da guerra recaia sobre esta última e assim se alimente a guerra de propaganda. Foi assim que os EUA impediram a única genuína negociação de paz entre a Rússia e a Ucrânia que teve lugar dois meses depois do início da guerra. Para o efeito, foi facilmente mobilizado o então primeiro ministro do Reino Unido, Boris Johnson, cujo inconsciente imperial deve continuar assombrado pela guerra da Crimeia contra a Rússia (1853-56). Em contraste com esta atitude, a Rússia apresentou desde 2008 cinco propostas sérias de paz e segurança para a região, e todas elas foram rejeitadas pelos EUA.

Sabemos hoje que o grande rival dos EUA não é a Rússia, mas a China. Os três principais teatros de guerra em que os EUA estão actualmente envolvidos, Ucrânia, Palestina (e no Médio Oriente, em geral) e Mar da China visam o mesmo objectivo: isolar a China e impedir o acesso da China à Europa e às zonas de influência dos EUA. A guerra é sempre o último recurso, precedido frequentemente de desestabilização de *regime change*, ou seja, interferência activa na vida interna dos países-alvo para provocar mudanças políticas que tornem possível criar distância e hostilidade em relação à China. Se tivermos em mente que a China é hoje o país dominante nas alianças internacionais que procuram alguma margem de independência em relação ao imperialismo norte-americano (BRICS+, Shanghai Cooperation Organization), é de prever que as democracias que integram essas alianças sejam alvos de destabilização política, muito especialmente o Brasil. Aliás, o *regime change* é uma estratégia desenvolvida desde a Guerra Fria e bem documentada no livro de Lindsey O'Rourke, *Covert Regime Change: America's Secret Cold War* (Cornell, 2018). De facto, o *regime change* é apenas uma das estratégias utilizadas pelo império para interferir na vida interna dos Estados-súbditos, como bem ilustra o livro do ex-jornalista do *Financial Times*, Matt Kennard, *The Racket, A Rogue Reporter vs The American Empire* (nova edição, Bloombury, 2024).

Os sinais da preparação para a guerra

Em 1931 pouca gente acreditava que pudesse haver uma nova guerra quinze anos depois de ter terminado a anterior. Mas o fascismo e nazismo cresciam nos países e na consciência dos europeus e com eles a lógica da guerra como solução radical dos conflitos. Em 1936, começou a Guerra Civil de Espanha e no fim dela (1939), com o triunfo do fascismo franquista, a guerra mais ampla surgia como algo inevitável. O mesmo se diga da II Guerra Sino-Japonesa, travada entre a República da China e o Império do Japão, de 1937 a 1945.

A preparação para a guerra começa nas consciências dos cidadãos. De repente, destacados políticos da "comunidade internacional" (isto é, os EUA e a União Europeia) começam a sugerir a ideia da inevitabilidade da guerra para defender os valores da civilização ocidental. Não se questiona sobre que valores são esses nem em que consiste a ameaça, mas a solenidade dos discursos sugere que a ameaça é séria e que há que agir rapidamente. Um ministro alemão afirmou recentemente que dentro de poucos anos a Europa estaria de novo em guerra. Tudo isto é afirmado com um tom de normalidade que banaliza os 78 milhões de mortos nas duas últimas guerras mundiais e os muitos milhões que morreram no conjunto das guerras que se sucederam em diferentes partes do mundo, e sempre com a intervenção activa dos EUA e dos seus aliados: Coreia, Vietname, Indonésia, América Central, Argélia, Angola, Moçambique, Iraque, Afeganistão, Líbia, Síria, Iémen, Sudão e Palestina. Surpreende igualmente que a ameaça nuclear, que durante décadas foi o grande dissuasor da guerra pela lembrança de Hiroshima e Nagasaki e pela imensa catástrofe que significaria, começa hoje a ser encarada como uma hipótese realista nos meios militares. Annie Jacobsen (a mesma jornalista que revelou a Operação Paperclip, o programa dos serviços secretos que trouxeram para os EUA os cientistas Nazis) acaba de publicar um livro muito revelador do que acabo de escrever, *Nuclear War: A Scenario* (Dutton, 2024).

A escalada da guerra está em pleno desenvolvimento e é isso que me leva a alertar os jovens para a possibilidade de a Terceira Guerra Mundial estar próxima. Dois indicadores justificam o meu alerta. Por um lado, acaba de ser dada luz verde ao uso de mísseis e outro armamento, muito dele fornecido por países da NATO, para atingir alvos em território russo. Isto significa a transformação da guerra em guerra entre a Rússia e a NATO, ou seja, uma guerra entre potências nucleares. Por outro lado, o então secretário-geral da NATO, Jens Stoltenberg, afirmou em Junho que a NATO tinha disponíveis 500.000 mil militares em alta prontidão para a guerra da Ucrânia[44]. Acresce que em vários países, incluindo os EUA, se tomam medidas para tornar o serviço militar obrigatório ou para facilitar a decisão dos jovens de se alistarem nas Forças Armadas.[45]

A retórica para promover a guerra

A retórica para promover a guerra passa por várias fases. Os senhores da guerra começam sempre por promover a guerra em nome da preservação da paz. Agravam as situações de conflito, justificando-as como medidas para travar o seu alastramento. Tomam medidas ofensivas, dizendo que são defensivas. Esta retórica serve para adormecer as consciências dos activistas da paz. Quando este objectivo é alcançado em grande medida, entra numa nova fase: a demonização e perseguição daqueles que permanecem firmes na luta pela paz. Repentinamente eles são desacreditados como estando ao serviço do inimigo, financiados pelo inimigo, traidores da causa patriótica do nobre esforço de guerra para preservar a paz e a civilização ocidental. O descrédito é seguido pela perseguição activa. Por outro lado, os lucros

[44] Ver: https://news.antiwar.com/2024/06/16/nato-500000-troops-on-high-readiness-for-war-with-russia/

[45] Ver: https://www.antiwar.com/blog/2024/06/15/congress-moves-toward-stepped-up-registration -for-a-military-draft/

exponenciais das empresas de armamento passam a ser saudados como sinais da pujança da economia, quando antes eram pejorativamente considerados "os mercadores da morte" ou "war profiteers".

No caso dos EUA, o país que desde a Segunda Guerra Mundial mais insistiu em fazer residir o seu poder no poder militar, mais que preparação para a guerra, assistimos a uma política de guerra limitada mas permanente sustentada por quatro pilares: as sucessivas derrotas nas guerras em que intervieram (Sudoeste Asiático e Médio Oriente) são transformadas em vitórias através de uma massiva guerra de propaganda; a prioridade do bem-estar das populações é gradualmente substituída pela prioridade da segurança nacional que, aliás, tem uma dimensão externa e uma dimensão interna (os EUA têm 25% dos presos do mundo apesar de só terem 5% da população global); os orçamentos militares crescem exponencialmente e o seu crescimento nunca é questionado; finalmente, os processos eleitorais são manipulados para que os promotores do militarismo ganhem sempre as eleições.

Os interesses em promover a guerra

A guerra está ao serviço do capitalismo e do colonialismo sob múltiplas formas. Entre as principais, podemos distinguir as empresas de produção de armamento de guerra (a indústria militar dos EUA controla 45% do comércio global de armamento e os seus lucros subiram exponencialmente com a guerra da Ucrânia e a guerra de Gaza);[46] o capital financeiro (a Ucrânia é neste momento o terceiro maior devedor do FMI); o acesso aos recursos naturais (cerca de 30% dos 33 milhões de hectares da riquíssima terra arável da Ucrânia, considerada o celeiro da Europa, é já propriedade de dez grandes empresas agroindustriais estrangeiras).[47] Por sua vez, ao denunciar o genocídio de Gaza não podemos

[46] Ver: https://responsiblestatecraft.org/military-industrial-complex-ukraine-israel/

[47] Ver: https://www.oaklandinstitute.org/sites/oaklandinstitute.org/files/takeover-ukraine-agricultural-land.pdf

esquecer o projecto do Canal Ben Gurion, proposto na década de 1960 e hoje, de novo, na agenda dos senhores da guerra, um canal alternativo ao Canal do Suez e administrado por Israel e aliados. Este canal ligaria o golfo de Aqaba no Mar Vermelho ao Mar Mediterrâneo. Mais longo, mas com mais capacidade que o canal do Suez e além disso fora do controlo egípcio (que no passado bloqueou várias vezes a passagem de navios de ou para Israel), este canal poderia ser uma alternativa à nova Rota da Seda da China. Inicialmente previsto terminar no Mediterrâneo num porto ao norte da Faixa de Gaza, tem-se ultimamente especulado que a limpeza étnica em curso podia, entre outras "vantagens" para Israel, limpar o terreno e encurtar a extensão do canal, atravessando o que é hoje a Faixa de Gaza.[48]

Dirijo-me aos jovens porque serão os jovens a carne para canhão da Terceira Guerra Mundial, por mais sofisticada que seja a alta tecnologia, o uso de cães robots e a Inteligência Artificial que forem utilizados. Lendo o diário de guerra de Curzio Malaparte, *Kaputt*, na frente alemã do leste e do norte na Segunda Guerra Mundial, uma das coisas que mais me impressionou foi a descrição dos exuberante banquetes dos generais e dos políticos aliados de Hitler, com as mais exóticas iguarias, os melhores vinhos e as mais elegantes mulheres, enquanto na frente da batalha os jovens alemães e seus inimigos morriam aos milhares, desertavam ou enlouqueciam, divagando pelas florestas sem destino nem futuro ou apenas esperando por uma bala misericordiosa.

Para prevenir a eclosão da Terceira Guerra Mundial e dar esperança a quem tem medo dela, é necessário incutir medo em quem a está a promover. O movimento pela paz, agora renovado pela luta contra o genocídio dos palestinianos de Gaza, é um sinal de esperança, mas não basta. A guerra resulta sempre de uma massiva manipulação do medo e da criação de condições de vulnerabilidade, de carência, de precariedade, de erosão de direitos sociais que atingem populações cada vez mais vastas. E resulta sobretudo da fragmentação das lutas que resistem a tudo isso.

[48] Ver: https://www.newarab.com/news/what-israels-ben-gurion-canal-plan-and-why-gaza-matters

Quanto maior for a fragmentação mais invisível será o poder e a dominação e maior será o risco de as vítimas se insurgirem contra outras vítimas ainda mais vitimizadas, de os condenados da terra combaterem outros grupos ainda mais condenados da terra. A articulação das lutas sociais contra as três principais dominações modernas – capitalismo, colonialismo e hetero-patriarcado – é assim a condição necessária para a reconstrução de alternativas de paz, a paz que desta vez é pedida tanto pelos seres humanos como pela natureza. A condição suficiente é refundarmos as políticas de conhecimento e de educação de modo a que elas revelem o que designo por sociologia das ausências, o conjunto de alternativas anticapitalistas, anticolonialistas e antipatriarcais que proliferam no mundo.

Não carecemos de alternativas, carecemos de um pensamento alternativo de alternativas.

Tecno-fascismo, tecno-terrorismo e guerra global

O mundo caminha inexoravelmente para a guerra. Qualquer sondagem imaginária à população mundial mostraria que ninguém quer a guerra. Mas a guerra vai eclodir provavelmente antes do final da década. A maioria dos países do mundo dizem ter regimes democráticos, mas nenhum partido com algum significado eleitoral, da esquerda à direita, considera a guerra um perigo iminente e assume a luta pela paz como a sua principal bandeira. A paz não dá votos. A guerra dá mortos e os mortos não votam. Nenhum partido se imagina a fazer propaganda eleitoral nos cemitérios ou nas valas comuns. Tão pouco imagina que sem vivos não há partidos. Tudo isto parece absurdo, mas o absurdo acontece quando a razão dorme, como Francisco de Goya nos avisou há 225 anos no seu quadro *el sueño de la razón produce monstruos* . Não precisamos de recuar tanto.

As lições (ou ilusões) da História

Recuemos a 1900. A Inglaterra era então o país mais poderoso do mundo. Mas como todo o apogeu significa o princípio do declínio, começava a temer-se a concorrência pacífica dos EUA. O crescimento económico dos EUA era vertiginoso, aí tinham lugar as mais recentes invenções da revolução industrial e, entre as muitas vantagens em relação à Europa, uma era particularmente preciosa: os EUA gastavam muito pouco dinheiro em armas. Segundo relatos da época, um país de 75 milhões de habitantes tinha um exército de 25.000 homens e um orçamento de defesa ridículo para um país daquele tamanho. Ao contrário, os países europeus mais desenvolvidos (Inglaterra, Alemanha e França) estavam numa competição cada vez mais feroz entre si sobre a partilha colonial e a superioridade industrial (a Alemanha cada vez mais em evidência) e entravam na corrida aos armamentos. Para além de que entre 1899 e 1902 a Inglaterra travava uma guerra colonial sórdida contra os Boers na África do Sul. Estava em causa o controle da produção do ouro e o sonho imperial de Cecil Rhodes: do caminho de ferro entre a Cidade do Cabo e o Cairo ao controle total do mundo de modo a que "as guerras se tornassem impossíveis para bem da humanidade". O domínio capitalista imperial exigia a guerra e a corrida aos armamentos, alegadamente para tornar a guerra impossível no futuro. Há alguma semelhança com os discursos bélicos actuais dos EUA e da União Europeia para vencer a Rússia e a China? Há, mas há diferenças.

Na primeira década do século XX eram visíveis dois movimentos: um na opinião pública e outro nos negócios. A opinião pública era dominada pela apologia da paz contra os perigos de uma guerra que seria fatalmente muito mortífera. O século XX devia ser o século da paz, sem a qual não seria possível a prosperidade que se anunciava. Em 1899, realizava-se a primeira Conferência Internacional da Paz em Haia e, no ano seguinte, o Congresso da Paz Mundial. Daí em diante foram múltiplos os congressos e as reuniões internacionais sobre a paz. Deplorava-se que a cooperação internacional se estivesse a aprofundar em todos os domínios (correios, caminhos de ferro, etc.) excepto na política. Entre 1893 e 1912 publicaram-se 25 livros contra a corrida aos armamentos. Publicava-se com grande difusão *Who is Who in the Peace Movement*. Afirmava-se que as recentes invenções em material bélico (pólvora sem fumaça, espingardas de disparo rápido, substâncias explosivas como a lidite, a melinite e nitroglicerina, etc) tornavam a guerra, não só muito mortífera, mas impossível de ganhar por qualquer das partes em conflito. Terminaria sempre num impasse e depois de muita morte e devastação. Um jornalista do *English Echo* demitiu-se do jornal para não ter de defender a guerra contra os Boers e 200 intelectuais ingleses de alto perfil organizaram um jantar para o homenagear. Entre 1900 e 1910, realizaram-se mais de mil congressos de pacifistas: operários, anarquistas, socialistas, livre-pensadores, esperantistas, mulheres. Dizia-se que o crescimento da democracia na Europa e nos EUA era incompatível com a guerra e que o grande número de acordos de arbitragem era a melhor demonstração disso. O sociólogo russo Jakov Novikov demonstrava que o bem-estar das massas populares nunca tinha melhorado com as guerras, antes pelo contrário. Escrevia-se sobre "a ilusão da guerra" e as publicações vendiam muitos milhares de exemplares.

Havia uma corrente de opinião para quem a verdadeira ilusão seria a "ilusão da paz", se a luta não fosse reorientada contra o capitalismo. Se tal não acontecesse, a guerra seria inevitável. Era esta a posição dos socialistas, dos anarquistas e do movimento operário, que socialistas e anarquistas procuravam controlar. A guerra era o grande obstáculo à revolução social. A greve geral e a recusa do serviço militar eram duas das formas de luta mais referidas.

Mas o mundo da opinião pública era uma coisa e o mundo dos negócios era outra. No mundo dos negócios, desde 1899 avançava em grande ritmo, mas discretamente, a corrida aos armamentos. No Congresso Internacional Operário de 1907, realizado em Estugarda, Karl Liebknecht revelava o extraordinário crescimento das despesas em armamento, o que significava que os países se estavam, de facto, a preparar para a guerra. Os lucros das grandes empresas de armamento eram reflexo disso: Krupp na Alemanha, Vickers-Armstrong na Inglaterra, Schneider-Creusot na França, Cockerill na Belgica, Skoda na Boémia e Putilov na Rússia. Tornava-se claro que a acumulação de armas conduziria à guerra. Aliás, as grandes empresas começavam a utilizar uma nova arma de propaganda: pagar a jornalistas e aos proprietários dos jornais para publicar notícias falsas sobre o armamento crescente dos prováveis adversários na futura guerra a fim de justificar o maior gasto em armas. Soa familiar aos ouvidos de hoje? Sim, mas há diferenças e para pior, muito pior.

Os socialistas tinham razão: a luta é contra o capitalismo

O apogeu do capitalismo global liderado pelos EUA ocorreu em 1991 com o fim do Bloco Soviético. Tal como cem anos antes, o apogeu da potência mais poderosa significou o princípio do seu declínio. E tal como antes, a indústria mais lucrativa em períodos de declínio é a que produz bens cujo uso consiste em destruir e ser destruído. Tais bens têm de ser incessantemente substituídos por outros enquanto a guerra durar. Quanto mais tempo a guerra durar maiores serão os lucros. A guerra eterna é, por isso, a mais lucrativa. Agora as grandes empresas de armamento já não são europeias, são norte-americanas, e os EUA, ao contrário do que sucedia há cem anos, são de longe o país que mais gasta em armamentos e, portanto, mais necessidade tem de os usar (isto é, de usar destruindo e substituindo). Os EUA gastam um trilião de dólares em armamento mas certamente não é suficiente porque os empresários da guerra inventam desvantagens dos EUA em relação aos seus inimigos que têm de ser prontamente superadas. [49]

[49] Ver https://www.aei.org/op-eds/even-with-1-trillion-a-year-the-us-military-is-falling-behind/

A luta pela paz é hoje mais que nunca uma luta contra o capitalismo. Porquê mais que nunca? Se, na esteira de Immanuel Wallerstein, tomarmos o mundo como unidade de análise, podemos afirmar que entre 1917 e 1991 o mundo viveu um período de intensa guerra civil transnacional. Foi uma guerra civil porque ocorreu no interior de um só sistema – o sistema mundial moderno. Embora globalmente dominante, o capitalismo teve de enfrentar um outro sistema económico fortemente concorrente, o socialismo de Estado, cuja influência extravasava muito para além da União Soviética. Essa guerra civil foi lutada por múltiplos meios, nomeadamente, por contra- insurgência, ajuda ao desenvolvimento dos países dependentes e *proxy wars* (guerra da Coreia, guerra do Vietname, etc).

A Segunda Guerra Mundial foi um período de acalmia nesta guerra civil, uma vez que os EUA e a URSS foram aliados contra o Nazismo alemão. Com o fim da União Soviética e com as transformações que, entretanto, tinham ocorrido na China e que integrariam a economia chinesa na economia capitalista mundial, ainda que com algumas especificidades (manutenção do controle nacional do capital financeiro), a guerra civil transnacional entre capitalismo e socialismo terminou. Houve um interregno, que durou pouco mais de dez anos, em que a Rússia era um país capitalista de desenvolvimento intermédio como qualquer outro e a China era um parceiro económico, também de desenvolvimento intermédio, mas com um valor estratégico para as empresas multinacionais norte-americanas apostadas na conquista monopolista do mundo.

A partir da crise financeira global de 2008, iniciou-se uma nova guerra civil transnacional, desta vez entre o capitalismo das multinacionais norte-americanas e o capitalismo de Estado da China. Para neutralizar a China era necessário bloquear o seu acesso à Europa por duas razões: a Europa era, ao lado dos EUA, o outro grande consumidor afluente do mundo; através da cooperação com a China, a Europa podia ter alguma pretensão de escapar ao declínio cada vez mais evidente dos EUA na economia mundial e tornar-se um factor adicional de concorrência e de debilidade dos EUA. Para bloquear o acesso da China à

Europa e submeter esta última aos EUA era necessário separar política e economicamente a Europa da Rússia (cujo território está maioritariamente na Europa). A Rússia, com milhares de quilómetros de fronteira com a China, não só é a via de acesso da China à Europa, como é o território estratégico da Eurásia. Ora, vem de longe a ideia de que quem controlar a Eurásia controla o mundo. Assim se entrou numa nova guerra civil transnacional cujas primeiras *proxy wars* são a guerra Rússia-Ucrânia e a guerra Israel-Palestina.

Esta guerra civil é totalmente diferente da anterior. Na anterior, a luta era entre dois sistemas económicos (capitalismo versus socialismo), enquanto agora é entre duas versões do mesmo sistema económico (capitalismo de multinacionais versus capitalismo de Estado). Nada garante que esta guerra seja menos violenta do que a anterior. Pelo contrário, como vimos, no início do século XX, a disputa ocorria entre países com um longo passado comum localizados num pequeno canto da Eurásia. Hoje, é uma luta por um domínio global que aliás se estende para além do planeta terra. O capitalismo monopolista nascia em 1900 quando o capital financeiro dos EUA começava a alargar-se aos caminhos de ferro e daí a muitos outros sectores e, potencialmente, a todos os países do mundo.

Para o capitalismo monopolista, a ideia de um mundo multipolar é tão ameaçadora quanto a ideia da concorrência com outros sistemas económicos, e a mesma pulsão destruidora está presente em ambos os casos. Acresce que o potencial e o grau de destruição são agora imensamente maiores que antes. Não me refiro à existência de armas nucleares, uma inovação tecnológica de destruição da vida que torna ridícula a preocupação dos comentadores do início do século passado com as invenções bélicas do seu tempo. Refiro-me à natureza do capitalismo e da (des)governação globais dos nossos dias, e à emergência de duas das suas consequências. Estamos a entrar numa época em que formas de poder potencialmente destrutivo sem limites são suficientemente fortes para neutralizar, contornar ou eliminar qualquer processo democrático que lhes procure pôr limites.

O tecno-fascismo global: Elon Musk

No início do século XX vimos que a luta pela paz e pela resolução pacífica dos conflitos concebia os Estados soberanos como as unidades de análise e os actores políticos privilegiados. Sabemos que a soberania era um bem abstracto que só os países mais desenvolvidos podiam gozar efectivamente, para além de que grande parte do mundo estava sujeito ao colonialismo ou à influência tutelar da Europa. Hoje, porém, o desenvolvimento tecnológico, a globalização neoliberal e a concentração de riqueza fazem com que o poder de controlar a vida humana e não humana tenha deixado de estar sujeito ao escrutínio democrático. No início do século XX a ilusão da paz assentava no aumento e fortalecimento dos governos democráticos. Afinal, a democracia assentava na substituição dos inimigos a vencer pela guerra por adversários políticos a vencer pelo voto. Daí a capacidade mobilizadora da luta pelo sufrágio. Para muitos, a democracia teria a capacidade não só de promover a resolução pacífica dos conflitos, mas também de regular o capitalismo de modo a neutralizar os seus "excessos".

Hoje, a maioria dos governos nacionais considera-se democrático, mas a democracia, se alguma vez nalgum país foi capaz de regular o capitalismo, hoje é estritamente regulada por ele, e só é tolerada na medida em que for funcional para expansão infinita da acumulação capitalista. Sem dúvida que os Estados nacionais mais poderosos continuam a exercer o poder formal, mas o poder real que controla as suas decisões está concentrado num pequeníssimo número de plutocratas, alguns com o rosto flagrantemente visível, outros, a maioria, sem rosto. O poder real é potenciado a uma dimensão difícil de imaginar devido a uma fusão tóxica da capacidade tecnológica para controlar a vida humana de vastíssimas populações até ao mínimo detalhe e independentemente da sua nacionalidade, com a capacidade financeira para comprar, cooptar, chantagear ou obliterar qualquer obstáculo aos seus propósitos de dominação.

Trata-se de um poder fascista de tipo novo, um tecno-fascismo global, que não conhece limites nacionais. Elon Musk é a metáfora desse novo tipo de poder. Ao contrário do que sucedeu com Adolfo Hitler ou Benito Mussolini, a personalidade concreta de Musk, embora repugnante, tem pouca importância, uma vez que o que interessa é a estrutura de poder que ele hoje comanda e que amanhã pode ser comandada por outro indivíduo. A força deste novo tecno-fascismo global está bem expressa na dramatização mundial da luta de um Estado nacional relativamente poderoso contra um simples indivíduo estrangeiro apenas porque este é um tecno-fascista global. Quando, em 31 de Agosto deste ano, a rede X foi suspensa no Brasil por decisão do Supremo Tribunal Federal pelo facto de o seu proprietário se ter recusado a eliminar contas da rede que chegavam a milhões de pessoas e cujo conteúdo difundia notícias falsas, violava gravemente os mais elementares valores democráticos e incitava ao ódio, à violência e mesmo ao assassinato, isso foi notícia em todo o mundo. Seria imaginável há dez anos que um individuo solitário e, além disso, estrangeiro, pudesse afrontar um Estado soberano?

O tecno-terrorismo global: do Cavalo de Troia aos pagers assassinos

No dia 18 de Setembro passado, milhares de pagers e de walkie-talkies explodiram no Líbano, mantando dezenas de pessoas (incluindo crianças) e ferindo milhares. Estes transmissores tinham sido comprados pelo Hezbollah aparentemente por serem dispositivos seguros que permitem as comunicações sem localizar os utilizadores. Este acto terrorista tem sido atribuído aos serviços secretos de Israel e na sua origem esteve a implantação de uma substância explosiva junto da bateria, codificada de modo a explodir por comando remoto.[50]

[50] Ver https://www.theguardian.com/world/2024/sep/18/hezbollah-pagers-what-do-we-know-about-how-the -attack-happened

Os pagers assassinos não são uma mera nova edição do Cavalo de Troia, o enorme cavalo oco de madeira construído pelos gregos para entrar em Troia durante a Guerra de Troia. O cavalo foi construído por Epeius, um mestre carpinteiro e pugilista. Os gregos, fingindo abandonar a guerra, navegaram para a ilha vizinha de Tenedos, deixando para trás o falso desertor Sinon, que persuadiu os troianos de que o cavalo era uma oferenda a Atena (deusa da guerra) que tornaria Troia inexpugnável. Apesar dos avisos de Laocoonte e Cassandra, o cavalo foi levado para dentro das portas da cidade. Nessa noite, guerreiros gregos saíram do cavalo e abriram as portas para deixar entrar o exército grego. A história é contada em pormenor no Livro II da *Eneida*.

A semelhança entre o Cavalo de Troia e os pagers assassinos reside apenas no facto de o termo "Cavalo de Troia" ter passado a designar a subversão introduzida a partir do exterior. A visibilidade e a transparência do artíficio, corporizado num objecto que não era de uso corrente, impediram que ele fosse realisticamente reproduzido (se é que alguma vez o foi) com eficácia no futuro. Ao contrário, os pagers assassinos significam uma mudança qualitativa na tecnologia da guerra e do controle das populações. A mesma tecnologia e a mesma cumplicidade assassina que instalou insidiosamente material explosivo nestes dispositivos pode amanhã instalar em qualquer outro dispositivo de uso electrónico (telemóvel ou computador) qualquer substância que, em vez de matar, danifique a saúde, crie pânico ou altere o comportamento do seu utilizador, sem qualquer possibilidade de controle por parte deste. Com o desenvolvimento e a propagação da inteligência artificial, qualquer dispositivo de uso corrente pode ser utilizado para este fim, seja ele um carro ou um micro-ondas.

As convenções internacionais contra o terrorismo, que o genocídio de Gaza reduziu a letra morta, deixam sequer de fazer sentido no futuro quando qualquer cidadão não combatente em nenhuma guerra está condenado a viver numa sociedade em que o acto mais trivial de consumo pode trazer consigo, além da garantia e do prazo de validade, a sua certidão de óbito, o atestado de insanidade mental ou a compulsão para cometer um crime.

A divisão internacional do trabalho da guerra e a maldição de Cassandra

Em ambiente de tecno-fascismo e de tecno-terrorismo globais, o capitalismo euro-norteamericano prepara-se activamente para passar da guerra fria à guerra quente. Perante o olhar vazio ou revoltadamente impotente dos cidadãos, uma estranha divisão internacional do trabalho de matar está a ser preparada: a Europa vai ocupar-se de vencer a Rússia enquanto os EUA vão ocupar-se de vencer a China. Praticamente ao mesmo tempo, o primeiro comissário de defesa da União Europeia, Andrius Kubilius, ex-primeiro ministro da Lituânia, afirma que a Europa tem de estar preparada para a guerra com a Rússia daqui a 6-8 anos, e uma alta patente da Marinha norte-americana declara que os EUA devem estar preparados para a guerra com a China em 2027.[51]

Não valerá muito a pena prever que a guerra terá lugar, mas que o seu resultado será muito diferente daquele que é imaginado por estes empresários da guerra intoxicados pelos *think tanks* financiados pelos produtores de armas. A maldição de Cassandra paira sobre os poucos que se atrevem a ver o que é evidente

[51] Ver https://www.reuters.com/world/europe/europe-must-prepare-meet-russia-militarily-6-8-years-says-its-new-defence-chief-2024-09-18/ e https://news.antiwar.com/2024/09/18/us-navy-chief-unveils-plan-to-be-ready-for-war-with-china-by-2027/).

pólen bold 90 gr/m2
tipologia calisto mt
impresso na primavera de 2024